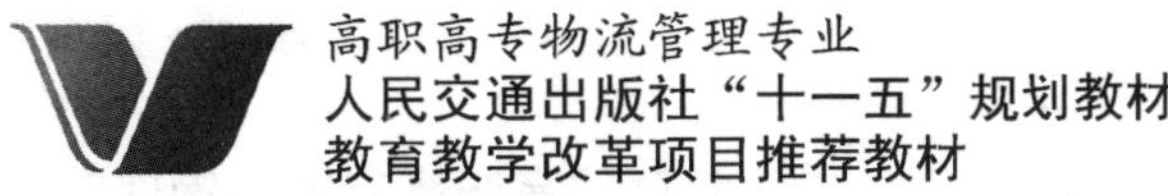

高职高专物流管理专业
人民交通出版社“十一五”规划教材
教育教学改革项目推荐教材

采购管理实务

主　编　蔡改成　李　虹
副主编　周　蓉　邵苇苇

人民交通出版社

内 容 提 要

依托**教育部高职高专物流管理专业教育教学改革研究项目**，由项目负责人上海第二工业大学黄中鼎教授牵头，组织多所院校的专家编写了本套推荐教材。本书为其中之一。

本书既兼顾体系，又突出特色，系统介绍了采购基础知识、采购管理、采购计划制定与采购预算、供应商选择与管理、采购谈判、采购合同管理、招标采购、采购质量管理、采购评估与改进、采购管理发展趋势等知识。

在知识结构上，本书涵盖了物流师考证的采购管理相关知识，并突出实用特色。从强化培养操作技能出发，对采购管理各环节安排了技能训练，同时巧妙的穿插一些“小资料”、“想一想”、“友情提示”等，以引导思考，拓宽视野。

本书适用于高职高专及其他注重技术应用型高校的物流管理专业、连锁经营专业、经济管理及其他物流管理相近专业的教学用书，也可以作为物流、采购从业人员的培训和自学用书。

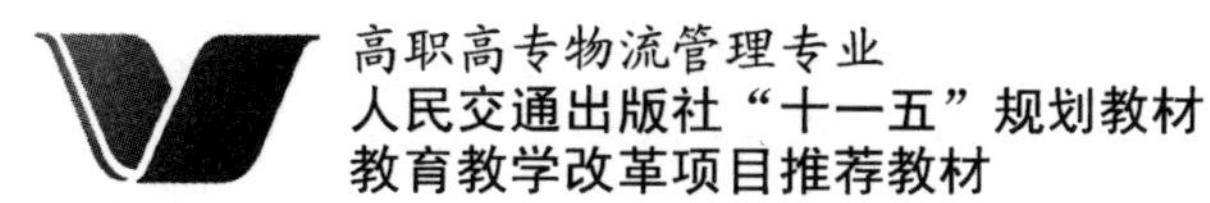

编委会 BIAN WEI HUI

前言 QIAN YAN

依托**教育部高职高专物流管理专业教育教学改革研究项目**，由项目负责人上海第二工业大学黄中鼎教授牵头，组织多所院校的专家编写了本套推荐教材。本书为其中之一。

采购管理作为物流系统的重要环节，在物流系统的优化中起着重要的作用，无论是生产企业、流通企业，还是其他社会团体都不能忽视这一重要领域。

在高职高专物流专业的教学中，采购管理实务是一门重要的专业主干课程。通过本课程的学习，使学生掌握系统的采购管理方面的知识和技能，掌握采购的具体操作方法，掌握优化采购流程的具体方法，认识采购管理的发展趋势。

本书立足点是“紧跟形式，贴近实际；理论够用，强调实践；避免高深，着眼应用；兼顾体系，突出特色”。尽力抓住高职高专物流专业教育的目标，为社会培养可以直接使用的采购管理专业人才。

本书在结构上试图做到两个零过渡：与采购管理应用零过渡，与物流师考证采购部分知识零过渡。在编写中摒弃条条框框，即兼顾采购知识体系，又突出实用特色，避免空洞说教，让学生通过本书就能够全面认识采购管理，掌握采购管理方法。通过多层次的技能训练、案例分析，使学生将理论知识与实际应用紧密结合，在训练中学会应用。巧妙的穿插一些“小资料”、“想一想”、“友情提示”等，以引导思考，拓宽视野。

本书由蔡改成（湖北城市建设职业技术学院）、李虹（沈阳工程学院）任主编，周蓉（武汉职业技术学院）、邵苇苇（大连职业技术学院）任副主编。具体分工为：蔡改成编写第 1 章和第 7 章，并负责全书的框架结构的设计、统稿与审核工作；李虹编写第 2 章、第 3 章和第 4 章，同时负责本书的校对工作；周蓉编写第 5 章、第 9 章和第 10 章，在部分章节的校对中作出贡献；邵苇苇编写第 6 章和第 8 章。

本书在编写过程中，参阅和引用了国内外有关物流学科的论文、论著、规章制度等资料，不论是否在书后列出，在此一并表示最诚挚的谢意！

随着物流行业在我国的飞速发展，供应物流的重要性不断被业界所认识，采购管理的内容和运作方式日趋科学与规范，虽然我们为本书的编写付出了艰辛的努力，由于水平有限，难免存在疏漏和不足之处，敬请读者批评指正。

编　者

2008 年 7 月

目录 MU LU

第1章 采购基础

教学目的和要求

1. 理解采购的概念、特征、地位与作用；
2. 了解采购的类型；
3. 了解采购的程序与原则。

关键词汇

采购 外包

引导案例

怎么搞采购?

小张是某企业销售部业务尖子,他的办事能力是公司上下一致认可的。这不,今天公司董事会研究,准备将小张从销售部调到采购部任采购经理。这件事刚刚讨论决定,红头文件还没有下来呢,消息就传了出来,朋友们都吵着要他请客。

铁哥们快嘴陈更加积极,快下班了,他堵在小张的办公室门口要他请客,小张像有什么心事一样眉头紧锁。快嘴陈喊到"喂,小张,就要成为采购经理了,还不干脆请哥们撮一顿,大家庆贺庆贺?采购经理可是一个肥差事呀!"可是,一向爽快的小张却说:"恭喜什么呀?我现在正发愁呢,公司生产正在加速,材料供应任务特别紧张,再说,我原来搞销售轻车熟路,现在要主持采购,我还是一头雾水:采购有哪些方法?怎么采购?如何保证公司的长期物料需求?我正怕不能保证公司的生产与供应,影响公司的发展呢!"快嘴陈说:"哈哈,没想到,一向办事果断的小张也会被难住。这更要请客了,哥们还可以给你出出主意呀。告诉你，销售是卖东西，采购就是买东西呀！你就用销售的经验与技巧，反过来使用不就行了吗？保证生产供应还不简单？多采购点，把仓库总是堆满，还会有生产中断的事？”

是呀，什么是采购？怎么采购？多采购点，把仓库总是堆满就是这位未来的张经理要做的工作吗？

1.1 采 购

采购就像快嘴陈所说的那样只是买东西吗？

应该说，快嘴陈只说对了一部分。现代工业企业、商业企业的生产与经营离不开采购，政府、军队、事业单位等团体机构的正常需求也需要采购作保证，甚至在家庭、个人的日常生活中，采购也是基本的保障行为。由于采购的功能和使用范围的多样性，现代采购却并非“买东西”这么简单。

1.1.1 狭义采购与广义采购

采购对于人们来说并不是一个陌生的概念，我们所消耗的物品不都是自己生产的，需要从别人手中获得，这就需要采购。

从狭义的角度理解，采购就是购买，买东西。无论是集团还是个体，为了获得自己所需要的对象，就需要用货币换取物品，这就是采购。显然，狭义的采购产生的最基本的条件是，采购者必须具备足够的货币支付能力，否则，购买就无从谈起。

然而，汉语对于采购的理解却不仅仅是这样的。“采”即选择，就是从若干对象中选取合适的元素；“购”即取得，购买，是通过交易的方式，把交易对象从其所有者手中，转移到自己手中。“选择”要求有足够的可选对象，而交易的方式并不仅仅局限于用货币取得。

因此，采购可以从广义的角度理解，除了用购买的方式占有物品的所有权外，还可以通过交换、租赁、借贷、外包等方式获取所需要的物品。广义的采购并不一定要求必须获得物品的所有权，可以仅仅获得物品的使用权；获得的对象并不局限于实物，还可以是服务、信息等非物质对象。一般意义讲，我们所说的采购都是指广义采购。

一、租赁

租赁是以支付租金的方式获取他人物品使用权的行为。在这种经济行为中，出租人将自己所拥有的某种物品交与承租人使用，承租人由此获得在一段时期内使用该物品的权利，但物品的所有权仍保留在出租人手中。承租人为其所获得的使用权需向出租人支付一定的费用（租金）。使用完毕或租期满后，物件仍然归还给物主。

最常见的租赁是企业租赁。按照租赁的目的不同，企业租赁可以分为经营性租赁和融资性租赁。租赁所包括的基本内容为：

1. 租赁当事人

租赁当事人包括出租人和承租人。出租人是出租物件的所有者，拥有租赁物件的所有权，将物品租给他人使用，收取报酬。承租人是出租物件的使用者，租用出租人物品，向出租人支付一定的费用。

2. 租赁标的

租赁标的指用于租赁的物件，可以是厂房、仓库、码头等设施，也可以是车辆、机械等设备。

3. 租赁期限

租赁期限又称为租期，指出租人出让物件给承租人使用的期限。

4. 租赁费用

租赁费用即租金，是承租人在租期内获得租赁物品的使用权而支付的代价。

二、交换

交换是一种以物易物的交易形式，这种交易形式在远古时期就有。当今社会，企业往往将自己不需要的生产资料与其他企业进行交换，以换取企业必须的物品。

交换有很多好处，企业不仅可以取得自己想要的东西，还可以盘活自己闲置或多余的东西。

交换时操作中的难点，在于确定双方欲交换的物品价值。一般说来，交换前应该由工程技术、采购相关人员，甚至聘请专家来评估拟交换的物品的价值。

三、外包

外包是将与企业核心业务关联性不强的业务交给其他专业公司来操作的活动。

外包概念于20世纪80年代中期提出，它源于企业从总成本的角度考察经营效果，而不是片面地追求企业内部诸如人事、行政、生产、后勤等事务的局部优化；是通过与企业发展中的各个环节活动的协调，实现最佳业务绩效，从而增强整个公司业务竞争力的。

1. 外包的业务范围

企业一般将自己的非核心业务外包。例如，企业的物流、物业、安保、食堂、厂房修缮等。

当今社会，外包已经成为企业拓展业务范围，规避企业风险，提高竞争力的重要手段。许多企业将自己的制造、采购等核心业务也进行外包，OEM(代工生产，或代加工、合同制造商)就是这样形成的。

2. 外包的优势

(1)有效减少资金的占用率，化解投入大量资金建造生产线所引起的高额投资风险；

(2)大大缩短产品获利周期;

(3)给企业的实际操作带来一定的灵活性和主动性;

(4)企业可以集中精力于自己的核心业务上,提高企业的核心竞争力。

四、借贷

借贷是无需以任何代价获取他人物品使用权,使用完毕,返还原物品的行为。这种无偿借用他人物品的方式,通常是基于借贷双方的友情或出于某种合作的需要,依靠双方的信用。

1.1.2 采购的基本特征

采购是供应的基础,是我们获取物料、服务、信息的重要途径。采购不同于简单的购买活动,一般是指从多个对象中选择购买自己需要的物品。概括起来,采购具有以下几个方面的基本特征:

一、采购是从资源市场获取资源的过程

这里所说的资源意义比较广泛,既可以按照我国的习惯划分为生活资源和生产资源,又可以按照物资形态,理解为物资资源(原材料、零部件、设备、工具等)和非物资资源(信息、软件、技术等)。能够提供这些资源的供应商,就形成了一个资源市场,从资源市场获取所需要的资源的过程就是采购。因此,采购的形式也是多种多样的。

二、采购是商流与物流的结合

采购的基本作用就是将资源从供应商手中转移到用户手中,它既要实现资源的所有权转移,又要实现物质实体的转移。前者是一个商流过程,主要通过商品交易、等价交换来实现;后者是一个物流过程,主要通过运输、储存、包装、装卸、流通加工等手段实现商品空间位置和时间位置的转移。因此,采购是商流和物流的统一。如果仅仅发生了商流,而物流没有完成,不能说完成了采购工作。

三、采购是一种经济活动

采购是企业经济活动的重要组成部分。既然是经济活动,就要遵循经济规律,追求经济效益。采购活动一方面要获得资源,保证企业的正常经营与生产,实现采购的效益;另一方面,采购过程会发生各种费用,存在采购成本。采购就是要追求以最少的成本去获取最大的效益。

1.1.3 采购的地位与作用

一、采购的地位

1.采购是企业生产、经营的开端

无论是工业企业还是商业企业,采购的源头作用都是不能忽视的。有了采购,生产才会有原材料、零部件、燃料等生产资料;有了采购,经营才会有源源不断的商品。

因此,我们说采购是企业生产、经营的开端,是整体供应链中“上游控制”的主导力量。如果忽视了采购工作,轻者影响企业生产经营的正常进行,重者使企业生产经营中断,甚至决定企业的走向和命运。

2. 采购是提高企业质量的基本保证

质量是企业的生命。在质量控制方面,采购作为企业生产经营的源头,同样担负着源头控制的重要使命。

【小资料 1-1】 齐二药的原料采购

2006 年 4 月,广州中山大学附属三院 65 名陆续使用齐齐哈尔第二制药有限公司生产的亮菌甲素注射液的患者,部分出现了肾衰竭等严重症状,其中 13 名患者最终死亡。这一事件影响极大,人们不理解,这家著名的制药企业,为什么会置病人和企业的生命于不顾生产假药呢?

调查发现,问题出在他们采购的原料丙二醇身上。他们使用的丙二醇并非试剂品,而是工业品,工业品是不能用于生产医药产品的。是谁竟敢冒天下之大不韪?问题就出在采购过程中。

该企业唯一的采购员钮忠仁说:“所有的采购联系都是通过电话、信函完成的。”化验室主任陈桂芬说:“发现药品相对密度有问题,与药典标准不符。主管领导朱传华指示按药典的‘高限’开合格证书。我以为相对密度高就是里面可能有杂质,会含点水,根本没想到它不是丙二醇,而是别的东西。”总经理尹家德说:“GMP 认证是花十几万元买来的,没有严格按药品生产质量管理规范组织和管理‘齐二药’的生产经营活动”。

(本文根据新华网 2007 年 8 月 9 日“五名被告供述‘齐二药’造假链条是怎样形成的”改编。)

【想一想】 齐二药的原料采购说明了什么?

同样地,装配型生产企业要使用大量的零部件,如果采购质量不能得到保证,其产品质量怎么可以保证?商业企业经营的商品多达数万种,如果采购品的质量不能得到保证,企业的经营品质也就不可能得到保证。

【想一想】 某产品由 4 种零部件组装而成,如果每种零部件的合格率均为 98%,组装过程 100%合格,那么,该产品的最终合格率为多少?

3. 采购是企业成本管理的主体和核心

成本一直是企业关注的焦点问题,成本的高低,决定企业的利润和利润率。而采购成本在整个企业成本中起着举足轻重的作用。

【小资料 1-2】 **"药品阳光采购"让利患者12亿元**

2007年4月起，广东省对药品不再招标，医疗机构全部统一在网上采购药品。经过网上限价、竞价、议价，药品虚高的水分被大量挤压，最终全国近3万种药品入围，并出现了总体大约20%的降价。

广东药品"阳光采购"工作专家组组长杨俊何介绍，从4月20日起，深圳、东莞等第一批11个市以及中央、省属驻穗各医疗机构，陆续开始执行新的入围价格。目前，全省所有医疗机构已全面执行购进"阳光采购"入围药品。

省卫生厅副厅长张寿生指出，"阳光采购"能有效挤压药品价格虚高的水分，减少中间环节。今年4月起落实"药品阳光采购"，3个月来让利患者超过12亿元。

（本文选自2007年8月15日《羊城晚报》）

【想一想】 采购在生产企业、流通企业成本控制中处于什么地位?

二、采购的作用

采购在企业生产经营中的地位非常重要，主要表现在以下几个方面。

1. 影响产品质量、顾客满意度

在企业质量管理中，采购质量控制是不能代替的。采购把持着质量的入口，对于生产企业来说，没有优质的原材料、零部件，就不可能生产出优质的产成品。在传统企业中，为了保证企业采购品的质量，需要花费大量的时间与成本用于采购品的检验;现代企业改变了传统采购的质量管理方法，使采购品的质量更加有保证，这在以后的内容中将进一步介绍。

商业企业的采购同样重要，商业企业的商品主要依靠"输入"解决，尤其是百货类商业企业，商品的质量决定顾客的满意程度。我们管理再好，服务质量再高，如果提供的商品的质量达不到顾客的要求，顾客就不会满意。

2. 决定流动资金和最终产品的周转速度

采购是供应的基础，没有采购作保证，供应是不可能实现的。因此，良好的采购决策，可以保证原材料、零部件按质、按量、按比例供应，避免因缺货而影响生产。如果采购不当，任何一种物料的缺乏都会导致生产中断，企业的流动资金就难以"流动"，就会产生流动资金积压问题。反之，如果采购计划得当，则会使资金畅流，加速资金周转。

在企业生产的全过程同样存在着"木桶效应"，无论设计多么精良，生产多么先进，任何一种物料的缺乏，都会引起生产不能进行。这样，最终产品就不可能生产出来，企业投入的流动资金的周转就会延迟。所以，优化采购流程，使各种物料的采购时间和数量与生产(或销售)进度相协调，对于缩短生产周期(或交货时间)，加速资金周转，提高企业效益有着及其重要的作用。

3. 采购利润杠杆效应

我们经常看到，有的企业为了降低成本，采取“减薪”、“减员”等措施，搞得企业上下人心惶惶，大家都担心会减到自己头上。其实，通过“减薪”、“减员”的方法降低成本，并不是企业应该采取的上策。

采购成本控制是企业成本控制中最有价值的部分，我们分析一下采购成本在企业成本中所占份额就会发现这一结论的正确性。一般说来，技术性一般的企业，采购成本约占企业总成本的30％～80％；高新技术产业公司，采购成本约占企业总成本的10％～30％；多年成熟的简单技术，采购成本可能高达90％。

由此可见，采购成本在企业成本中所占比例很高，企业界公认的平均比例为60％。既然这样，传统企业极力在占企业总成本比例极小的管理费用、工资福利等方面下工夫，这样取得的效果会比着眼于采购成本方面效果好吗？

再说，假如企业的销售利润占销售额的20％，要想获得1万元的利润，就需要销售5万元的产品；而采购中节约1万元，就是实实在在的1万元利润。

所以说“采购在企业利润的调节中具有杠杆效应”，企业在白炽化的竞争中求生存、谋发展，不仅要在研发、销售、制造上寻找改进点，而且也需要在采购供应上挖掘潜力。

【想一想】 如果你是企业的CEO，你会将企业降低成本的着眼点放在哪里？

4. 合理利用物资资源

采购要根据企业生产经营特点开展，具有合理配置，合理利用资源的作用。一方面，在资源配置上，既要防止优材劣用，大材小用；又要避免优劣混用的现象发生。生产企业在采购物料时进行“价值分析”，也是为了使物品的功能与消耗相匹配，达到合理配置。

此外，采购时还要把住政策关，适应国家要求。比如，做到采购绿色化，适应国家物资调配等。

5. 采购是信息沟通的媒介

采购的过程与供应和市场双方的联系极为密切。在采购中，可以通过及时引进新技术、新工艺，提高工作效率；还可以通过洞察市场变化，为企业提供商品供应和市场销售趋势信息。

采购部门可以利用与外界联系比较紧密的特点，成为向外界传达企业战略信息的窗口。“信息采购”的出现和发展说明采购部门扮演信息沟通媒介的作用受到充分的重视，通过建立广泛的采购市场信息、交易商信息和价格信息多种信息系统，采购部门的沟通作用得到了有效实现。信息媒介作用的强化使采购活动与企业战略的融合性大大增强，提升了采购活动对企业战略活动的介入性。

6. 沟通经济关系

现代采购绝不只是“购买”那么简单，采购过程需要与供应商之间建立良好的关系。这种关系，不是在“买与卖”中形成的，而是在“双赢”，甚至“多赢”的互惠合作中形成的。采购者需要有战略眼光，沟通各种关系，从而保证企业的长期供应和根本利益。

1.2 采购的类型

采购的分类方式很多，下面我们就站在不同角度，将采购作以分类。并就其中的重要类型进行阐述。

1.2.1 按采购主体分类

根据采购主体不同，可以把采购分为企业采购、政府采购、军队采购及其他团体采购。其中，企业采购是采购的主体，是最重要的采购。

政府采购是指各级国家机关、事业单位和团体组织，使用财政性资金进行的集中采购目录以内的或者采购限额标准以上的货物、工程和服务的采购。政府采购是利用财政款项进行采购的主流，是提高各级政府、事业单位的采购质量和效益，减少采购中的腐败现象的重要措施。

企业采购和政府采购占了社会采购的绝大部分。在本书中如果没有特别说明，一般都以企业采购为主要对象进行分析。

1.2.2 按采购品的形态分类

根据采购对象的形态不同，可以把采购划分为有形采购、无形采购和工程采购。

1. 有形采购

我们将有形商品的采购称为有形采购。有形商品包括所有的生产资料和生活资料。生产资料主要指原材料、零部件、半成品、辅助材料、能源、低值易耗品等。生活资料的概念相当广阔，在此不再赘述。

低值易耗品是有形商品中较难区分的一种。低值易耗品是指劳动资料中单位价值在规定限额以下或使用年限比较短(一般在一年以内)的物品。它跟固定资产有相似的地方，在生产过程中可以多次使用不改变其实物形态，在使用时也需维修，报废时可能也有残值。由于它价值低，使用期限短，所以采用简便的方法，将其价值摊入产品成本。不同单位对低值易耗品的界定标准不同，采购及管理的要求也有所区别。

2. 无形采购

无形采购是指不具有实物形态的对象的采购，主要指采购技术、信息和服务。无形采购具有其特殊性，随着社会的发展，无形采购量越来越大，也越来越受到重视。

3. 工程采购

工程采购一般按照招投标的方式进行。工程采购常见方式有全包、半包和清包。全包就是要求承包商连工带料全部负责，以争取完工的时效；清包是只将工程中的劳务部分由承包商负责，工程材料由采购方自备；半包是采购方自备核心材料，将劳务部分及非核心材料由承包商负责。

工程采购由于金额较大，受到社会的广泛关注，也是产生腐败的重要处所，必须坚持采购流程，严格采购纪律。

1.2.3 按采购的科学化程度分类

根据采购的科学化程度，我们将采购划分为传统采购和科学采购。

一、传统采购

传统采购模式是在季（年、季度、月）末，企业各部门申报下季采购申请单，由采购部门汇总，制订统一的采购计划，采购计划被批准后于下季采购，用于填充库存，满足下季对企业各部门的供应。

传统采购的特点是，管理简单、粗糙，市场响应不灵敏，库存量大，资金积压多，库存风险大。传统采购的操作一般是通过询价现购、比价采购、议价采购、定价采购及公开市场采购的形式实现。

(1)询价现购：采购人员选取信用可靠的厂商将采购条件讲明，并询问价格或寄询价单并促请对方报价，比较后现价采购。

(2)比价采购：采购人员请数家厂商提供价格性能质量等比较后，从中加以选择以后，决定进行采购。

(3)议价采购：采购人员与厂商经讨价还价后，议定价格进行采购，一般来说，询价、比价和议价是一起使用的，很少单独进行。

(4)定价采购：购买物料数量巨大，几家供应商无法全部提供，如纺织厂订购棉花、糖厂订购甘蔗等，或当市场上该物料短缺时，则确定价格现款收购。

(5)公开市场采购：采购人员在公开交易或拍卖时随时机动地采购，因此采购大宗物料时，价格变动会比较频繁。

传统采购模式下，企业采购流程非常复杂，包括采购申请，信息查询发布，招标投标评标，洽谈签约结算，运输或配送交割、协调相关部门等环节在内的全部手工操作，浪费了极大时间成本和人力成本，过程效率低下。采购部门的管理人员需要处理大量的事务工作，无法在战略的高度上担任起所负责项目的损益分析、评估和决策，也不可能实行前瞻性的采购管理、建立供应商战略合作伙伴关系、重新审视采购模型、供应商合理化运作等。

二、科学采购

科学采购就是在科学的理论指导下，采用科学的方法和现代科技手段实施的采购。科学采购是相对于传统采购而言的，主要是采购数量、采购价格、采购方式及采购操作的确定更加科学有效。

科学采购主要包括订货点采购、MRP 采购、JIT 采购、供应链采购、招标采购及电子采购。这些采购模式的发展进程及应用程度各不相同，我们在第 10 章再作详细介绍。

1.2.4 按采购的组织形式分类

按照采购的组织形式可以把采购分为集中采购、分散采购与混合采购。这种分类方式，实际上决定了采购的审批权限。这三种采购方式各自具有自己的优缺点，企业可以根据自己的特点，选用不同的采购审批方式。

一、集中采购

集中采购就是设立专门的采购机构，统一组织本部门、本系统采购活动。

集中采购具有许多优点。其一，企业可以在采购总量一定的情况下，使采购的批量增加，提高与卖方的谈判力度，从而获得较多优惠的采购条件；其二，便于企业统一实施采购方针，可统筹安排采购物料；其三，企业不需要设立多采购机构，精简人力，提高工作的专业化程度；其四，有利于提高采购绩效，降低采购成本；此外，集中采购可综合利用各种信息，形成信息优势。

集中采购的缺点主要表现于：采购流程过长，时效性差，难以适应零星采购、地域采购、紧急情况采购；采购与需求分开，有时难以准确了解内部需求，降低采购绩效。特别是对于非共性物料来说，集中采购不能获得折扣优势。

一般来说，集中采购主要使用于企业规模不大，企业需求部门空间位置比较集中，采购物品种类大同小异的情况。

集中采购是政府采购的重要组织实施形式，由政府将具有规模包括批量规模的采购项目，纳入集中采购目录，统一由集中采购机关（通常指政府采购中心）开展采购活动，从而获得政府采购的规模效益。

二、分散采购

分散采购是各预算单位自设采购组织，独立组织进货。

在分散采购中，企业下属各单位，如子公司、分厂、车间或分店都享有自主采购的权利。这样，可以使采购与生产经营需要结合的更加紧密。各预算单位自行采购，可以缩短采购流程，使采购具有较好的时效性。相对于集中采购，分散采购的绩效要好得多。

分散采购的缺点也很明显。各预算单位自设采购组织，显然会增大整体采购组织的人员数量。下属单位都具有采购自主权，企业采购管理的难度就会加大，特别是资金控制的难度会加大。有时，为了争夺资源，各下属单位甚至会竞相压价等。

分散采购比较适应于规模较大，各需求单位地理分布比较分散的企业的采购。而且，要求企业需求的共性不是很强，通过集中采购不能取得规模采购优势。此外，企业的零星需求、紧急需求及地域性很强的需求，都需要采取分散采购方式。

三、混合采购

除了采用集中采购、分散采购的方法进行采购外，有的企业采取集中采购与分散采购相结合的采购模式。一般将需求的共性很强，采购额较大，重要度与风险性较高的项目集中起来采购。将个性需求、零星需求、一定金额内的临时需求等项目作为分散采购。这样，既充分利用了集中采购与分散采购的优点，又规避了两种采购的缺陷。可以说，混合采购是一种灵活性很高的采购管理方式。

1.2.5 按采购的范围分类

依据采购辐射的范围不同，可以把采购划分为国内采购和国际采购。

一、国内采购

国内采购指在本国境内进行的采购。国内采购机动性强，手续比较简单，物流费用较低，供应保障性较好，一般以本币进行结算，遵循本国的法律法规。国内采购的物品并不一定是本国企业生产的，外资及合资企业在本国生产的物品、国外生产而在本国市场销售的物品，都是国内采购的对象。

二、国际采购

国际采购是指利用全球的资源，在全世界范围内去寻找供应商，寻找质量最好，价格合理的产品（货物与服务）的采购。随着经济全球化的发展，使企业在一个快速变化的新世界和新经济秩序中生存与发展，采用国际采购也越来越多，采购行为已成为企业的重大战略。

相对于国内采购，国际采购具有其特殊性。主要表现在下列几个方面：

(1)国际采购更加追求低成本。这是国际采购最大的特点，为了提高企业竞争力，降低企业成本，国际上许多企业往往在劳动力成本较低的区域生产，追求采购成本最低。

(2)国际采购更加复杂，难度更大。由于不同国家（地区）的运输能力、社会条件、自然环境、运作模式等不同，国际采购更加复杂，难度更大。例如受到经济条件制约，西方的企业在亚洲地区会发现，他们无法找到和使用在本国常见的多式联运。很多转运工作依然是手工操作，承运人无法提供准确的信息，物流追踪很困难。

(3)国际采购时间长，环节多，手续复杂。由于国际采购的跨地域性，使得在订货、备货、制造和运输上的时间都被延长。与国内采购相比，国际采购涉及更多的关节，如物流中心、港口、班轮、海关以及质量检验等等。研究表明，在整个供应链中，国际物流占货物总成本的2%～5%，但其所花费的时间却占到了30%～50%。

(4)国际采购要求有更先进的技术和设施的支持。与传统“门到门”运输不同，国际采购包含了更多的内容:信息采集与处理、供应商管理、物料流动、资金管理、风险控制、战略合作等,要求有更先进的技术和设施的支持。近些年发展起来的集装箱班轮运输、EDI 系统、代码管理是目前国际物流活动中比较重要的技术条件。

(5)国际采购供应保障性较差,结算币种以供需双方协商为准,遵循国际及所在国的法律法规。这些都是国内采购所不具有的,需要我们在操作中特别重视。

1.3 采购的程序与原则

不同的采购方式的程序和使用原则也不同,在此,我们仅仅就采购中使用的比较普遍的程序和原则给予介绍。

1.3.1 采购程序

一、采购的基本程序

典型的采购业务的基本程序是:确定需求——►需求说明——►收集供应商信息——►选择供应商——►采购谈判——►拟订并发出订单——►订单跟催——►验货与收货——►付款——►结案。

1. 确定需求

需求是采购的依据,采购什么,采购多少,什么时候采购,都要根据需求确定。一般企业的采购部门的需要来源一般有三个方面,即客户订单、各部门请购单、采购部门预测。

(1)客户订单

对于商业企业来说,客户订单是采购的重要需求来源。对于工业企业来说,客户订单决定产品的生产,生产决定物料需求,需求决定采购。因此,应将客户订单转换为需求,转换时要考虑物料需求定额。

(2)请购单

对于执行集中采购的团体来说,各部门物料需求往往是通过请购单来表现的。一般请购程序如下:

①填写请购单:一般由请购人根据本部门的需求情况填写。

②部门审批:由请购人所在部门经理审批。

③需求汇总:各需求部门将请购单交给采购部门,由采购部门汇总。有的企业是将请购单交给计划部门汇总。

④部门核准:采购(或计划)部门经理核准汇总的请购单,作为采购计划。

⑤审批:主管采购(或计划)的副总经理审批,如果是企业的总经理直接负责采购(或计划)工作,就由总经理审批。

【友情提示】

采购人员只有在取得核准的采购申请单后，才可实施采购。没有经过审批的订单是不能实施采购的。

(3)预测

采购部门根据以往的需求数据及形势的发展情况，预测未来一段时间的需求情况，也是需求的重要来源。

2. 需求说明

采购前，必须准确描述所需产品或服务，这样，才能做到有的放矢。因此，掌握了企业需求后，紧接着就是充分调查，摸清需求的品质、包装、售后服务、运输及检验方式等细节，并给予准确描述，以便使供应来源选择以及价格谈判等作业流程能顺利进行。

需求说明一般以“采购需求说明书”的形式表现。企业经常购买的物品的《名词手册》是企业制定需求说明的有效工具，采购人员要善于使用并及时修正、补充。

对于需求来源于外部的采购来说，确定需求和需求说明就被接受采购任务所代替。

3. 选择可能的供应来源

选择什么样的供应商，是采购成功的重要保证。企业可以根据需求描述，在原有供应商群体中选择供应业绩良好者，通知其报价。也可以以刊登公告等方式公开征集供应商。甚至可以开发新的供应源。

选择供应商需要企业明确标准，包括供应商能否满足自己需求的质量、数量、交付、价格、服务等目标。确定这些基本采购目标的重要因素，是供应商品质，包括历史记录、设备与技术力量、财务状况、组织与管理、声誉、程序柔性、位置等。

4. 确定价格、签订订货合同

确定采购价格是采购过程中的一项重要决策，是否具备良好的议价能力，有时是衡量一个优秀采购者的首要标准。

从大的方面来说，取得价格的方法主要有询价谈判法、招标投标法和定价法。采购者必须具备在不同的形势下取得价格的技巧与方法。

订单和合同是具有法律效力的书面文件，规定了买卖双方的责任、权利和义务。价格谈妥后，应办理订货签约手续，是否签署订单或合同，是采购是否实现的标志。

采购订单的主要内容有：订单号、发单日期、接受订单的供应商的名称和地址、所需物品的数量和描述、发货日期、运输要求、价格、支付条款，以及对订单有约束的各种条件。

5. 订单的追踪与催货

为了促使供应商按期、按质、按量交货，应督促供应商按规定履约，这就是订单的追踪与催货。对于大型采购，应设专职的跟踪催货人员。通过跟踪，及时发现并解决问题，保证订单的正常履行。

跟踪通常需要经常询问和落实供应商的进度，跟踪的主要内容有：采购品的设计情况、供应商备料情况、生产进度、关键环节的控制、检验问题等，直至商品包装入库。跟踪活动一般仅用于关键的、大额的或提前期较长的采购事项。

跟踪一般通过电话进行，有时也制定“采购订单跟踪明细表”，以查询订单完成情况。必要时，甚至要深入到供应商工厂督促检查。

在跟踪的过程中，如果发现供应商不能履行合约，应及时修改或取消订单，调整交易对象或交易数量，以免影响企业的供应。在货物匮乏的时候，跟踪催货更加具有重要意义。

6. 货物的接收和检验

货物的正确接收有重要意义，大部分有经验的企业采用将所有货物的接收活动集中于一个部门的方法。由于收货部门和采购部门关系十分密切，所以许多公司中收货部门直接或间接地向采购部门负责。

货物接收的基本目的是为了确保以前发出的订单所采购的货物已经实际到达并检查是否完好无损，是否符合数量。这样才能将货物送往应该到达的下一个目的地以进行储存、检验或使用。接受部门要将与接受手续有关的文件进行登记并送交有关人员。

凡厂家所交货物与合约不符而验收不合格者，应依据合约规定退货，并立即办理重购。

7. 结清发票、支付货款

供应商交货验收合格后，随即开具发票，要求付清货款。采购部门应核查发票的内容是否正确后，财务部门才能付清货款。

8. 结案

凡验收合格付款，或验收不合格退货，均须办理结案手续，查清各项书面资料有无缺失，绩效好坏等，签报高级管理部门或权责部门核阅批示。

9. 记录并维护档案

结案后，采购过程中的各种案件均应列入档案、登记编号分类，予以保管，以备参阅或事后发生问题时查考。归档的文件应确定保管期限，例如，作为签订合同的证据的采购订单一般要保存7年，普通备忘录的保存期可以适当缩短。

要保存的记录有以下几种：

(1)采购订单目录。该目录中所有的订单都应被编号并说明结案与否。

(2)采购订单卷宗。该卷宗中所有的采购订单副本都被顺序编号后保管在里面。

(3)商品文件。该文件记录所有的主要商品或主要项目的采购情况(日期、供应商、数量、价格和采购订单编号)。

(4)供应商历史文件。该文件列出了与交易金额巨大的主要供应商进行的所有采购事项。

(5)劳务合约。该合约指明所有主要供应商与工会所签合约的状况(合约期日)。

(6)投标历史文件。该文件指明主要物料项目所邀请的投标商、投标额、不投标的次数、成功的中标者等信息。这一信息可以清楚反映供应商的投标习惯和供应商可能存在的私下串通。

(7)工具和寿命记录。该记录指明采购的工具、使用寿命、使用历史、价格、所有权和存放位置。

二、采购业务流程设计的注意事项

企业规模越大,采购金额越高,管理者对程序的设计越重视。这里将一般采购作业流程设计应注意的要点阐述如下:

1. 设关键控制系统

企业应根据采购特点,在采购各关键环节设立控制点,这些控制点构成了采购的控制系统,以保证采购效率与效果的实现。采购关键控制点一般设在采购审批、采购方式的确定、合同条款和质量控制等环节,主要表现为设置管制要领或办理时限。

2. 注意划分权责或任务

企业应依据采购的重要程度划分权责或任务,对于重要的、金额大的、关键物品的采购,应由采购经理等重量级任务负责,对于一般采购,由采购员负责就可以了。

对于权责及任务的划分,应注意以下要求:

(1)货物的采购人同时不能担任货物的验收工作;

(2)订单审批人和付款执行人不能同时负责寻找供应商和价格确定工作;

(3)货物的采购、储存和使用人不能担任账目的记录工作;

(4)货物审核人应同付款人职务分离;

(5)接受各种劳务的部门或主管这些业务的人应适当地同账务记录人分离;

(6)记录应付账款的人不能同时担任付款任务。

3. 注意流程的先后顺序及时效控制

应当注意作业流程的流畅性与一致性,并考虑作业流程所需时限。譬如,避免同一主管对同一采购案件作多次签核;避免同一采购案件在不同部门有不同的作业方式,避免同一采购案件会签部门过多,影响实效。

4. 价值与程序繁简相适应

程序繁简或被重视的程度应与所处理业务或采购项目的重要性或价值大小相适应。凡涉及数量比较大,价值比较高或者易发生舞弊的作业,应有比较严密的处理监督;反之,则可略微予以放宽,以求提高工作效率。

5. 避免作业过程发生混乱

要注意变化性或弹性范围,以及偶发事件的因应法则。譬如在遇到“紧急采购”

及“外部授权”时，应有权宜的办法或流程来特别处理。

6. 流程设计应适应现实环境

应当注意流程的及时改进，早期设计的处理流程，经过若干时间段后，应加以审视，不断加以改进，意适应组织变更或作业上的实际需要。

7. 配合作业方式的改善

譬如当手工的作业方式改变为电脑的作业方式时，流程就需要做相当程度的调整或重新设计。

1.3.2 采购的原则

采购的主体、对象和数量不同，遵循的原则也不尽相同。归纳起来，采购主要应该遵循以下主要原则：

一、普适原则

不论什么样的采购主体，采购什么对象，所有的采购都应该遵循以下原则：

(1)遵守相关法律法规。对于一个国家内部的采购，首先应该遵循的就是所在国的相关法律法规，主要服从所在国的物资调拨与控制计划，服从运输管理规定等。国际采购，要符合国际贸易规则等。

(2)遵循市场规则。采购是一种经济活动，应该追求经济效益，遵循价值规律，注意“效益、择优、信用”。

(3)遵守本团体的规章制度，维护公共利益。每个企业、团体都有维护自身利益的规章制度，采购时应该自觉遵守。这些规章制度在采购方面表现为：“采购作业规范”、“采购规定”、“采购流程”等。

二、具体原则

采购应遵守的5R原则是：适价、适质、适量、适地、适时。

1. 适价(Right Price)

价格永远是采购活动中的关注焦点，采购应该从品质的角度，以公平合理、互惠共赢为原则，避免采购的成本太高或太低。其基本要求是，保证同等品质情况下，不高于同类物资的价格。

合适的采购价格往往需要经过多个环节的努力才能获得，所谓讨价还价，就是首先要多渠道获得报价，通过比较各供应商的报价，选取质量合格，价格相对公平的供应商与其商议，从而获得合适的价格。有时，企业为了获得合格的价格，还可以通过定价的方式，从而取得主动。

2. 适质(Right Quality)

采购物品的质量应该适当，一般以“匹配”为标准。

对于生产企业，通过价值分析，使各种物料的质量与性质相当。物料的品质不能低于标准，否则，不能保证产品的质量。采购了质量较差的零部件，企业会加大管理费用，增加检验成本，降低生产效率，甚至引起返工退货，使企业蒙受损失。但是，物料的品质也不能高于标准太多，否则也会造成浪费。

3. 适量(Right Quantity)

采购的数量不宜太多或太少。采购太多，轻则增加库存成本，重则造成物料过时、变质，产生浪费。如果采购的数量太少，又不能够满足需求，影响生产与经营的正常进行。

4. 适地(Right Place)

适地就是在适当的地方，选择适当的供应商进行采购。由于商家的"群居效应"，使有的地域构成了良好的采购环境，在这样的环境下采购，不仅可以货比三家，而且可以节省采购成本，了解市场行情。

采购最怕选错供应商，选好供应商能够就得事半功倍的效果；如果选择了不守信用，不讲职业道德的供应商，特别选择了骗子供应商，企业的供应将不可能得到保证。

5. 适时(Right Time)

采购时机不可过早，也不能延迟。不同采购模式的时间要求不同，一般采购时机的选择依据是：仓库管理的订货时点控制、连锁企业的销售时点控制、生产企业的 MRP 管理等。此外，季节和市场波动因素的把握也是采购时机选择的重要因素。

【友情提示】

5R 之间存在"效益悖反"关系，在采购中不可能同时满足 5R。采购过程中，必须综合考虑，才能实现最佳采购。一般，可根据采购的特点，只侧重其中最为关心的一、两个方面，不必面面俱到。

三、其他原则

为了保证采购的质量，各企业团体可以采取一定的保证措施。主要体现在以下几个方面：

1. "五不"采购原则

在采购规程中规定："无采购计划不采购；'三无'产品不采购；名称规格不符不采购；无资金来源不采购；库存已超储积压的物资不采购。"实际上它是 5R 原则的延伸。

2. "五权分离"采购原则

为了防止徇私舞弊，保证采购的公正性，规定"审批；采购；合同审查；质量检验；货款支付相分离"是必要的。这样，可以尽量避免采购中的不正之风。既保证了采购的质量，又保护了采购人员。

3.“六优选”采购原则

在同等情况下，采取“质优价廉的物品优先选择；本单位生产的物品优先选择；近处的物品优先选择；老供应商的物品优先选择；直接生产单位的物品优先选择；信誉好的单位的物品优先选择。”采购原则可以在保证采购质量的前提下，较好的平衡各方利益。

J 技能训练

调查企业采购

一、训练目标

1. 了解不同类型企业采购的地位和作用。
2. 认识企业的采购模式。
3. 熟悉企业的采购流程及采购原则。

二、训练准备

1. 就近推荐各类企业若干家，包括商业连锁企业、小型商业企业、大型工业企业、小型工业企业等。
2. 布置调查内容。
3. 学生调查提纲模拟。

三、训练步骤

1. 独立调查，收集企业采购的相关的资料。
2. 6～8 人一组，交流调查收获，推荐交流代表。
3. 全班交流，互相提问。
4. 选取优秀调查员。

四、注意事项

1. 调查过程中的安全、文明礼貌。
2. 资料收集应尽可能全面，包括企业采购现状、采购方式、采购地位与作用、采购相关规定等。
3. 提倡收集企业采购中的实际故事。

C 案例分析

买　空　调

家庭主妇小马打电话给正在上班的丈夫，告诉他天气越来越热，她计划买两部空调。征得丈夫的同意后，小马首先确定买双制壁挂式的分体空调，然后她记下了房间面积和接线方式。

周末时，她开车去一家电器商店，了解了该商店的空调的型号、性能和价格。在那里，正好遇到儿时的好友小丁，小丁告诉她，全市最大的电器连锁店珞狮路店举行建店五周年庆典，正在搞促销。于是，小马迅速驱车到珞狮路。

小马发现，珞狮路店的促销力度的确不小，随即决定在该店购买两台空调。销售代表了解了房间的情况和基本要求，给小马提出了几点建议，在销售代表的帮助下，她确定了空调的功率、尺寸、电线和导风管的长度等。根据这些要求，销售代表向小马推荐了几款新式节能空调，小马选定了其中一款。

当天下午，珞狮路店就将空调配送上门。次日上午，厂家的安装人员将空调安装在小马指定的地点，调试正常。

（本案例依据“倍腾顾问 http://www.8weapon.com/xgzl/sjxz/”选编）

思考题

根据此客户采购空调的案例，说明采购的流程是什么？

E 自测练习题

一、选择题

1. 下列不是采购作业应遵循之基本原则的是（　　）。
   A. 合理的价格　　B. 合适的物料
   C. 大量采购　　D. 适当的数量
2. 良好的采购制度，应以下列（　　）为衡量标准。
   A. 价格便宜　　B. 品质优良
   C. 整体效益　　D. 方便性
3. 在采购基本要求中，对物品的采购，应以下列（　　）为最后考虑内容。
   A. 价格　　B. 品质　　C. 服务　　D. 佣金
4. 采购是（　　）。
   A. 商流　　B. 物流
   C. 商流与物流的统一　　D. 既不是商流也不是物流
5. 下列不是外包的优势的是（　　）。
   A. 能有效地增加资金的占用率，提高投入大量资金建造生产线所引起的高额投资风险
   B. 可以大大缩短产品获利周期
   C. 可以给企业的实际操作带来一定的灵活性和主动性
   D. 可以让企业把更多的精力集中在核心业务上，从而提高企业的核心竞争力

二、判断题

1. 企业采购是最重要、最主流的采购。

2. 所有采购都是从资源市场获取资源的过程。

3. 采购是一种经济活动，应遵循经济规律，追求经济效益。

4. 交换也是一种采购形式，通过交换不仅可以取得自己想要的东西，亦可盘活自己闲置或多余的东西。交换操作中的难点在于确定双方欲交换的物品价值。

三、简答题

1. 简述采购的地位、采购的作用。

2. 按采购的组织形式，采购分为哪些类型？

3. 简述采购的基本程序。

4. 简述采购应遵循的原则。

第2章　采购管理

教学目的和要求

1. 掌握采购管理的基本理论。
2. 能够根据企业实际情况设计采购管理组织。
3. 熟悉采购管理规章制度。

关键词汇

采购管理　采购组织　采购制度

引导案例

A企业的采购管理

在采购体系改革方面，许多国有企业和A企业的境遇相似，虽然集团购买、市场招标的意识正在慢慢培养起来，但企业内部组织结构却给革新的实施带来了极大的阻碍。

A企业每年的物资采购总量约85亿元人民币，涉及钢材、木材、水泥、机电设备、仪器仪表等56个大类，12万项物资。行业特性的客观条件给企业采购的管理造成了一定的难度，然而最让A企业某副总经理头疼的却是其他问题。

A企业目前有9 000多人在做物资供应管理工作，庞大的体系给采购管理造成了许多困难。A企业每年采购资金的85亿元中，有45亿元的产品由与A企业有各种隶属和姻亲关系的工厂生产，很难将其产品的质量和市场同类产品比较，而且价格一般要比市场价高。如供电器这一产品，价格比市场价高20%，但由于这是一家由A企业长期养活的残疾人福利工厂，只能是本着人道主义精神接受他们的供货，强烈的社会责任感让企业背上了沉重的包袱。同样，A企业使用的大多数涂料也是由下属工厂生产，一般只能使用3年左右，而市面上一般的同类型涂料可以用10年。还有上级单位指定的产品，只要符合A企业使用标准、价格差不多，就必须购买指定产品。

在这样的压力下，A企业目前能做到的就是逐步过渡，拿出一部分采购商品来实行市场招标，一步到位是不可能的。

A企业的现象说明，封闭的体制是中国国有企业更新采购理念的严重阻碍。中国的大多数企业，尤其是国有企业采购管理薄弱，计划经济、短缺经济下粗放的采购管理模式依然具有强大的惯性，采购环节的漏洞带来的阻力难以消除。

统计数据显示，在目前中国工业企业的产品销售成本中，采购成本占到60%左右，可见，采购环节管理水平的高低对企业的成本和效益影响非常大。一些企业的采购行为在表面上认可和接纳了物流的形式，但在封闭的市场竞争中，在操作中没有质的改变。一些采购只是利用了物流的技术与形式，但经常是为库存而采购，而大量库存实质上是企业或部门之间没有实现无缝连接的结果，库存积压的又是企业最宝贵的流动资金。这一系列的连锁反应正是造成许多企业资金紧张、效益低下的局面得不到本质改观的主要原因。

（本案例选自：王炬香.采购管理实务.北京：电子工业出版社，2008.2:14）

由这一案例我们可以看出采购管理对于企业的重要意义。那么，什么是采购管理？如何进行采购管理呢？本章主要讲述这一问题。

2.1 采购与采购管理

2.1.1 采购管理的概念

采购管理，是指为保障企业物资供应而对企业采购进货业务所进行的管理活动。其任务是调动整个企业的资源，满足企业的物资供应，确保企业经营战略的实现。采购管理主要包括以下几个方面的内容：一是采购需求管理；二是供应商与资源市场管理；三是采购业务流程管理。

采购管理的内容如图2-1所示。

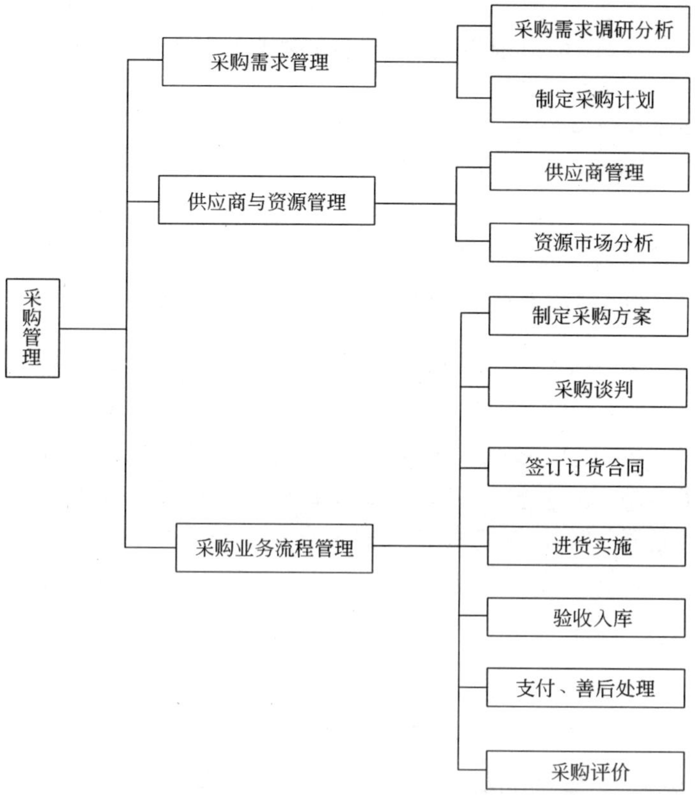

- 采购管理
  - 采购需求管理
    - 采购需求调研分析
    - 制定采购计划
  - 供应商与资源管理
    - 供应商管理
    - 资源市场分析
  - 采购业务流程管理
    - 制定采购方案
    - 采购谈判
    - 签订订货合同
    - 进货实施
    - 验收入库
    - 支付、善后处理
    - 采购评价

图 2-1　采购管理内容结构图

2.1.2　采购管理的作用

通过企业采购管理，可以保证企业所需的各种物资的供应，从资源市场获取各种信息，为企业物资采购和生产决策提供信息支持，同时还可以与资源市场、供应商建立起友好的合作关系。因此与企业内部其他管理一样，采购管理对企业的生存和发展是非常重要的。

一、采购管理有利于企业采购过程的高效运作

企业的采购过程是非常复杂的，包括资源市场分析、供应商的分析与评估以及产品、运输路线、运输方式的选择等，如何选择最好的供应商、最好的产品和最好的运输路线、运输方式，进行最有效率的采购，这就需要企业的采购管理人员对这些活动进行有效的管理。

二、采购管理有利于企业制定正确的决策

采购管理的一个重要方面就是对企业资源市场进行管理，了解资源的发展变化动态，技术动态信息等，这对于企业制定和调整产品策略、对企业的生产决策将提供有力的支持。我们可以根据资源市场的发展变化来随时调整产品策略和生产策略。

三、采购管理有利于实现企业整个供应链的高效运作

采购管理能够使企业与供应商建立起一种比较友好的关系，为物资采购和企业生产提供一种比较宽松的、高效率的外部环境条件。特别是在企业的整个供应链管理中，通过采购管理能够与供应商之间建立起高效的运作体系，从而与资源市场的各个供应商之间形成友好、宽松、有效的供应链关系，提高整个供应链的运作效率。

【小资料 2-1】　　美国科尔尼公司的采购管理

美国科尔尼公司曾为世界 500 强中 2/3 的企业进行过采购战略设计，一般可以把采购成本降低 10%～15%。在以往已有的采购项目中，该公司协助全球许多企业在总值 620 亿美元的年采购支出中节约了 100 多亿美元，而且还通过综合性采购管理改进采购策略，使美国百年老企业西尔斯公司从破产的边缘起死回生。

（本资料选自：鞠颂东，徐杰. 采购管理. 北京：机械工业出版社，2005. 9：10）

2.1.3　采购管理的目标

物资采购实现对整个企业的物资供应，有三个基本目标：

一、适时适量

适时适量，这是物资采购非常重要的目标之一。物资采购供应不是把货物进得越多越好，也不是进得越早越好。货物进少了不行，生产需要的时候，没有货物供应，产生缺货，影响生产。但是货物进得过多，不但占用了较多的资金，而且还要增加仓储，增加保管费用，造成浪费，使成本升高，这也是不行的。货物进迟了不行，会造成缺货，但是进早了也不行，进早了，就等于增加了存储时间，相当于增加了仓储、保管费用，同样升高了成本。因此要求采购适时适量，就是要求采购做到既保证供应，又使成本最小。

二、保证质量

保证质量，就是要保证采购的货物能够达到企业生产所需要的质量标准，保证企业用其生产出来的产品个个都是质量合格的产品。保证质量，也要做到适度。质量太低，当然不行，但是质量太高，一是没有必要，二是必然价格高，增加购买费用。所以要求物资采购要在保证质量的前提下尽量采购价格低廉的物品。

【小资料 2-2】 通用汽车公司的采购管理

通用汽车公司在全球的品牌美誉和在中国市场的业绩表现,也正是在先进的采购理论的指导下,运用适当的采购系统的成功典范。仅仅从他们采购质高价低的原材料和配件一项,相比较同行业企业就使得公司节约了10亿美元的成本。而作为该公司采购经理的佩罗斯,就成为通用公司利润增长的关键和代言人。作为一个职业采购经理人,佩罗斯本人的价值也从通用公司的股票上升中得以体现。

(本资料选自:鞠颂东,徐杰.采购管理.北京:机械工业出版社,2005.9:10)

三、费用最省

费用最省,是物资采购要始终贯穿于方方面面的准绳。在物资采购中每个环节、每个方面都要发生各种各样的费用。购买时有购买费用,进货时有进货费用,检验入库时有检验费用、入库费用,搬运时有搬运费用、装卸费用,在仓库中储存保管时有保管费用,库存物资资金还需要付银行利息等。因此在物资采购的全过程中,我们要运用各种各样的采购策略,使我们总的采购费用最小。

【想一想】 有人说费用最省就是把采购价格降到最低,你赞同这种观点吗?

2.1.4 采购管理的基本职能

企业作为国民经济的一个基本细胞,承担着为社会提供产品或服务的功能。企业就是通过提供这种产品或服务而获得它在社会中存在的价值、从而得到社会的回报而生存和发展。但是,企业为不断形成自己的产品和服务,除了企业自己的已有人力物力资源外,还需要不断地从市场获取各种资源,特别是各种原料、材料、设备、工具等,这就需要采购,或者叫做物资供应。而这一方面的工作就是由采购管理来承担的。就物资采购的具体职能来说,一方面,它要实现对整个企业的物资供应;另一方面,它是企业联系整个资源市场的纽带。因此采购的基本职能是比较广泛的,具体包括以下几个方面:

一、供应商管理

采购部门的重要职责之一就是供应商管理,即选择、评审、管理供应商,建立供应商档案。供应商的选择是确保商品品质和服务最重要的措施之一,正确选择供应商,才能在最适当的价格下,得到适当品质和数量的产品和良好的服务。一般来说,这方面职责的具体工作由采购人员来完成,采购部门执行这一职责时,必须要具有一定的经验和专业化技能。

二、制定采购计划与采购预算

采购管理还应在对采购调查和分析的基础上，进行采购决策，编制采购计划，为采购活动提供指导。

三、采购活动管理

它是指根据需求和采购计划，组织实施采购活动，包括供应市场调研、采购谈判、产品检验、订单处理等活动。

四、采购合同管理

这一职能包括组织采购合同的评审，对合同进行分类管理，并对合同执行情况进行监督。根据这一方针，采购部门被授予审查决定采购合同的权力。采购部门审定一个合同是基于竞标、洽谈或是这两种方式的混合。如果采用竞标这一方式，采购部门要决定需要有多少竞标参与者，如果采用洽谈方式，采购部门应该在洽谈中起主导或协调作用。

五、品种结构的调整与管理

品种结构的调整与管理的内容包括新品引进和滞销品淘汰。新品引进主要考虑的是新品对原有品种的广度和深度的影响，目的是通过新品引进不断更新品种结构。按照产品品种的划分，滞销品指的是毛利低且周转率低的商品。通过信息系统自动识别与人工筛选相结合的方式，依据日常的销售和库存情况对其进行识别和控制。

2.1.5 采购与采购管理

目前，很多人认为，采购与采购管理是一回事，采购管理就是搞采购。持这种观点的人数不少，这种观点显然是不对的，说明人们对采购管理工作还认识不清楚，把采购管理工作与采购工作等同起来。只有把采购与采购管理区别开来，才能更好地认清采购管理工作的内容、职能和意义，做好企业采购管理工作。

采购管理与采购的区别如下：

一、采购管理与采购内涵不同

采购管理是对整个企业采购活动的计划、组织、指挥、协调和控制活动，是管理活动。采购只是一种具体的业务活动，是按订单规定指标，在资源市场完成采购任务。

二、采购管理与采购的参加人员对象不同

采购管理不但面向企业全体采购员，而且也面向企业组织其他人员(进行有关采购的协调配合工作)，一般由企业的采购科(部、处)长、或供应科(部、处)长、或企业副总(以下统称为采购科长)来承担。而采购通常只由采购人员承担，只涉及采购人员个人。

三、采购管理与采购任务的权限不同

采购管理的任务就是要保证整个企业的物资供应，其权利，是可以调动整个企业的资源。而采购就是完成采购科长布置的具体采购任务，其权利，只能调动采购科长分配的有限资源。

由此可见,采购管理与采购是截然不同的。但是二者也有一定的联系。采购本身,也有具体管理工作,它属于采购管理。采购管理本身,又可以直接管到具体的采购业务的每一个步骤、每一个环节,每一个采购员。所以,采购管理与采购又是有联系的。

【想一想】 有些人认为采购就是采购管理,你的想法如何?

2.2 采购组织

2.2.1 采购组织的职能

采购组织是根据企业采购需求而建立的组织单元。在采购组织中,可以完成物料和服务的采购,与供应商洽谈采购条件,并处理相关交易。

一、采购组织的基本职能

采购部门的基本职能包括以下三个方面:

1. 业务职能

业务职能包括制定采购计划、组织采购实施、进行采购品的库存管理。采购计划是指根据企业总体战略与目标以及内外部顾客的需求,根据企业下一年度或者下一阶段的生产计划确定原材料的需求,制定采购战略规划和原材料的采购计划;组织采购实施是根据采购规划和需求,组织人、财、物实施采购计划,选择供应商,谈判价格,确定交货及相关条件,签订合同并按要求收货付款;进行采购品的库存管理主要是针对采购的原材料验收入库、保管保养、发货,确定合理库存量并对库存量进行实时监控,以确保生产的顺利进行,避免生产线因缺少原材料而停产。

2. 拓展职能

拓展职能是将采购管理从企业内部拓展到对供应商的管理,甚至整个价值链的管理。拓展性活动包括对供应商的选择与认证、与供应商建立合作伙伴关系以及对供应商的绩效考评等,以此来降低成本、提高供应的可靠性和灵活性、提升企业的市场竞争力。在现代企业采购中,拓展职能已经越来越重要。

3. 支持职能

支持职能主要是对企业的采购进货业务提供支持与帮助并保证其顺利实现的诸多要素进行管理的职能。包括人员管理、资金管理和采购信息管理。

二、采购组织的具体职能

(1)企业资源市场分析,掌握市场的供求状况及未来的发展趋势。

(2)供应商的调查与选择。

(3)与供应商洽谈,保证最有力的供货条件,提高采购效率,降低采购成本。

(4)采购所需的物料。

(5)核查请购单所购物料的技术规范和技术标准。

(6)对供应厂商的价格、品质、交货期、交货量等进行追踪、验收和处理。

(7)询价、洽谈采购条件,添制订购单并签订采购合同。

(8)呆料与废料的预防与处理。

2.2.2 采购组织的类型

不同的企业,从不同的角度划分,采购组织有不同的设置类型,主要可以分为以下几个方面:

一、按采购功能设置采购组织

根据功能的不同,可将采购组织分为采购开发、议价、比价、决标签约、稽催履约等不同部门,这种组织适合采购量大、采购物品品种少、交货期长的企业,如图2-2所示。

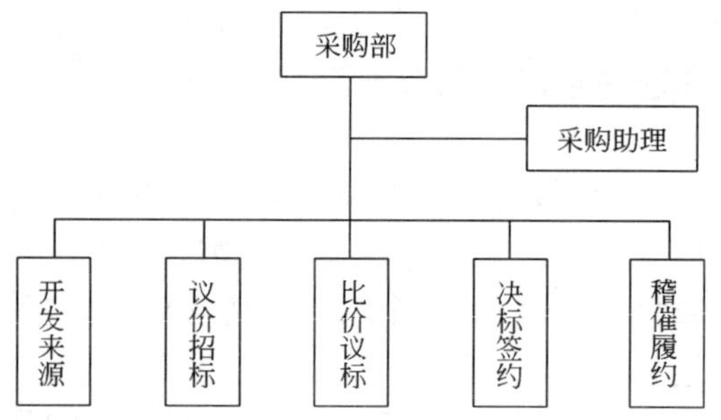

图 2-2 按采购功能设置采购组织图

二、按采购职能设置采购组织

根据采购过程中的不同职能来设计,采购部门的组织结构如图 2-3 所示。

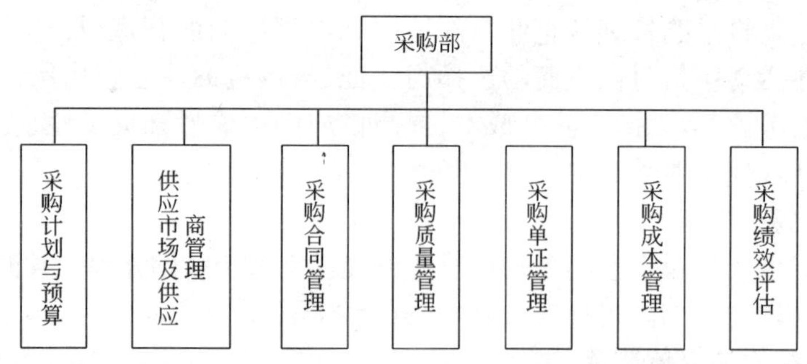

图 2-3 按采购职能设置采购组织图

三、按物品种类设置采购组织

不同的物品有不同的特点,按采购物品的种类将采购组织划分为不同的部门,分别负责主要原料、一般物料、机器设备、零部件、办公用品等，如图 2-4 所示。

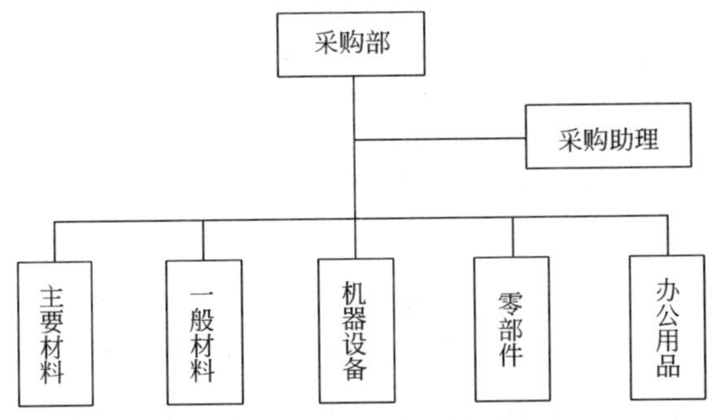

图 2-4　按物品种类设置采购组织图

四、按采购地区设置采购组织

企业采购的货源来自不同的地区，可以是本地，也可以是外地，可以是国内，也可以是国外，如图 2-5 所示。

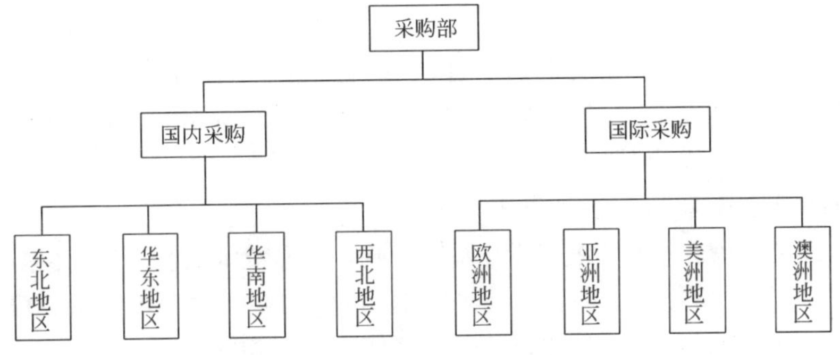

图 2-5　按采购地区设置采购组织

五、混合式设置采购组织

有些企业特别是大企业，其采购物品种类繁多，结构复杂，因此，可以将种类、地区、职能、功能等因素综合考虑，组建混合式设置采购组织。如图 2-6 就是其中的一种形式。

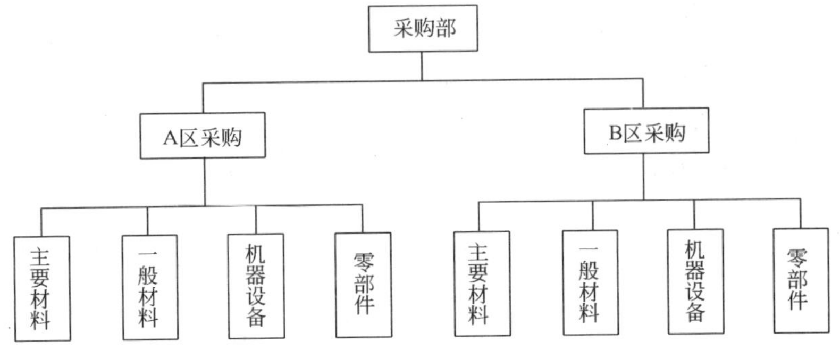

图 2-6　混合式设置采购组织

2.2.3 采购组织的设计

一、采购组织的设计原则

1. 责、权、利相结合原则

为了充分调动采购队伍的积极性，发挥他们的聪明才智，采购组织的设计必须遵循责、权、利相结合的原则。责是指责任，能够起到约束的作用；权是指权力，履行职责的保证；利是指利益，起激励作用。如果有权无责，必然会出现瞎指挥、盲目决策甚至损公肥私的现象；如果有责无权，什么事情都要请示汇报才能决策，也难以真正履行责任，还会贻误时机，影响效率；如果没有相应的利益刺激，也难以保证采购工作的高效、准确，只有责、权、利有机地结合起来，发挥各自的职能，才能保证采购组织工作的有效性。

2. 适应性原则

采购组织的组建必须同企业的性质规模、采购目标方针、企业的管理水平相适应。

首先，采购组织的组建同采购的性质、产品规模等有直接的关系。有些企业的原材料需要一些专业人员采购，并往往直接向最高领导汇报；一些小企业可能仅设置一个简单的供应部门负责原材料的采购，而大型企业或跨国公司则设有集团采购部或中央采购中心负责采购。

其次，还要考虑采购的目标方针，如果影响产品质量的因素主要是原材料，那么改进供应商原材料质量的主要责任在采购部门，采购部门就应该配备相应的品质工程师，或者赋予采购部门以相应的职责，从而使其指挥相关部门的人员参与原材料质量的改进。

再次，还应同企业的管理水平相适应，如果企业导入了 MRP 或 JIT 等管理系统，那么采购的需求计划、订单开立、收货验单需等通过计算机按 MRP 或 JIT 系统操作控制，其采购机构的设置显然有别于手工作坊式的企业。

【想一想】 无论什么样的企业，采购组织的设立都必须与最先进的管理模式相适应，你如何看待这句话？

3. 高效运作原则

要想实现高效运作首先必须精简机构，避免人浮于事的状态；其次还应有一套高效运转的组织机构，这种高效的组织机构应确定合理的管理幅度与层次。在横向方面，各部门、各层次、各岗位应加强沟通、各负其责、相互扶持、相互配合；纵向方面，上情下达迅速，同时领导要善于听取下级的合理化建议，解决下级之间出现的矛盾与不协调，这样才能使整个组织高效运作。

二、采购组织设计的步骤

建立采购管理组织的一般步骤：构建组织机构须配备的人员、规定岗位职责、规章制度、管理职能、作业流程等工作。具体如下：

1. 明确采购组织的职能

前面讲了采购组织的基本职能和具体职能，因不同组织形式下的采购部门分工不同，因此具体职能范围还应进一步明确。只是采购职能，还是要再赋予一些其他职能，是否需要进行采购需求分析、市场信息收集以及供应商管理等工作，入库、验收、仓库管理要不要管，财务、成本分析要不要管，等等。

2. 考查采购组织的任务量

职能确定下来后，就要确定任务量。任务量包括采购职能的多少，也包括一个职能下工作量的大小，如采购工作量包括企业内需要采购物资的品种的多少、数量的多少、空间范围的大小、工作的难易程度等。采购的品种越多、数量越多、采购空间范围越大、采购工作越复杂、越难，采购的工作量越大。另外还有管理供应商的工作量、进货的工作量、仓储管理的工作量、市场信息的工作量等。总的工作量越大，任务越重，采购管理组织机构相应就要庞大一点，部门相应就该多一些。

3. 确定采购组织机制

所谓管理组织机制，就是指的管理组织的权限范围、审批机制、组织结构机制等。例如，在组织结构机制上是采用直线制、直线职能制、事业部制还是矩阵制；在权限范围上，是采用副总经理负责制、部长负责制还是采购科(处)长负责制；在管理机制上，是基于采购、基于生产还是基于销售的管理机制。这些不同的组织机制各有特色，适用于不同的组织形式和采购的任务量，具体如何应用，企业应结合实际作出合适的选择。

4. 设计管理作业流程

采购组织的管理作业流程应根据不同的采购组织的不同管理工作确定具体的管理流程。不同的采购管理职能、任务和管理机制，其采购管理作业流程是不同的。每一个管理职能每一项任务要设计一个作业流程。这个作业流程还要进行充分论证，并且要进行流程优化分析，以提高运行效率。

5. 设定岗位

上述工作确立之后，还应设定具体的岗位。岗位的设置，要根据精简、科学、合理的原则，还要根据企业管理基础建设的情况和管理技术水平情况来设置。设置岗位的同时，还应设置每个岗位的责任和权利以及每个岗位的人数、工作条件等。

6. 为各个岗位选择配备合适的人

岗位设置后还应为各个岗位配备合适的人员。采购管理组织最终的工作是由人来完成的，因此为各个岗位安排合适的人员是做好采购管理工作的关键。不同层次的采购组织，其人员构成和素质要求是不同的，选择方法也不一样。对高级主管人员,一种是任命制,一种是公开招聘制;对一般管理人员,一般采用考试录取的方式选择人。无论哪种方法都应选择那些适合该岗位职责要求的合适的管理人才。

2.3 采购管理文件

采购管理文件为了规范采购工作,提高采购工作的效率而制定的,主要包括采购制度、采购规程以及各种采购图表等内容,以保证采购工作健康、有序、高效地运行,从而圆满地完成采购任务。

2.3.1 采购管理制度

采购管理制度是指以文字的形式对采购组织工作与采购具体活动的行为准则、业务规范等做出的具体规定。建立企业采购管理制度,可以明确各岗位、各环节的责、权及相互关系;明确采购人员的业务操作要求,从而有利于加强考核;有利于在采购部门贯彻按劳分配制度,有利于激发职工的责任感与事业心。采购管理的主要制度有采购领导制度、经济责任制度、监督制度和民主管理制度。

一、采购领导制度

采购领导制度在1.2.4中已经涉及,简述如下:

1. 集中制

采购的决策权集中于总公司,其他子公司或分厂无权采购,适用于小企业或分公司(分厂)较集中的企业采用。集中制的优点是:采购数量大,能享受数量折扣,降低进价;同时又可以发挥规模效益,节约大量人力、物力、财力,例如日本的八佰伴集团就曾采用这种决策制度。

2. 分散制

将采购的决策权分散于各个子公司或分厂。一般大规模企业,且子公司(分厂)分散在各地,企业的各分公司(分厂)所需的物资差异较大时,企业常采用这种领导制度。采用这种领导制度能充分调动分公司(分厂)的积极性,减少于内部物资的调拨手续,但这种模式是多品种、小批量的采购,不利于采购资金的统一管理,难以实现规模效益,采购成本较高。

3. 混合制

混合制采购是集中制与分散制的灵活运用,若企业的子公司(分厂)所需的物品相同,且采购金额较大时,由总公司统一采购;对于各分公司间有差异的、金额较小的、临时性采购的物品由分公司自行采购。这样,一方面能使采购资金较合理地统一管理,又能调动各分公司的积极性,更有利于企业采购工作的开展。

二、经济责任制度

经济责任制是按照客观经济规律的要求，以提高经济效益及服务质量为目标，科学地确定相关部门、人员经济职责、利益权力的一项管理制度。明确经济责任制，有利于维护采购队伍的良好的工作秩序，提高工作效率，讲究经济核算，从而提高经济效益。采购部门的经济责任制度通常有以下几方面：

1. 岗位责任制

岗位责任制是采购制度的中心环节。建立与健全采购岗位责任制，能做到采购部门人人有职责，事事有人管，目标清楚，责任明确，工作有条不紊，加强职工责任感，调动工作积极性，发挥其聪明才智。采购部门中不同的岗位具有不同的责任制。

【小资料 2-3】 采购部经理岗位职责

(1)全面负责采购部的工作，提出企业物资采购计划，报总经理批准后组织实施，确保各项采购任务的按时完成。

(2)调查研究企业各部门物资需求及消耗情况，熟悉各种物资的供应渠道和市场变化情况，做到供需心中有数。

(3)督促指导下属开展业务，不断提高业务技能，确保公司物资的正常采购量。

(4)审核年度企业各部门呈报的采购计划，统筹策划和确定采购内容。减少不必要的开支，以有限的资金，保证最大的物资供应。

(5)要熟悉和掌握企业所需各类物资的名称、型号、规格、单价、用途和产地。检查购进物资是否符合质量要求，对企业的物资采购和质量要求负有领导责任。

(6)监督参与大批量商品订货的业务洽谈，检查合同的执行和落实情况。

(7)按计划完成企业各类物资的采购任务，并在预算内尽量减少开支。

(8)认真监督检查各采购人员的采购进程及价格控制。

(9)在企业部门经理例会上，定期汇报采购落实结果。

(10)每月初将上月的全部采购任务完成及未完成情况逐项列出报表，报呈企业总经理及财务部经理，以便于上级领导掌握全公司的采购项目。

(11)督促指导采购人员在从事采购业务活动中，要遵纪守法，讲信誉，不索贿，不受贿，与供货单位建立良好的关系，在平等互利的原则下开展业务往来。

(12)负责对下属员工的教育与培训。

(资料选自：赵涛. 物流企业规范化管理全书.

北京：电子工业出版社，2008. 1：148)

【小资料 2-4】 采购员岗位职责

(1)随时掌握企业各部门物资需求及各种物资的市场供应情况,掌握财务部及采购部对各种物资采购成本及采购资金控制情况,熟悉各种物资的采购计划。

(2)严格审核采购合同中的款项,订购业务必须上报经理或主管,经过研究后才可以付诸实施。

(3)对于采购物品,要做到在物美价廉的基础之上,尽量选用优质产品;对于季节性的物资,如果部门尚未提出申购计划,应及时提供样板、信息,供经营部门参考。

(4)经常到各部门了解商品的销售情况,以销定购;积极组织适销对路的货源,防止盲目进货;尽量避免积压商品,提高资金周转率;经常与仓库保持联系,了解库存情况,全面掌握库存商品的情况,有计划、有步骤地安排好各项事务。

(5)严格把好质量关,对不符合质量要求的物资要坚决拒收;根据销售动向和市场信积极争取订购货源,按"畅销多进,滞销不进"的原则,保证充足货源。

(6)各部门急需的物品要优先采购,并做到按计划采购;认真核实各部门的申请计划,根据仓库存货情况,定出采购计划;对常用物资按库存规定及时办理,与仓管员经常沟通。做好物资使用的周期性计划工作。

(7)严格遵守财务制度,遵纪守法,不索贿、受贿,在平等互利下开展业务活动;购进物资要尽量做到单据(发票)随货同时交仓管员验收,报账要及时,不得随意拖账、挂账。

(8)努力学习业务知识,提高业务水平,接待来访业务要热情有礼,外出采购时要注意维护企业的礼仪、利益和声誉,不谋私利。

(9)严格遵守企业的各项规章制度,服从上级领导的工作安排。

(资料选自:赵涛.物流企业规范化管理全书.

北京:电子工业出版社,2008.1:148)

2. 采购费用承包制

采购费用承包制是将采购费用指标落实到每一个岗位、每一个采购人员身上,只允许其在规定的费用标准内开支费用,从而控制采购费用支出。

实际操作过程中,对于超支的部门由采购部门、采购员自己承担;对于节支的部分可由采购部门、采购人员自行分配,以激发其工作责任感。

3. 奖惩制度

为了调动广大采购人员的工作积极性,还应建立奖惩制度,以充分发挥他们的聪明才智。对于一些成绩突出、工作勤奋踏实的采购人员应给予适当的奖励;对于那些工作散漫、绩效较差,甚至给企业带来经济损失的采购人员应进行必要的惩罚,做到奖罚分明。

4. 监督制度

上述制度建立之后，还应有必要的监督制度，否则采购制度就会流于形式。在制定监督制度时，要注意把握两个方面：一是对权力的使用和监督，检查是否有滥用职权、借采购之机以权谋私的现象；二是对应负责任的监督与检查，检查责任是否落实到每个单位、每个人，或是否有职责不清、相互推诿的现象。通过监督与检查，使得采购管理工作更加科学、合理、高效。

5. 民主管理制度

实现民主管理制度是现代企业的重要趋势，企业在采购部门内部提倡民主的作风，一些重大的采购决策应集体决定，既要征求采购员的意见，又要广泛征求销售部门、市场开发部门的意见，因为他们熟悉供应市场和销售市场，了解市场变化趋势，听取他们的合理化建议，往往能确保采购的商品选用的是最新的原材料和科学技术，适销对路，满足消费者需求。

2.3.2 采购管理办法与采购规程

除了采购制度之外，企业在进行采购管理工作时，还应制定具体的采购管理办法与采购规程，包括采购计划的制订与审批、具体商品采购的实事、物资的验收入库、入账与付款等额环节的具体规定与管理办法。这些具体的办法与规程根据不同的企业，不同的采购商品而不同，以下为两个不同企业的采购管理办法与规定。

案例一　某企业麻醉药的采购规程

1　目的：保证按时、保质、保量的做好麻醉药品、一类精神药品采购工作，满足市场需要，避免脱销或积压，保持合理库存。

2　适用范围：麻醉药品、一类精神药品采购人员。

3　职责：掌握市场信息，了解市场动态与变化，根据市场需要在国家计划内认真负责的做好采购工作。

4　工作内容：

4.1　商品采购(本库采购)。

4.1.1　合同签订：根据库存及销售情况，签订收购合同一式五份四份，麻药部盖章后寄给生产单位。生产单位经确认盖章后留存两份，其余三份两份寄回麻药部，其中一份代国家食品药品监督管理局存档备案，一份公司存档，一份转仓库麻管组。

4.1.2　合同执行：根据合同所签的品种品名、数量、交货时间等内容，随时关注生产情况，密切与厂家的沟通，保证货源充足。遇到特殊情况，及时与生产厂家各有关部门联系、协商，调整合同内容。

4.1.3　商品到货：

a)生产单位交货时，首先将铁路运单、出厂药检报告、增值税发票、运费单据寄麻药部采购人员。麻药部采购人员收到单据后，将铁路运单转仓库运输组，以便商品到货后及时提货；出厂检验报告转麻药库验收人员，以便到货验收；增值税发票、运费单据认真核验，将无误后妥善保管以待付款。将增值税发票的抵扣联交财务部到税务局进行认证，增值税发票的发票联和运费单据待日后付款时转财务部付款、记账。

b)商品到货后，根据到货实际数量在计算机业务系统上录入合同，待仓库验收入库录入业务系统并将到货验收记录单转来后，采购人员在业务系统中确认，打出入库单。入库单一式两份，一份与到货验收记录单一并存档，一份转公司财务部。

4.1.4　承付货款：

a)发票管理：收到生产单位的增值税发票、运费单据后要认真核验，核验内容包括：发票的购货、销货单位名称、纳税人识别号、地址及电话、开户行及账号、商品名称、规格、单位、数量、单价、金额等；运费单据要核对其合理性和合法性等。核验后的增值税发票要进行登记，登记后发票联待付款用，抵扣联交财务部发票认证人员，并做好记录。

b)付款计划：每一个月的25日根据业务需要，制定下一个月的付款计划并报财务部。

c)承付货款：根据财务部审批的付款计划，业务系统打出货款申报单，一式两联，一联采购存档，另一联与发票增值税发票联一起转财务部，财务部根据采购人员与生产单位事先约定的付款方式，分别以支票、电汇、汇票等方式承付货款。

4.1.5　商品对账：

a)本库付款商品对账：采购人员要随时核对付款账目，发现问题及时解决，避免给公司造成经济损失。

b)直调付款商品对账：采购人员要定期到直调厂家核对直调账目，保证账货相符率100%。

4.2　直调商品采购。

4.2.1　合同签订：在年度采购计划范围内，根据销售人员提供的书面计划，与生产厂家商讨直调商品的生产安排，签订留厂直调合同。

4.2.2　合同执行：根据留厂直调合同，督促生产落实。生产出品后，及时通知公司质量验收人员进行验收，验收合格后凭验收记录单由采购人员填写麻醉药品、一类精神药品就厂直调通知单一式三份，寄给直调厂家，厂家确认盖章后，一份留厂，两份寄回分别交采购人员(录入业务系统)、开票人员存档，一份由采购员存档，另一份交财务部作为记账的原始凭证之一。

4.2.3　商品留厂：生产厂家根据麻药部的麻醉药品、一类精神药品就厂直调通知单，将生产的麻药入库，代麻药部保管，以备直调销售。

4.2.4　承付货款：根据双方合同签订的付款方式和时间，每一个月的25日制定下一个月的付款计划并报财务部。根据财务部审批的付款计划，业务系统打出货款申报单，一式两联，一联采购存档，另一联与发票增值税发票联一起转财务部，财务部将根据要求承付货款。

4.3　首营企业、首营品种采购：执行公司《药品采购制度》相关规定。

4.4　有问题商品的处理。

4.4.1　产品质量问题：商品到货后质量验收人员验收如发现产品质量有问题，应在两个工作日内向麻药部采购人员通报，麻药采购人员应在两个工作日内与生产厂家的质量、销售部门联系，确定解决方案（如返工、退换货），以免影响销售。

4.4.2　包装质量问题：商品到货后经质量验收人员验收如发现产品包装质量存在问题，应在两个工作日内向麻药部采购人员反映，麻药采购人员应即时向生产厂家的包装、质量及技术部门反映，提出妥善的解决方法（包括返工、退换货及其他补救办法），以免影响销售和使用。

4.5　工商信息反馈。

4.5.1　产品质量信息反馈：及时将销售人员了解到的商业客户反映的产品质量信息反馈给有关生产厂家。

4.5.2　产品包装信息反馈：对仓库保管人员、验收人员以及商业客户反映的产品包装问题及建议，及时汇总，通知有关生产厂家。

4.5.3　商业信息反馈：对商业客户提出的产品需求信息及时通知生产厂家，共同做好新品种上市前的准备工作。

4.5.4　服务信息反馈：根据生产厂家要求，在允许范围内尽可能满足其要求。

4.5.5　信息反馈方式参照公司《信息管理程序》。

5　相关文件

(1)麻药计划工作规程；

(2)麻药直调规程；

(3)麻药查询规程。

6　记录

(1)到货验收记录单；

(2)入库单；

(3)就厂直调通知单；

(4)增值税专用发票转票记录（采购）；

(5)付款计划；

(6)货款申报单。

案例二　某公司采购管理规定

为规范采购部经办人员的工作行为，规范公司物流系统工作程序特制定本规定。

一、计划管理

1. 采购部应根据公司财务部核定的当月可供应资金计划数，生产部确定的生产计划中《请购单》(包括其他业务、管理部门)，根据市场供求状况及行情，编制综合采购计划，并分解落实到采购经办人。综合采购计划包括：现款采购、赊销采购、应付账款付款计划。采购计划按照审批权限报送董事长、总经理批准后组织实施。

2. 各部门临时急需的物资采购必须事先经总经理审批后，采购经办人方可实施采购，未经批准不予采购。

二、现款采购管理

1. 采购经办人必须根据核准的采购物资名称、规格型号、数量、价格进行采购。采购物资进厂时，由采购经办人填开入库单经质检部门检验合格后，由仓库点数入库并登记库存台账。

2. 大额(指单笔付款金额在 2 000 元以上的)、批量物资现款采购的付款事务统一由财务部出纳办理，未经批准采购经办人不得擅自付款。

3. 采购经办人对供货商出具的票据及入库单，经初审无误后填写“采购付款申请单”连同供货商出具的票据及入库单客户联报送经办会计初审，经审核无误后报送财务部经理复审、总经理(董事长)审批。审核要点：

(1)采购物品的名称、规格型号是否与“请购单”、供应商出具的票据(收据)、入库单所列明的名称、规格型号一致；

(2)入库单上质检、仓库经办人员是否签证齐全；

(3)供应商出具的票据(收据)是否符合税法及本公司财务制度规定；

(4)采购数量是否突破采购计划、采购价格是否高于计划控制价、是否属于当月的采购物资。

4. 财务部出纳必须根据本公司《财务支出审核审批操作规范》办理付款手续。

三、赊销采购

1. 赊销采购付款事务统一由财务部出纳办理，严禁采购经办人擅自付款。

2. 采购物资进厂入库手续基本上与现款采购模式相同，所不同的是入库单客户联作为供货商结算货款的依据。

3. 付款期限原则规定如下：有采购合同的，按照合同规定的付款时间付款；没有采购合同的，在入库的 3 个月后付款。

4. 应付账款挂账手续按照以下规定办理：

(1)由采购经办人填写“赊销采购挂账申请单”一式两联，连同“请购单”、入库单报送经办会计审核，经审核无误后报送财务部经理复审，复审结果经财务部经理签字后，一联退采购经办人备查，一联由经办会计入账核算。

(2)应付账款入账时审核要点：

①采购物品的名称、规格型号是否与“请购单”、入库单所列明的名称、规格型号一致；

②入库单上质检、仓库经办人员是否签证齐全；

③采购数量是否突破采购计划、采购价格是否高于计划控制价、是否属于当月的采购物资。

5. 应付账款付款手续按照以下规定办理：

(1)在规定付款期由采购经办人向供货商收取票据及入库单客户联，经初审无误后填写"采购付款申请单"连同供货商出具的票据及入库单客户联报送经办会计审核，经审核无误后报送财务部经理复审，总经理（董事长）审批。

(2)对"采购付款申请单"及供货商出具的票据及入库单客户联单证不齐的，财务部有权拒绝受理。

(3)应付账款付款时审核要点：

①付款期限是否符合合同或本公司的规定；

②供应商出具的票据（收据）是否符合税法及本公司财务制度规定；

③付款额是否已在账内核算反映 ；

④是否突破当月赊购采购付款计划。

(4)财务部出纳必须根据本公司《财务支出审核审批操作规范》办理付款手续。

四、本规定自公布之日起生效。

（本资料选自：http://www.chinayckj.com/html/glzd/61/2006/20060307502.html）

J 技能训练

企业采购组织的设计

一、训练目标

1. 加深学生对采购组织类型的认识。
2. 能够根据不同企业的具体情况设计不同的采购组织。
3. 明确不同采购组织层次的职责。

二、训练准备

1. 将学生分为不同的小组，每组为 5～6 人，选出组长一名。
2. 联系相关企业若干家。
3. 提供可联网的计算机机房，以便学生进行资料查询与实训报告的完成。

三、训练步骤

1. 收集与企业采购组织相关的资料。
2. 将收集到的资料进行整理。
3. 以小组为单位设计采购组织。
4. 提交完整的设计报告。

5. 教师总结。

四、注意事项

1. 资料收集应尽可能全面，应包括企业现状、供应市场分析、采购需求等情况。

2. 将所学的采购组织的理论应用于企业实际。

3. 注意所设计的采购组织应适应于企业采购管理的实际，具有可操作性。

五、考核方法

1. 对小组成员进行明确分工，根据每个人的任务完成情况有指导教师进行打分（满分：70 分）。

2. 对小组总体实训报告进行打分（30 分）。

3. 根据个人得分和小组综合评分最终确定每个人的实训成绩（满分：30 分＋70 分＝100 分）。

六、课外训练

将事先分好的小组由组长负责分别去所选定的企业进行调查，收集相关资料，确定采购任务量。根据企业采购的特点、任务量选择合适的采购组织结构，设计采购流程，然后再设计岗位，确定岗位职责，配备人员。最后将所设计的采购组织与企业享有的采购组织形式进行比较，指出公司在哪些地方应进行改革。

若可供实习的企业难以实现的情况下，也可在网上收集一些企业的资料，进行采购组织设计，或进行模拟设计。

C 案例分析

宝钢的现代企业采购

近几年来，宝钢股份公司确定了“办世界一流企业，创世界一流水平”的战略目标，力争成为全球最具竞争力的钢铁企业。在采购方面，宝钢将科学的现代采购理念与国内的经营环境和企业的实际情况相结合，不断地探索和创新，取得了很好的经济效益，推进了企业的现代化管理进程。

企业的采购供应工作也逐步实现了从经验管理到科学管理，从业务不公开或半公开状态到公开，从成本的被动性控制到有效控制的 3 个转变。各项主要经济指标都呈现出较好的水平：物资采购价格逐年大幅度下降，资金使用效率处于同行领先水平，采购劳动生产率大幅度提高。

一、竞争采购策略

企业为实现自身的经营目标，需要制定科学合理的采购策略并加以贯彻，只有这样才能使采购成为一种有效的活动。企业的采购策略就是最大限度地合理利用社会资源，并且最大限度地利用企业自身的、包括无形的和有形的资源，适时、适地、适量地进行采购。这些采购活动，最终体现的是在较长时期内相时稳定的企业价值最大化。

为了达到这个目的，应该辅之以企业经营环境和市场的预测、分析和决策系统的建立。几年来，通过建立先进的市场信息收集分析系统，离线的物资价格对比审核机制等，取得了很好的经济效益。

随着市场经济的建立，宝钢在采购工作中碰到的新问题也相应增多。这就需要从原有的采购模式中找到一条新的发展之路，这条路就是“竞争采购”。在1997年初，宝钢在全国工业企业中率先实施了招标采购。现在，宝钢所有具备招标条件的大宗物资都实行了招标采购，对那些相对不太具备条件的（如专用物资、独家生产的专利物资、零星物资等）也逐步采取以“比价核价”为内容的竞争性采购。对于通用性较强的物资（如铁合金、有色金属等），则进一步在网上直接招标采购，逐步实现了“公平、公开、公正”的采购。

二、采购目标体系

几年来，宝钢在实践中不断加深了对采购目标体系的理解和探索，逐步形成了以目标成本为主的价值化管理体系和以系统成本最优化为管理目标的评估体系，把采购的“物料成本、人力成本、资金成本最小化”作为企业采购供应工作的目标定位。这样，宝钢抓住了采购工作的“牛鼻子”，使传统概念上的以“确保供应，优质服务”为主要内容的企业供应部门的工作目标定位得以更新，赋予了市场经济的时代特征，跳出了原来的圈子。通过确立价值目标管理体系，并不断与世界先进水平实施“对标”管理，宝钢的采购供应管理得到大幅度的提升。

在制定价值化管理目标体系的过程中，宝钢逐步理顺了“价值化管理”目标和企业传统的“确保供应，优质服务”目标体系之间的关系。“确保供应，优质服务”是基础，“价值化管理”目标体系则是现代企业管理细化升级和顺应市场经济发展的必然产物，二者不存在替代关系，后者推动前者向管理的纵深发展。价值化管理目标的确立，理顺了企业采购供应工作中诸多问题之间的关系，使宝钢在采购成本、采购人力资源的配置、库存和资金占用等方面的控制能力大幅度提升，处于同行业的先进水平。

三、采购成本评估机制

宝钢对采购成本如何控制、是最小化还是合理化，即采购一件物品时如何界定价格因素的权重等进行了不断的研究和探索。宝钢对采购成本的评估机制以被采购对象的市场均价为基础，并充分运用采购方的采购优势（如批量大小、结算条件、信誉及是否长期采购等）而确定采购成本水平。

四、采购成本评估机制

它反映的是供应链中各环节的利益分配机制，只有合理的机制才能使整个供应链的增值过程得以延续。

宝钢的具体做法如下：

(1)逐步建立在竞争基础上形成的相对稳定的供应网络，并与供应商建立战略合作伙伴关系，以确定长期的供应协议，使双方的交易成本大幅度降低。

(2)利用对市场行情的分析预测，避峰就谷，实现低价采购。

(3)推出“功能计价”机制，鼓励供应商进行技术质量投入，增强所购物资的使用功能。

(4)对使用时相对独立的物资(如水处理系统)倡导供应商进行总承包。

(5)对所有物资进行 ABC 分类，实施分类管理，把成本控制重点放在批量大、占总成本比例大的物资上。

上述采购成本的管理方式，避免了一谈到成本就只考虑价格的片面行为，走出了一条良性互动的新路。

五、库存管理策略

作为一个生产企业，宝钢的库存概念具有两重性：

- 库存是保证生产正常进行的物质条件；
- 库存是需要代价的，除了财务成本之外，还需要维护保养成本。

企业追求的是在保证供应条件下的库存最小化。库存的高低反映企业全面的基础管理水平的高低。

宝钢的库存管理策略是逐步社会化、零星物品逐步超市化。具体方法如下：

(1)对于批量大、品种单一、相对稳定使用的物资，实行供应商按生产所需，直接送到用料点。

(2)制定最高、最低库存储备定额。

(3)运用经济采购批量(EOQ)管理方法，降低库存量。

(4)加强事先控制，对各种使用信息强化确认，避免“信息放大”而产生库存的积压和浪费。

(资料选自：王为人. 采购案例精选. 北京：电子工业出版社，2007. 2:25)

思考题

理论联系实际分析宝钢是如何实行现代企业采购的？

E 自测练习题

一、选择题

1. 下列(　　)是采购管理的目标之一。

A. 供应商管理　　B. 适时适量

C. 寻求最低价格　　D. 确保最高质量

2. (　　)是对整个企业采购活动的计划、组织、指挥、协调和控制活动。

A. 采购　　B. 供应商管理

C. 企业管理　　D. 采购管理

3. 制定采购计划、组织采购实施、进行采购品的库存管理是属于采购部门基本职能中的(　　)职能。

A. 业务职能　　B. 具体职能

C. 拓展职能　　D. 支持职能

4. 采购分为国内采购和国外采购，这是按(　　)划分的采购组织结构。

A. 职能　　B. 功能　　C. 采购商品　　D. 地区

5. 按照客观经济规律的要求，以提高经济效益及服务质量为目标，科学地确定相关部门、人员经济职责、利益权力的管理制度是属于采购制度中的(　　)。

A. 经济责任制　　B. 领导制

C. 奖惩制度　　D. 民主管理制度

二、判断题

1. 采购就是采购管理。

2. 采购管理的根本目标就是使企业具有充足的库存，因此，只要企业资金允许的情况下，采购部门一定要多采购。

3. 供应商管理也是采购部门的职能之一。

4. 在物资采购的全过程中，应运用各种各样的采购策略，使我们总的采购费用最小。

5. 采购在企业中具有重要地位，因此，企业设计采购组织时，应多设采购机构，以保证特殊需要。

三、解释下列概念

1. 采购管理。

2. 采购组织。

四、简答题

1. 采购管理的目标。

2. 采购管理的基本职能。

3. 采购与采购管理的区别。

4. 采购组织的职能。

5. 采购管理制度的内容。

五、论述题

1. 结合实际论述如何设计采购组织。

2. 结合实际论述采购管理的内容。

第3章　采购计划制定与采购预算

教学目的和要求

1. 掌握采购需求的分析方法、采购计划的编制方法与程序。
2. 掌握采购预算的编制内容与程序。
3. 能够把所学的理论知识应用于企业的采购实践并指导实践。

关键词汇

采购计划　采购预算　采购需求　ABC 分析法

引导案例

企业生产某种机械设备，很多原材料及零部件都需要外购。但企业在生产过程中经常会出现原材料及零部件供应不足或库存积压现象，有时，急需采购时，又出现资金困难等情况，因此，严重地影响了企业生产的正常进行。经过分析，造成该企业这种现象的主要原因是企业的采购计划与预算没有编制好，计划需求量与企业生产实际需求量差距较大。

由此可见，采购计划与预算对企业是非常重要的，企业必须重视这项工作。那么，如何做好这项工作呢？这就是本章所要研究的问题。

3.1　采购需求的确定

3.1.1　采购需求分析

企业要制定采购计划首先要了解业内部需要什么、需要多少。因此，企业采购部门应进行采购需求分析，了解需求的变化规律，满足企业需要。在企业中传统的做法，是让企业各个单位层层上报“采购需求计划表”。采购部收齐了这些采购需求计划表、请购单以后，需要把所有需要采购的物资分类整理统计出来。这样就弄清了用户需求什么，需要多少、什么时候需要的问题。这样的方法不仅操作繁琐，而且存在一定的弊端，例如，只要有一个单位的采购需求计划表没到齐，采购部就不能进行需求的整理统计，因而就不能得出统一的需求计划，影响整个企业的采购工作进度；另外，交上来的表往往不准确、不可靠。由于受下面各个单位填表人个人素质的影响，所填报的数字一定是准确可靠的，还需要采购部进一步核实、修正，也耽误了采购部人员很多时间。为了更好地做好采购管理工作，必须进行采购需求分析。

需求分析，就是要根据客户的需求历史或者生产计划等求出需求规律，根据需求规律预测客户下一个月的需求品种和需求量。知道了各个用户的需求量，就可以主动地订货、安排采购计划。因此需求分析的目的和内容，就是要通过对需求者的需求情况进行统计分析，找出他们的需求规律，从根本上弄清他们需求什么，需求多少，什么时候需要的问题。

需求分析对于采购工作是非常重要的，它是制定采购计划的基础和前提，需求分析，涉及全厂各个部门、各道工序、各种材料、设备和工具以及办公用品等各种物资。其中最重要的是生产所需的原材料，因为它的需求量最大，而且持续性、时间性很强，最直接影响生产的正常进行。同时，需求分析还应有全面的知识，如要有生产技术方面的知识，要知道生产产品和加工工艺的知识、会看图纸，会根据生产计划以及生产加工图纸推算出物料需求量，然后还要有数理方面、统计方面、管理方面的知识，会进行物料性质、质量的分析，会进行大量的统计分析。

所以，需求分析是一项非常重要且比较复杂的工作，做好需求分析，需要选定正确的方法，常见的有：ABC 分析法、统计分析法以及推导分析法。

【想一想】 采购需求分析与市场需求分析有何不同？

3.1.2 采购需求确定的方法

一、ABC 分析法

对于多种采购的情况下，一般都要应用 ABC 分析法。例如一个生产企业，有主产品，有辅助产品，都需要各种各样的原材料和零配件。加工过程需要能源、机器、设备、工具等。一个企业除了生产所需要的物资外，还有办公用品、生活用品等。因此需要采购的物资品种是很多的。但是这些物资的重要程度都是不一样的。有的特别重要，一点都不能缺货，一旦缺货将造成不可估量的损失。有些物资则相对不那么重要，一旦缺货，也不会造成多大的损失。另一方面，采购管理的人力、物力、财力是有限的，面对成千上万种物资，不可能个个都照顾得那么周到，可能只能够对一部分物资品种作精心的管理。因此，采用ABC分析法，将所面对的成千万的物资品种进行ABC分类，并且按类别实行重点管理，用我们有限的人力物力财力去为企业获得最大的效益。

ABC分析法最初来源于人口管理理论。意大利经济学家帕累托在研究人口理论时发现，占人口总数极少比例的人口却拥有占财富总数极大比例的财富，而占人口极大比例的人口却只拥有占财富总数极少比例的财富。即所谓"关键的少数与次要的多数"理论。后来又将该理论应用于其他方面。在采购过程中，企业采购物资的品种成千上万。但是，这些品种中，只有少数品种价值高、对企业特别重要，而大多数品种价值低、对企业不是非常重要。于是，采购人员就将价值高、对企业特别重要的那一部分少数品种，划作A类，实行重点管理；而将价值低的大部分品种划为C类，实行一般管理；剩余的一部分分为B类，根据情况可以实行重点管理，也可以实行一般管理，如表3-1所示。

ABC 分 类 表 表3-1

类别	物 资 特 点	品种	采购量	管 理 类 别
A	价值高，很重要，品种少	10%	70%	重点管理
B	价值中，重要程度居中，品种中	20%	20%	可重点，也可一般
C	价值低，重要程度低，品种多	70%	10%	一般管理

这里所谓重点管理A类，包括对其库存量及采购量进行严密监视，保证供应，不使其缺货。由于这类物资品种比较少，所以即使我们人力物力财力有限，则精心管理这些少数品种，是完全有可能的。这里所谓一般管理C类，是指对采购商品实行一般监控，对于除A类、C类以外，剩下的一类——B类，我们根据情况可以实行重点管理，也可以实行一般管理。如果人力物力财力够，就重点管理，不够就一般管理。

【想一想】 结合实际说明在采购管理中如何应用ABC分析法？

二、统计分析法

统计分析法，是指运用统计的方法对采购的原始资料进行分析，找出各种物料需求的规律。在采购需求的统计分析中，最基本的原始资料主要有：各个单位的采购申请单、销售日报表、领料单和生产计划任务单等。常见的方法有以下几种：

1. 采购申请单汇总统计

这种方法是：要求下属各个单位每月提交一份物料请购单，提出每个单位下月的采购品种和数量。然后采购部门对这些表进行统计汇总，统计出下月总的采购任务表，再根据此表制定下个月的采购计划。

这种方法的优点是：

(1)操作简单。由于它们的需求时间都相同，而且需求时间都有一个月之长，所以表项汇总就很简单，只要把各个表中的不同品种照抄，相同品种的需求数量相加就可以得到下个月汇总的采购任务表。

(2)容易完成采购任务。因为时间单位是一个月，在那么长的时间内完成采购任务绰绰有余。

这种方法的缺点是：

(1)市场响应不灵敏。因为采用这种方法往往是一个固定周期采购一次，如一个月，如果在这段时间内市场需求发生了变化，企业采购的物资很可能就没有需求或需求很少了，这会带来巨大的浪费。

(2)库存负担重，风险大。因为一个月采购一次，必然使采购的批量大，用以供应的时间长，引起物资库存量增大，加大库存成本。

表 3-2 为物料请购单。

物 料 请 购 单 表 3-2

物料请购单

日期：2008 年 月 日

请购部门：＿＿＿＿＿ 请购单编号：＿＿＿＿＿

序号	物资名称	规格 型号	单位	用途	库存量	需用量	请购数量	核准数量	入库期限

审批： 制单：

2. 单位销售日报表统计

每天的销售就是用户对企业物资的需求。物料需求规律有两种表示方法：一种是时间函数法；一种是有序数列法。

时间函数法是指把物料消耗量描述成时间的函数。这是一个连续的时间函数。例如，把第 i 种物料的需求规律描述为时间的函数为：$R_i(t)=F_i(t)$这就是需求函数。第 i 种物料在一定时期内的总需求量为：

$$R_i = \int F_i(t)\mathrm{d}t$$

有序数列法是指把各个单位的销售日报表按单位时间(如日、周、月、季、年等),这里假设以日或周为单位)进行汇总。得到一个按先后顺序排列的销售量的序列。这个有序的时间序列,反映了物料的消耗规律,也就是物料的需求规律。例如,根据上阶段的销售日报表的汇总,得到某种物料需求的时间序列表,如表 3-3 所示。

需求的时间序列表 表 3-3

周　次	1	2	3	4	5	6
需求(百件)	2	4	6	8	10	12

这就是一个需求表,根据需求表可以做出需求曲线可以看出需求规律,如图 3-1 所示。

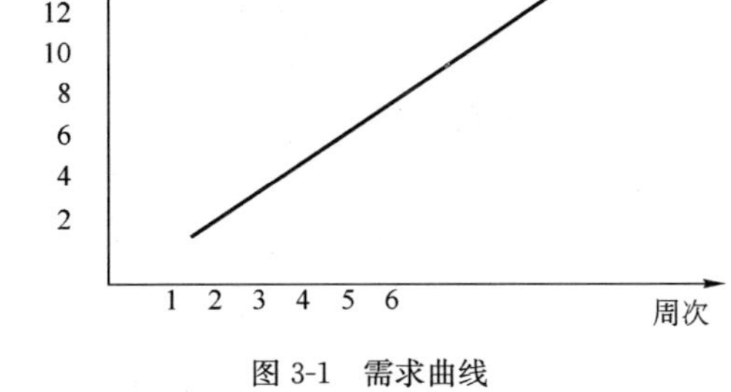

图 3-1　需求曲线

三、推导分析法

推导分析法,是指根据企业生产计划来进行需求分析,求出各种物料的需求计划的过程。它必须要进行严格的推导计算,不能凭空估计。其主要步骤如下:

1. 制定主产品生产计划

(1)主产品的生产计划

在订货制生产企业,这个计划主要是根据社会对主产品的订货计划生成的,在库存制生产企业,这个主生产计划靠预测和经营计划而生成。

(2)零部件的生产计划

在制造企业中,零部件的生产有两个用途:一是用于装配主产品;二是用于提供社会维修企业,对社会上处于使用状态的主产品进行维修保养。这里的零部件生产计划,主要是指社会维修企业所提出的零部件的订货计划。

2. 制定主产品的结构文件

主产品的结构文件根据装配主产品需要的零件、部件、原材料等,哪些要自制,哪些要外购,自制件在制造过程中又要采购什么零件、部件、原材料等,逐层求出主产品的结构层次。每一个层次的每一个零部件都要标出需要数量,是自制还是外购以及生产提前期或采购提前期。所有自制件都要分解到最后的原材料层次,这些原材料层一般是最底层,一般都是需要采购的。

由这个主产品结构文件可以统计得出:为了在某个时间生产出一个主产品需要分别提前多长时间采购一些什么样的原材料、零件、部件,需要采购多少等资料。把这些资料汇总成一个表,就是主产品零部件生产采购一览表。

3. 制定库存文件

采购人员从仓库保管员处了解主产品零部件生产采购一览表中所有各个部件、零件、原材料的现有库存量以及消耗速率。经过整理得到一个主产品零部件库存一览表。

例:某企业的主产品 A 由两个 B 和两个 C 组成。而一个 B 由一个 D、三个 E 组成。一个 D 又由一个 F 加工得到,而 C、E、F 都是通过外购取得。主产品的结构文件,如图 3-2 所示。图中,A、B、C、D、E、F 为产品名,括弧内的数字表示一个上级产品中所包含的本产品的件数,而 LT 表示提前期,单位为天。由主产品结构文件可以得到主产品零部件生产采购一览表,如表 3-4 所示。

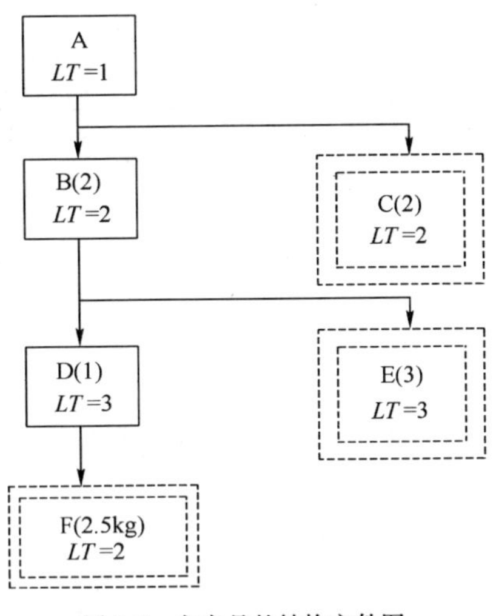

图 3-2 主产品的结构文件图

主产品 A 零部件生产采购一览表 表 3-4

零部件名	数量	自制	外购	提前期
B	2	√		2
C	2		√	2
D	2	√		3
E	6		√	3
F	2.5×2=5kg		√	2

主产品生产计划表,如表 3-5 所示。

主产品生产计划表 表 3-5

时期(周)	第一周	第二周	第三周	第四周	月合计
A(件/周)	30	20	25	15	90
外订 C(件/周)	20		15	15	50
外订 E(件/周)		20		20	40

表中包括主产品的生产计划,也包括社会对零部件 C、E 的订货计划。

接下来再根据主产品出产计划表和主产品零部件生产采购一览表确定需要采购的零部件和原材料,然后确定下月的需求量。第 i 个品种下月需求量如下公式确定:

$$P_i = P \cdot n_i + P_{0i}$$

式中,P_i 是第 i 个零部件下月需求量;P 是主产品下月的计划出产量;n_i 是一个主产品中包含第 i 个零部件的个数;P_{0i}是第 i 个零部件下月的外订货数量。

月采购计划制成表,如表 3-6 所示。

采购月计划一览表　　表 3-6

零部件名	下月需要量	零部件名	下月需要量
C	90×2+50=230	F	5kg×90=450kg
E	90×6+40=580		

3.2　采购计划的编制

3.2.1　采购计划的概念

采购计划就是为了维持正常的产销活动，对在某一特定的期间内应在何时购入多少何种材料的一种预先安排。正确地编制企业物资采购计划，对于加强物资管理，保证生产所需，促进物资节约，降低产品成本，加速资金周转，都有着重要的作用。

企业物资采购计划一定要以市场需要为依据，按照实际需要和资源供给的可能以及“以销定购”的原则来编制采购计划，这样才有利于实现产销结合。同时，企业采购计划制定还必须贯彻统筹安排、瞻前顾后的系统性原则。企业在设计采购计划的时候，既要按时完成数量，又要品种规格齐全，更要保证产品质量，坚持数量、质量、品种、规格同时并重。物资质量直接关系到企业的产品质量，也影响到产品的成本和整个社会的经济效益。提高产品质量，从某种意义上来说，就是保证产品的使用性能和期限，提升产品的价值和企业的效益。在设计采购计划时，还应坚持价格适宜性原则，一般地说，企业的采购价格就是生产企业(供应商)的出厂价格。采购价格的高低不仅关系到采购商与供应商之间的利润分配，而且直接影响最终用户的经济利益，还关系到企业的市场竞争力。因此，物资进价的确立，一方面应按照国家的价格政策和价值规律的要求，另一方面要遵循有利于生产、流通、消费的原则，做到双方互利。此外，物资采购要有经济核算观点，讲求经济效益。

3.2.2　采购计划的类型

采购计划可以从不同的角度进行划分：

1. 按计划期的长短分类

采购计划按计划期的长短可分为年度物品采购计划，季度物品采购计划和月份物品采购计划等。

2. 按物品的自然属性分类

采购计划按物品的自然属性可分为金属材料采购计划、机电产品采购计划和非金属材料采购计划等。

3. 按物品的使用方向分类

采购计划按物品的使用方向可分为生产用物品采购计划、维修用物品采购计划、基本建设用物品采购计划、技术改造措施用物品采购计划和科研用物品采购计划等。

4. 按采购计划期长短分类

采购计划按计划期长短可分为年度物料采购计划、季度物料采购计划、月度物料采购计划。

5. 按采购层次分类

采购计划按采购层次可分为战略采购计划、业务采购计划和部门采购计划等。

【想一想】 采购计划与预测有何区别?

3.2.3 采购计划的编制

一、编制采购计划的基础资料

1. 生产计划

生产计划是规定企业在计划期内(年度)所生产产品品种、质量、数量和生产进度以及生产能力的利用程度。它是根据企业的销售计划,再加上人为的判断,以及预期的期末存货与期初存货来制定的。生产计划决定采购计划,采购计划又对生产计划的实现起物料供应保证作用。生产计划的公式如下:

预计生产量=预计销售量+预计期末存货量-预计期初存货量

2. 设备维修计划和技术改造计划

设备维修计划是规定企业在计划期内(年度)需要进行修理设备的数量、修理的时间和进度等。技术改造计划是规定企业在计划期内(年度)要进行的各项技改项目的进度、预期的经济效果,以及实现技改所需要的人力、物资、费用和负责执行的单位。这两个计划提出的物料需求品种、规格、数量和需要时间,是编制物料采购计划的依据,采购计划要为这两个计划的实现提供物料保证。

3. 用料清单

一般生产计划只列出产成品的数量,而不能表示某一产品需用哪些物料,以及数量多少,因此必须借助于用料清单。用料清单是由研究发展或产品设计部门制定的,根据用料清单可以精确地计算出制造每一种产品的物料需求数量。将用料清单上所列的耗用量即通称的标准用量,与实际用量相互比较,可作为用料管理的依据。

4. 存量卡

如果产成品有存货,那么生产数量不一定要等于销售数量。同理,若材料有库存,则材料采购数量也不一定要等于材料需用量。因此,必须建立物料的存量卡,用以记载某一物料的库存量,再依据需求数量,并考虑提前期和安全库存量,算出正确的采购数量，然后才开具请购单，进行采购活动。

二、采购计划的编制程序

采购计划的编制主要有以下几个环节：

1. 准备订单计划

准备订单计划主要分为三个方面的内容：

(1)调查市场需求

企业的生产活动是为了满足市场需求，要想制定比较准确的订单计划，必须了解市场需求状况及其变化趋势。市场需求的进一步分解便得到生产需求计划。企业根据市场需求首先制订销售计划，企业的年度销售计划一般在上年的年末制定，并报送至各个相关部门，同时下发到销售部门、计划部门、采购部门，以便指导全年的企业运转；根据年度计划，再制定季度、月度的市场销售需求计划。

(2)调查生产需求

调查与分析生产需求是评估订单需求首先要做的工作。生产需求在采购中也可以称为生产物料需求。在 MRP 系统中，物料需求计划是主生产计划的细化，它主要来源于主生产计划、独立需求的预测、物料清单、库存信息。

(3)准备订单背景资料

根据对市场需求和对生产需求的分析结果，就可以得到订单需求。准备订单背景资料是非常重要的一项内容。订单背景是在订单物料的认证完毕之后形成的，订单背景资料主要包括：

①订单物料的供应商消息；

②订单比例信息(对有多家供应商的物料来说，每一个供应商分摊的下单比例称为订单比例，该比例由供应商管理人员规划并给予维护)；

③最小包装信息；

④订单周期。订单周期是指从下单到交货的时间间隔，一般是以天为单位的。

订单背景资料一般使用信息系统管理。订单人员根据生产需求的物料项目，从信息系统中查询了解该物料的采购参数。

2. 评估订单需求

(1)分析市场需求

要进行市场需求分析，一方面，应仔细分析签订合同的数量、还没有签订合同的数量(包括没有及时交货的合同)等一系列数据，同时研究其变化趋势，全面考虑订单计划的规范性和严谨性。另一方面还应兼顾企业的市场战略以及潜在的市场需求等，这样才能全面、系统、准确地掌握市场需求。

(2)分析生产需求

分析生产需求是评估订单需求首先要做的工作。为了便于理解生产物料需求，就必须研究生产需求的产生过程，采购计划人员应深入分析生产需求的产生过程、生产需求量及需求时间。

(3)确定订单需求

根据对市场需求和对生产需求的分析结果就可以确定订单需求。通常来讲,订单需求的内容是:通过订单管理,在未来指定的时间内,将指定数量的合格物料采购入库。

3. 计算订单容量

计算订单容量是采购计划中的重要组成部分。只有准确地计算好订单容量,才能对比需求和容量,经过综合平衡,最后制定出正确的订单计划。计算订单容量主要有以下 4 个方面的内容:

(1)分析供应资料

对于采购工作来讲,所要采购物料的供应商的信息是非常重要的一项信息资料。如果没有供应商供应物料,那么一切都无从谈起。因此,分析供应商及供应市场资料是非常重要的。

(2)计算总体订单容量

总体订单容量是多方面内容的组合,其中主要是两个方面:一是可供给物料的数量,另一方面是可供给物料的交货时间。举一个例子来说明这两方面的结合情况:A 供应商在 6 月 31 日之前可供应 3 万个某种零件(m 型 1 万个,n 型 2 万个),B 供应商在 6 月 31 日之前可供应 6 万个某种零件(m 型 4 万个,n 型 2 万个),那么 6 月 31 日之前 m 和 n 两种零件的总体订单容量为 9 万个,其中 m 型零件的总体订单容量为 5 万个。

(3)计算承接订单容量

承接订单是指某供应商在指定的时间内已经签下的订单。仍以前一个例子来说明:A 供应商在 6 月 31 日之前可以供给 3 万个零件(m 型 1 万个,n 型 2 万个),若是已经承接 m 型零件 1 万个,n 型 1 万个,那么对 m 型和 n 型物料已承接的订单量就是:m 型 1 万个;n 型 1 万个,共 2 万个。

(4)确定剩余订单容量

剩余订单容量是指某物料所有供应商群体的剩余的可供物料的总量,可以用下面的公式表示:

物料剩余订单容量=物料供应商群体总体订单容量-已承接订单量

若物料供应商群体总体订单容量为 5 万件,已承接订单量为 3 万件,则:

物料剩余订单容量=5 万件-3 万件=2 万件

4. 制定订单计划

(1)对比需求与容量

对比需求与容量是制定订单计划的首要环节,只有比较出需求与容量的关系才能科学地制定订单计划。如果经过对比发现需求小于容量,即无论需求多大,容量总能满足需求,则企业要根据物料需求来制定订单计划。如果供应商的容量小于企业的物料需求,则要求企业根据容量制定合适的物料需求计划。这样就产生了剩余物料需求，需要对剩余物料需求重新制订计划。若某企业对某种物料的需求量是 12 吨，而供应商的容量为 15 吨，则需求小于容量，企业可以根据容量制定合适的物料需求计划，若供应商的容量为 10 吨，则需求大于容量，这样就产生了剩余物料需求，需要对剩余物料需求重新制订计划。

(2)综合平衡

综合平衡是指综合考虑市场、生产、订单容量等要素，分析物料订单需求的可行性，必要时调整订单计划，计算容量不能满足的剩余订单需求。

(3)确定余量计划

在对比需求与容量的时候，如果容量小于需求就会产生剩余需求，对于剩余需求，要提交计划制定者处理，并确定能否按照物料需求规定的时间及数量交货。

(4)制定订单计划

制定订单计划是采购计划的最后一个环节，订单计划做好之后就可以按照计划进行采购工作了。一份订单包含的内容有下单数量和下单时间两个方面。

下单数量＝生产需求量－计划入库量－现有库存量＋安全库存量

下单时间＝要求到货时间－认证周期－订单周期－缓冲时间

采购订单计划表见表 3-7 所示。

采购订单计划表 表 3-7

<table>
<tr><th rowspan="2">序号</th><th colspan="7">主　项</th><th colspan="7">次　项</th><th rowspan="2">现存库存数量</th><th rowspan="2">订单环境容量</th><th rowspan="2">备注</th></tr>
<tr><th>物资编码</th><th>名称</th><th>型号描述</th><th>年需求量</th><th>单位</th><th>开始日期</th><th>完成</th><th>样品图纸</th><th>技术规范</th><th>工艺路线</th><th>工艺指令</th><th>配料清单</th><th>巡回文档</th><th>隶属产品</th></tr>
<tr><td>1</td><td></td><td></td><td></td><td></td><td></td><td></td><td></td><td></td><td></td><td></td><td></td><td></td><td></td><td></td><td></td><td></td><td></td></tr>
<tr><td>2</td><td></td><td></td><td></td><td></td><td></td><td></td><td></td><td></td><td></td><td></td><td></td><td></td><td></td><td></td><td></td><td></td><td></td></tr>
<tr><td>3</td><td></td><td></td><td></td><td></td><td></td><td></td><td></td><td></td><td></td><td></td><td></td><td></td><td></td><td></td><td></td><td></td><td></td></tr>
<tr><td>4</td><td></td><td></td><td></td><td></td><td></td><td></td><td></td><td></td><td></td><td></td><td></td><td></td><td></td><td></td><td></td><td></td><td></td></tr>
<tr><td>5</td><td></td><td></td><td></td><td></td><td></td><td></td><td></td><td></td><td></td><td></td><td></td><td></td><td></td><td></td><td></td><td></td><td></td></tr>
<tr><td>6</td><td></td><td></td><td></td><td></td><td></td><td></td><td></td><td></td><td></td><td></td><td></td><td></td><td></td><td></td><td></td><td></td><td></td></tr>
<tr><td>7</td><td></td><td></td><td></td><td></td><td></td><td></td><td></td><td></td><td></td><td></td><td></td><td></td><td></td><td></td><td></td><td></td><td></td></tr>
<tr><td>8</td><td></td><td></td><td></td><td></td><td></td><td></td><td></td><td></td><td></td><td></td><td></td><td></td><td></td><td></td><td></td><td></td><td></td></tr>
<tr><td>9</td><td></td><td></td><td></td><td></td><td></td><td></td><td></td><td></td><td></td><td></td><td></td><td></td><td></td><td></td><td></td><td></td><td></td></tr>
<tr><td>10</td><td></td><td></td><td></td><td></td><td></td><td></td><td></td><td></td><td></td><td></td><td></td><td></td><td></td><td></td><td></td><td></td><td></td></tr>
<tr><td>合计</td><td colspan="7"></td><td colspan="7"></td><td></td><td></td><td></td></tr>
<tr><td>制订</td><td colspan="2"></td><td>日期</td><td colspan="3"></td><td>审核</td><td colspan="2"></td><td>日期</td><td colspan="2"></td><td>批准</td><td colspan="2"></td><td>日期</td><td></td></tr>
<tr><td colspan="2">认证计划编号</td><td colspan="3"></td><td colspan="2">制订部门</td><td colspan="3">任务来源编号/说明</td><td colspan="3"></td><td colspan="3">来源部门</td><td colspan="2"></td></tr>
</table>

【小资料 3-1】 机械公司采购计划作业程序

1. 营业部于每年度开始时，提供给主管单位有关各型机种的每季、每月的销售预测。销售预测经会议通过，并配合实际库存量、生产需要量、市场状况，由主管单位编制每月的采购计划。

2. 主管单位编制采购计划的副本送至采购中心，据以编制采购预算，经会议审核通过，将副本送交管理部财务单位编制每月的资金预算。

3. 营业部门变更销售计划或有临时销售决策(例如紧急订单)时，应与生产单位和采购中心协商，以排定生产日程，并据以修改采购计划及采购预算。

(本资料选自：梁军，等. 物流采购与供应管理实训.

北京：中国劳动社会保障出版社，2006)

3.3 采购预算的编制

3.3.1 采购预算的概念

预算就是一种用数量来表示的计划，是将企业未来一定时期内经营决策的目标通过有关数据系统地反映出来，是经营决策具体化、数量化的表现。企业通过编制采购业务预算，把企业采购部门和其他职能部门在计划期间的工作分别定出了目标，保障企业战略计划和作业计划的执行，协调企业各部门之间的合作经营；采购业务预算还能在企业各部门之间合理安排有限资源，保证资源分配的效率性，对企业物流成本进行控制、监督，以最少的投入，取得尽可能多的经济效益。

为了使预算对实际的资金调度具有意义，采购预算应以付款的金额来编制，而不以采购的金额来编制。预算的时间范围要与企业的计划期保持一致，绝不能过长或过短。长于计划期的预算没有实际意义，浪费人力、财力和物力，而过短的预算则又不能保证计划的顺利执行。企业管理者必须通过有效地分配有限的资源来获得最大的收益。一个良好的企业不仅要赚取合理的利润，还要保证有良好的资金流，良好的预算既要注重实际，又要强调财务业绩。

【想一想】 采购计划与采购预算有何不同?

3.3.2 采购预算编制

一、采购预算的内容

1. 原材料预算

生产企业在整个经营过程中，需要大量的原材料，其数量决定于生产产品的产销量和对外服务量。原材料预算的时间通常是一年或更短。预算的依据是生产或销售的预期水平、提供服务的预期水平以及未来原材料的估计价格,这就意味着实际费用有可能偏离预算。因此,在编制预算时应根据外界条件的变化做出灵活的调整。

【小资料 3-2】 采购管理中的预算

为了控制采购成本,许多公司都要进行预算。目前主要有两种预算方式,即目的在于控制材料成本的预算和目的在于控制采购部门成本的预算。对前一种预算方式主要有下面一些类型:

采购材料预算。它主要指每一类型的产品在下一个计划期(通常是一年)内需要的 数量以及特定产品的期望价格水平。需求总量是从生产计划中估算出来的,而需支付的价格是根据客户来估算的。最终的估算结果一般要通过同资深的客户或采购部经理进行详细讨论后,才能决定,以保证价格目标确立在一个合理的水平上。

然而,价格目标有时是由生产管理来确定的。目前制造商正在大幅度削减生产成本,这意味着它们需要制定一项计划来确定特定的成本降低幅度(如 8%)。当采购占用了全部成本价格的 60%时,这就表示材料采购的成本需要减少 4.8%。这一目标由采购部门负责。在这种情况下,为了满足采购部门的整体目标,每个客户都应当向采购部门提交一份有关每类产品的计划和目标。

通过定期揭示客户情况的差异报告,可以严密地监督违背采购预算的活动。因此,当要评估客户行为时,差异报告是应当考虑的重要因素。一些公司通过剔除外部因素(如现行汇率的波动、通货膨胀等)对价格的影响,将它们从报告程序中提取出来,单独报告。

工具预算。这种预算主要是指制造商生产某种商品所需要的与特定工具有关的耗费(如铸造模子)。大型公司为了维持某种设备的合法所有权,通常要购买各种特定工具。在一些公司中,客户们必须指明他们需要什么样的工具预算,哪些产品或供应商需要这样的预算;这些预算不能超支。

采购部门的预算由于很容易决定,因此经常使用。采购预算表明了与工资报酬、社会保障、自动化系统、旅差、培训有关的是些什么费用,这时差异报告要定时监控。

(资料选自:采购与供应链管理——分析、规划及其实践. 丁立言等译:211)

2. MRO 预算

MRO 采购包含在经营管理过程中,但它们并没有成为生产运作中的一部分。MRO 项目主要有:办公用品、润滑油、机器修理用零部件等。MRO 项目的数目可能很大,对每一项都做出预算并不可行。MRO 预算通常按以往的比例来确定,然后根据库存和一般价格水平的预期变化来进行调整。

3. 资产预算

企业的固定资产通常费用较高，占采购支出的较大部分，固定资产的预算不仅要考虑初始成本，还要考虑包括维护、能源消耗以及辅助零部件成本等的生命周期总费用。由于这些支出的长期性质，通常用净现值算法进行预算和做出决策。

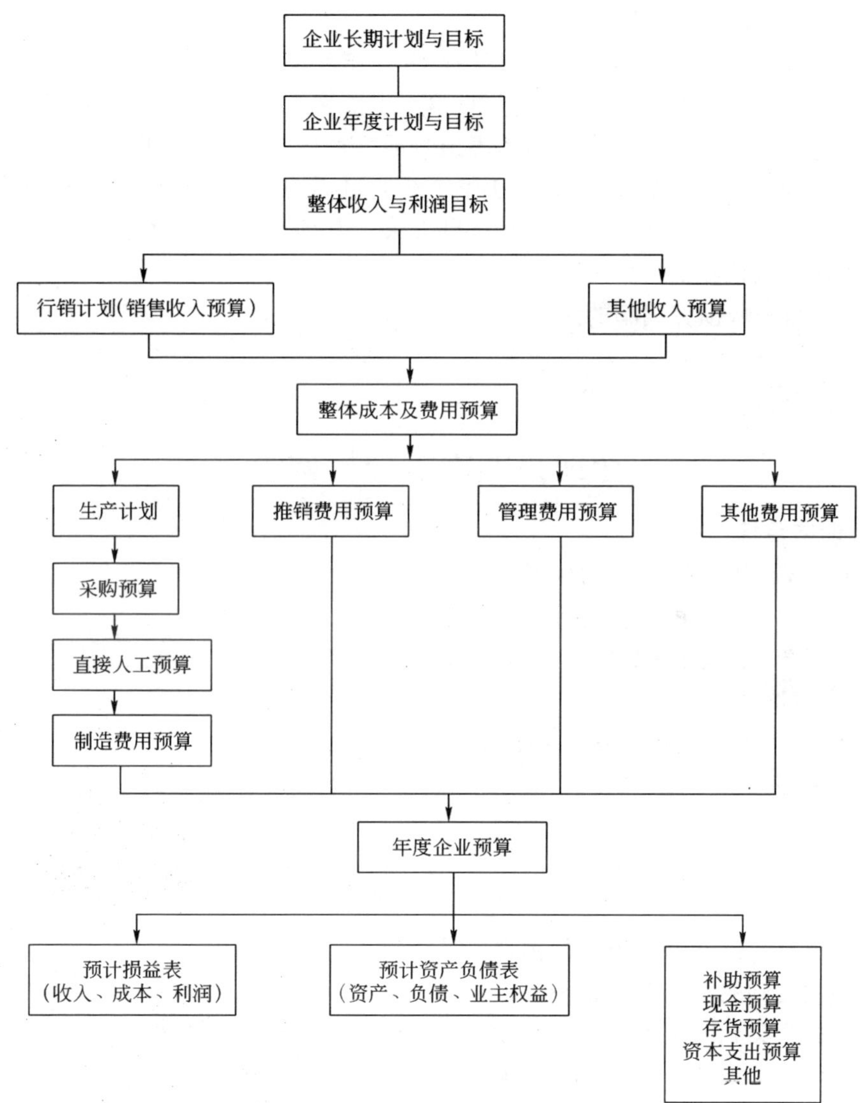

图 3-3　采购预算编制的流程

4. 采购费用预算

采购费用预算的内容包括采购业务中发生的各项费用。通常，这项预算是根据预期的业务和行政工作量来制定的。这些花费包括工资、福利费用、供热费、电费、通信费、教育培训费、差旅费以及购买办公用品等的费用。合理的采购费用有利于采购工作的进行，在制定采购预算时必须把此项支出考虑在内。可比照上年计划与实际支出情况，做好本年采购费用预算。采购部门应定期对比计划与实际支出情况调整，控制采购费用并及时解决发现的问题。

二、采购预算编制的流程

以制造业而言，通常业务部门的行销计划是年度经营计划的起点，然后生产计划才随之制定。生产预算包括采购预算、直接人工预算及制造费用预算。由此可见，采购预算乃是采购部门为配合年度的销售预测或生产数量，对需求的原料、物料、零件等的数量及成本作翔实的估计，以利于整个企业目标的达成。换句话说，采购预算如果单独编制，不但缺乏实际的应用价值，也失去了其他部门的配合，所以必须以企业整体预算制度为依据。

图 3-3 为采购预算编制的流程。

J 技能训练

企业采购需求分析调查

一、训练目标

1. 加深学生对采购需求的认识。
2. 使学生能够运用采购需求分析的方法确定企业采购需求。
3. 提高学生的分析能力。

二、训练准备

1. 将学生分为不同的小组，每组为 5～6 人。
2. 联系相关企业若干家。
3. 设计企业内部采购需求调查表。
4. 提供可联网的计算机机房以便学生进行资料查询与实训报告的完成。

三、训练步骤

1. 收集企业采购需求单位的物料需求资料。
2. 将收集到的资料进行整理。
3. 根据收集到的资料及企业实际情况选择采购需求调查方法。
4. 运用所选定的方法分析企业采购需求。
5. 形成企业采购需求报告。

四、注意事项

1. 应注意资料收集的全面性、真实性。
2. 需求分析方法应恰当。

3. 若企业实际数据难以收集时，教师可根据情况给出模拟数据。

五、考核方法

1. 企业内部采购需求调查表的设计(20 分)。

2. 调查方法的选择(30 分)。

3. 总体实习报告(50 分)。

六、课外训练

学生去所选定的企业进行调查，收集采购需求相关资料，确定采购量。在调查中采用直接调查与间接调查相结合的方法，根据企业的特点确定选择合适的采购需求方法，最终进行采购需求分析，确定采购需求量。

若企业采购需求数据难以得到时，可根据学生的整个实训流程，由教师给出模拟数据或环境，也可在网上收集一些相关的资料，完成整个实训过程。

C 自测练习题

一、选择题

1. 对于价值高、很重要、品种少的采购物品，在 ABC 分析法中属于(　　)。

A. A 类　　B. B 类　　C. C 类　　D. A 类+B 类

2. 在采购计划中，将采购物品分为金属材料采购计划、机电产品采购计划和非金属材料采购计划，这是按(　　)进行的分类。

A. 时间长短　　B. 采购层次　　C. 自然属性　　D. 使用方向

3. 在计算总体订单容量时，若 A 供应商在 12 月 31 日之前可供应 1 万个某种零件(其中：m 型 4 000 个，n 型 6 000 个)，B 供应商可供应 2 万个(其中：m 型 15 000 个，n 型 5 000 个)，那么，在 12 月 31 日之前该零件的总体订单容量为(　　)个。

A. 1 万个　　B. 2 万个　　C. 6 000 个　　D. 3 万个

4. 在上题中，A 供应商在 12 月 31 日之前可供应 1 万个零件(其中：m 型 4 000 个，n 型 6000 个)，若已经承接的 m 型零件 3 000 个，n 型 5 000 个，那么，对 m 型和 n 型已承接的订单容量为(　　)个。

A. 4 000 个　　B. 5 000 个　　C. 6 000 个　　D. 8 000 个

二、判断题

1. 采购计划就是采购预算。

2. 采购需求分析与产品平均需求分析是一样的。

3. ABC 分析法中 C 类物资不必管理。

4. 企业的物资采购计划应以市场需要为依据，按照实际需要和资源供给来编制。

5. 采购预算是经营决策具体的，数量化的表现。

三、名词解释

1. 需求分析。
2. 采购计划。
3. 预算。

四、简答题

1. 统计分析的特点是什么?
2. 采购申请单位汇总统计法的特点有哪些?
3. 推导分析法的步骤有哪些?
4. 简述采购预算的内容。
5. 计算订单容量的内容有哪些?

五、论述题

1. 采购计划的编制程序。
2. 采购预算的内容。

第4章　供应商选择与管理

教学目的和要求

供应商选择与管理是采购管理中最重要、最关键的工作之一。通过本章学习，应了解和掌握供应商选择与管理的有关问题，包括供应商选择、供应商开发、供应商考评等。要求学生重点掌握供应商选择的方法、步骤、企业与供应商的关系以及供应商的考评方法、步骤、指标体系。

关键词汇

供应商　供应商管理　供应市场

引导案例

戴尔公司与供应商实现"双赢"

戴尔公司是一家国际化的电脑制造商，它通过科学的管理体制以及与供应商公平的利润分配机制支持供应商的发展，从而与供应商建立良好的战略合作伙伴关系。

戴尔公司和供应商建有非常紧密的网络，每天都通过网络与供应商进行协调沟通，了解每个零部件的发展情况，并把自己新的要求及时发布在网络上，供所有的供应商进行参考，提高了与供应商之间的透明度和信息交流效率，激励供应商之间的竞争；供应商则随时向戴尔提供自己的最新产品发展技术、价格变化、存量等方面信息。通过网络沟通，密切了伙伴关系。

同时戴尔不断地对送货情况进行评测，并给供应商发出详尽的绩效报告，让他们准确地知道自己做了什么，与过去相比、与其他供应商相比，他们的绩效让他们处在什么位置。如果一批货送晚了，哪怕只是晚几分钟，戴尔也会主动签发一份书面(电子)征询函,并且提出相应的要求。

戴尔鼓励供应商与之共同研究开发新产品,与供应伙伴共享设计数据库、技术和资源,大大加快了新技术的发展和推向市场的速度。

在利润上,戴尔除了要补偿供应商的全部物流成本(包括运输、仓储、包装等费用)外,还要让其享受供货总额3%~5%的利润分配,给供应商以发展机会。让各地区的供应商同时作为该地区销售代理商之一,这样供应商又可获得另外一部分相应的利润。这种由单纯的供应商身份向供货及销售代理商双重身份的转变,使物品采购供应—生产制造—产品销售各环节更加紧密结合,也真正实现了由商务合作向战略合作伙伴关系的转变,从而实现了风险共担、利润共享的双赢目标。

与供应商的这种战略伙伴关系,开发了供应商的核心能力,供应商把自己熟悉的供货领域的新产品面市情况、性能/价格比等信息及时反馈给戴尔,有利于完善产品的性能和新产品的研发。供应商在和戴尔公司的合作中与其融为一体,分享了企业高速成长的优厚回报。

(资料来源:根据"中华物流网 http://jc.china.com/2003—08—27"改编)

上述案例可看出,戴尔公司通过与供应商进行良好的合作,建立伙伴关系实现了双赢,那么,如何选择供应商,与其进行良好的合作,进行供应商管理呢?这就是这一章要阐述的问题。

4.1 供 应 商

4.1.1 供应商的定义

供应商,是指可以为企业生产提供原材料、设备、工具及其他资源的企业。供应商作为企业外部环境的组成部分,必然间接或直接地对企业造成影响。任何供应商,不管是不是已经与企业有直接关系或者没有直接关系,它都是资源市场的组成部分。资源市场中物资的供应总量、供应价格、竞争态势、技术水平等,都是由资源市场的所有成员共同形成的。而企业的采购,都只能从这个资源市场中获取物资,所以采购物资的质量水平、价格水平都必然受到资源市场成员的共同影响。

供应商,可以是生产企业,也可以是流通企业。对于生产型企业,供应商的优劣直接影响到生产产品的成本、质量和交货,只有供应商的成本控制得当,它的产品价格才具有更强的市场竞争力;只有供应商提供高质量的原材料及零部件,才能生产出质量稳定的产品；只有供应商能够及时稳定的供货，企业才能把产品及时地送到消费者的手中。可见，供应商选得好，对企业的物资供应起着非常重要的作用。

4.1.2 供应商的选择方法

选择供应商，需要采用一些科学的方法。选择供应商的方法很多，应根据具体的情况采用合适的方法。常用的方法主要有直观判断、考核选择、招标选择和协商选择、采购成本比较法和层次分析法。

一、直观判断法

直观判断法属于定性选择的方法，是根据征询和调查所得的资料并结合采购人员的分析判断，对供应商进行分析、评价的一种方法。主要是倾听和采纳有经验的采购人员的意见，或者直接由采购人员凭经验做出判断。这种方法的质量取决于对供应商资料掌握得是否正确、齐全和决策者的分析判断能力与经验。这种方法运作简单、快速、方便，但是缺乏科学性，受掌握信息的详尽程度限制，常用于选择企业非主要原材料的供应商。

【想一想】 如果你是采购部经理，现企业需要采购某一种原材料，该原材料为企业生产的辅助材料，你想采用直观判断法选择供应商，请问你该怎么做？

二、招标选择法

招标选择是采购企业采用招标的方式，吸引多个有实力的供应商来投标竞争，然后经过评标小组分析评比而选择最优供应商的方法。当采购物资数量大、供应市场竞争激烈时，可以采用招标方法来选择供应商。有关详细内容见第 7 章。

三、协商选择法

协商选择法是由采购单位选出供应条件较为有利的几个供应商，同他们分别进行协商，再确定合适的供应商。协商选择法的优点是双方能充分协商，能确定更为合适的供应商，因而在商品质量、交货日期和售后服务等方面较有保证，但由于选择范围有限，不一定能得到最便宜、供应条件最有利的供应商。当采购时间紧迫，投标单位少，供应商竞争不激烈，订购物资规格和技术条件比较复杂时，协商选择方法比较适用。

四、采购成本比较法

对质量和交货期都能满足要求的合作伙伴，则需要通过计算采购成本来进行比较分析。采购成本一般包括售价、采购费用、运输费用等各项支出的总和。采购成本比较法是通过计算分析针对各个不同合作伙伴的采购成本，选择采购成本较低的合作伙伴的一种方法。

【小资料 4-1】　　　　供应商选择

某一家公司采购某种设备，现有甲、乙两家供应商可供选择，甲的价格为1100元，包含运输和软件安装，乙的价格为800元，但需另付运输费200元和软件及安装费150元。

请问应该买哪一家的产品？

分析：供应商甲的价格高于乙，但仅仅以价格进行比较是不公平的，乙总的采购价格为1150元，比甲还要高出50元，因此，从采购成本与价格方面考虑还应选择甲。

五、层次分析法

该方法是20世纪70年代由著名运筹学家赛惕(T. L. Satty)提出的，韦伯(Weber)等提出将层次分析法用于合作伙伴的选择。它的基本原理是根据具有递阶结构的目标、子目标(准则)、约束条件、部门等来评价方案，采用两两比较的方法确定判断矩阵，然后把判断矩阵的最大特征相对应的特征向量的分量作为相应的系数，最后综合给出各方案的权重(优先程度)。由于该方法让评价者对照相对重要性函数表，给出因素两两比较的重要性等级，因而可靠性高、误差小，不足之处是遇到因素众多、规模较大的问题时，该方法容易出现问题，如判断矩阵难以满足一致性要求，往往难于进一步对其分组。它作为一种定性和定量相结合的工具，目前已在许多领域得到了广泛的应用。

4.2　供应商选择

4.2.1　供应商选择的标准

一、商品质量

采购物品的质量是否合乎采购单位的要求是企业生产经营活动正常进行的必要条件，采购品质量低，会影响到企业产成品的质量，虽然采购成本低，但质量不合格的产品在企业投入使用的过程中，往往会影响生产的连续性和产品的质量，这些最终都将会反映到企业总成本中去。采购品质量过高并不意味着采购物品就适合企业生产所用，因为对企业而言也是一种浪费。因此，采购品质量的应符合企业的需要。

二、商品价格

采购品的价格直接影响到采购成本，采购价格低对于降低企业生产经营成本，提高竞争力和增加利润，有着明显的作用，但并不意味着价格越低越好。还应考虑到包括原料或零部件使用过程中或生命周期结束后所发生的一切支出。因此总成本最低才是选择供应商时考虑的主要因素。

三、交货期与交货准确率

交货时间也是选择供应商所要考虑的因素之一，供应商能否按约定的交货期限和交货条件组织供货，直接影响企业生产和供应活动的连续性。为了应付一些紧急缺货情况的发生，供应商的供货都应有一个合理的提前期，而在供应链管理的情况下，这种提前期大大缩短了。另外还应注意供应商交货的准确率，减少供应商品的反退率。

四、服务水平

服务水平是衡量供应商标准的一项重要指标。供应商的整体服务主要指标有以下几个方面：

(1)安装服务。如空调的免费安装、电脑的装机调试、贴片机的安装调试等。

(2)培训服务。供应商应对采购者提供相应的培训或讲座，供应商对产品卖前与卖后的培训工作情况，会大大影响采购方对供应商的选择。

(3)维修服务。供应商对所售产品一般都会做出免费保修一段时间的保证。例如，到电子市场买一台电脑时，我们通常会问卖方提供多长时间的保修，有的提供 1 年免费保修，有的提供半年。

(4)技术支持服务。供应商应向采购者提供相应的技术支持，包括产品升级及技术上的帮助。

五、供应商的管理能力与水平

供应商的管理能力与水平是指供应商的内部管理是否先进、规范。包括：企业的财务状况是否稳定、内部组织与管理是否规范、人员状况是否稳定以及履行合同的承诺与能力如何等。

【小资料 4-2】　　通用电气对供应商的要求

通用电气(GE)公司是有着悠久历史的一家全球性公司，其采购模式不考虑国别限制，对全球各国的供应商的要求都是一样的，各个国家的供应商都要达到同样的标准、同样的程序、同样的操作方式。GE 对供应商有 4 个最基本的要求：价格、质量、交货和诚信。

首先，在价格方面，GE 是全球采购，这种全球的竞争会将供应商的价格压得很低。因为全球范围内有很多的公司相互竞争。如果供应商连续三年不怎么降低价格，GE 就要考虑选择新的供应商。

在质量方面，如果供应商有一年质量非常差，他就有可能不能再与 GE 合作了，在质量上是没有任何商量的余地。

GE 对全球供应链的要求非常严格，供应商一定要准时交货，如果不能准时交货，就要用飞机运输，而不是用船，会使成本就一下上去了。GE 对供应商的要求不仅是质量和价格,还包括供应商整体的质量水平。如果供应商出现程序错误,就会被取消供应商资格,包括供应商对GE的人员行贿,供应商自己人员的管理等。

很多供应商通过和GE合作,不仅使交易越做越大,而且提高了企业的整体竞争力。

(资料选自:鞠颂东,徐杰编.采购管理.北京:机械工业出版社 改编)

4.2.2 供应商选择的一般步骤

供应商选择应考虑多方面因素,遵循以下步骤:

一、分析供应市场竞争环境及企业需求特点

选择供应商首先应了解企业内部采购需求状况,即企业究竟需求什么、需求多少、什么时候需要等问题。采购部收齐了这些采购需求计划表、请购单以后,需要把所有需要采购的物资分类整理统计出来。这样就弄清了用户需求什么,需要多少、什么时候需要的问题。同时还应进行供应商及供应市场分析,要了解企业有哪些可能的供应商,各个供应商的基本情况如何,并进一步了解掌握整个资源市场的基本情况和基本性质,为选择供应商做必要的准备。

二、明确供应商选择的目标

企业在选择供应商时,必须建立实质性的、实际的目标,不同的企业,其供应商管理的目的是不同的,只有明确选择目的,才能更好地选择供应商。主要选择目标有以下几种:

(1)降低采购成本。

(2)建立稳定的合作关系。

(3)实施有效的供应链管理。

(4)获得某种特殊的原材料、零部件。

【小资料4-3】 雀巢公司的选择

所有咖啡生产企业都遇到了一个同样的问题:怎样降低不含咖啡因的咖啡生产成本。富有创造性的方法是增加不含咖啡因的咖啡豆的产量,这就是世界一流速溶咖啡制造商瑞士雀巢食品公司决定采用的方法。雀巢公司与Forbio公司——精于生物基因的澳大利亚生物集团公司合资进行生产,Forbio公司知道怎样改变咖啡的基因来生长出不含咖啡因的咖啡豆。雀巢特许咖啡生产商种植基因已经改变的咖啡豆,在市场中取得了独占的地位。Forbio也通过收取特许费得到了属于自己的经济利益。

(案例选自:郝渊晓等.采购物流学.广州:中山大学出版社,2007.2)

上述案例说明,企业必须明确选择供应商的目的是什么,做到有的放矢,这样才能避免盲目,更加有针对性地为企业选择合适的供应商。

三、建立供应商的评价标准

供应商评价的指标体系是企业对供应商进行综合评价的依据和标准。我们可以根据系统性、科学性、稳定性、灵活性原则建立供应商的评价指标体系。不同行业、企业的产品需求和不同环境下的供应商的评价侧重点是不一样的。总体说来,主要有:价格、质量、交货期、服务、柔性、信誉等。

四、确定供应商选择的方法

供应商选择的方法很多,即定性分析方法、定量分析方法以及定性与定量相结合的方法。具体内容见 4.5.3。

五、评价与选择供应商

根据评价标准与评价方法,对供应商进行评价与选择。选择供应商的一个主要工作,需要调查、收集有关供应商的生产运作等全方位的信息。在收集供应商信息的基础上,就可以利用一定的工具和技术方法进行供应商的评价,并可根据供应商的评价结果,采用一定的技术方法来选择合适的供应商。如果选择成功,可进一步与供应商实施供应链采购合作关系,实行供应链采购管理。

4.2.3 选择供应商应注意的问题

一、企业自行生产还是对外采购

如果企业采取自制的方式,则就不需要对外采购,选择供应商的机会就很少;一般情况,自制的方式越少,外包的比率越高,对外采购的机会就越多,则选择供应商的机会越大。企业通过外包,可以将精力集中于核心业务上,避免了精力分散,可以最大限度地提高企业的经营效益。

二、供应商选择的数量

即是选择单一供应商、还是选择多家供应商。单一供应商是指某种物品集中向一家供应商订购,这种购买方式的优点是供需双方的关系密切,购进物品的质量稳定、采购费用低;缺点是无法与其他供应商相比较,容易失去质量、价格更为有利的供应商,采购的机动性小,另外如果供应商出现问题则会影响本企业的生产经营活动。多家供应商是指向多家订购所需要的物品,其优缺点正好与单一供应商相反。

【小资料 4-4】 柯达公司(Kodak)选择尽可能少的供应商

1993 年,柯达公司成立了一支由采购人员和工程人员组成的小组,负责统一在世界各地的所有柯达生产厂对控制系统的使用和采购情况。控制系统控制整个生产的工艺流程,尤其是那些高度自动化的工厂。在选择供应商的过程中,柯达公司选择尽可能少的供应商,而且小组偏重于考察控制系统的寿命周期成本而不是单位成本。寿命周期成本包括隐性成本和显性成本，隐性成本包括培训、工程、零部件、维修、可靠性等方面的成本，柯达公司估计隐性成本是单位成本的2.5倍。小组将在全球范围内选择供应商，他们首先对现有的控制系统供应商进行评价，主要调查对产品、服务、潜在的成本降低能力、全球竞争能力、战略导向等问题的观点；然后据此对潜在的供应商进行评价，将供应商分为三类：世界一流供应商、首选的供应商和淘汰的供应商。根据合作目标选择尽可能少的供应商进行合作。这种选择供应商的方法，已经帮助柯达公司降低了花费在控制系统上大约25%的总成本，尤其是对于柯达公司的小型生产厂，获得了控制系统安装周期的缩短、供应商允诺持续更新、地方分销商愿意持有闲置部件、供应商在设计早期就参与其中等好处。

（本资料选自：潘波等. 现代物流采购. 北京：机械工业出版社，2005.8:77）

三、采购地点的确定

即是本地采购还是外地采购、国内采购还是国际采购。选择本地采购或国内采购的供应商，价格可能比较低，由于地理位置近，可以实现准时生产或者零库存策略；选择外地采购或国际采购的供应商则可能采购到本地或国内企业技术无法达到的物品，提升自身的技术含量，扩大供应来源。

四、采取直接采购还是间接采购

若是大量采购或者所需物品对企业生产经营影响重大，则宜采用直接采购，从而避免中间商加价，以降低成本；如果采购数量小或者采购物品对生产经营活动影响不大，则可通过间接采购，节省企业的采购精力与费用。

【想一想】 在选择供应商的过程中，还应注意哪些问题？

4.3 供应商开发

所谓开发供应商就是要从无到有地寻找新的供应商，建立起适合于企业需要的供应商队伍。它是供应商管理的一个重要任务。供应商开发就应该选择优秀的供应商伙伴，而不是纯粹的买卖交易关系的供应商，也不是没有以客户为中心的价值取向的供应商。同时要有科学的评判准则、合理的开发流程、恰当的技术手段。两者的结合完成供应商开发及选择过程，从而发掘和获得优秀的供应商合作伙伴。

供应商开发是一个很重要的工作，同时也是一个庞大复杂的系统工程，需要精心策划、认真组织，做好每一个环节的工作。

4.3.1 供应商信息的来源

要开发供应商，首先，就必须扩大供应商来源，换句话说，供应商越多，选择供应商的机会就越大。现将寻求供应商的主要信息来源列示如下：

(1)国内外采购指南。

(2)国内外产品发布会。

(3)国内外新闻传播媒体(报纸、刊物、广播电台、电视、网络)。

(4)国内外产品展销会。

(5)政府组织的各类商品订货会。

(6)国内外行业协会会员名录、产业公报。

(7)国内外企业协会。

(8)国内外各种厂商联谊会或同业工会。

(9)国内外政府相关统计调查报告、工厂统计资料、产业或相关刊物研究报告。

(10)其他各类出版物的厂商名录。

(11)媒体广告。电视或报纸、杂志上的广告商品的联系电话。

(12)网络搜寻。

(13)同行市调。采购人员可通过对同行业(竞争对手)的供应商情况调查发现优良商品供应商，其信息来源有下列方式：

①包装上的制造商或进口代理公司的电话；

②如果没有电话，可利用包装上制造商或进口代理公司的名称，向114查询电话号码。

(14)厂商介绍。向同行厂商询问想要引进的商品就可以得到相关信息。

(15)供应商自行找上门。

【想一想】 举一个实际例子说明某企业供应商的来源。

4.3.2 开发供应商的步骤

开发一个供应商，大体上要经过以下几个步骤：

一、将采购物料分类，确定关键的重要零部件、原材料及其资源市场

一方面，将主生产物料和辅助生产物料等按采购金额比重分成ABC三类，求出关键物资、重点物资，进行重点管理。根据物资重要程度决定供应商关系的紧密程度。对于关键物资、重点物资，要建立起比较紧密的供应商关系；对于非重点物资，可以建立起一般供应商关系。甚至不必建立起固定的供应商关系。另一方面，也可以按材料成分或性能分类，如塑胶类、五金类、电子类、化工类、装类等，确定资源市场的类型性质。

二、供应商调查

供应商调查包括对供应商的初步调查和深入调查。供应商初步调查非常简单，调查的基本内容就是供应商的名称、地址、生产能力，产品的品种、数量、价格质量、市场占有率及运输进货条件等。

对供应商的深入调查，一是根据企业自己产品的 ABC 分类所确定的产品的重要程度；二是根据供应商企业的生产能力水平的实际情况。对于企业的关键产品、重要产品，要认真地选择供应商，要对提供这些产品的供应商进行深入的研究、考察和考核。深入调查供应商的标准主要是企业的实力、产品的生产能力、技术水平、质量保障体系和管理水平等。具体就是深入到供应商企业的生产线、生产工艺、质量检验环节甚至管理部门，对其现有的设备工艺、生产技术、管理技术等进行考察，调查供应商所提供的产品能不能满足企业的要求。有的甚至要根据所采购的产品的生产要求，进行资源重组，并进行样品试制，试制成功后，才算考察合格。只有通过深入的供应商调查，才能发现可靠的供应商，建立起比较稳定的采购物资供需关系。进行深入的供应商调查，需要花费较多的时间和精力，调查的成本高，一般只有对准备发展为伙伴关系的供应商及关键零部件的供应商才有必要。

三、资源市场调查

对资源市场的调查包括：

1. 了解资源市场的规模、容量和性质

例如，对于买方市场，在选择供应商时，可将质量、价格和服务的权重适当放大；而对于卖方市场，在选择供应商时，应将质量、价格、服务的权重适当放小。另外，还得了解资源市场究竟有多大范围，有多少资源以及多少需求量，是一个新兴的成长市场还是一个陈旧的没落市场等。

2. 资源市场的环境

例如，市场的管理制度与法制建设、市场的规范化程度、市场的经济环境与政治环境等外部条件如何以及市场的发展前景如何。

3. 资源市场的总水平

即资源市场的各个供应商的情况如何。例如资源市场的生产能力、技术水平、管理水平、可供资源量、质量水平、价格水平、需求状态以及竞争性质等。

四、分析评估

进行分析评估时，首先应成立供应商评估小组，由副总经理任组长，采购部门、品质管理部门、技术部门的经理、主管、工程师组成评估小组。对已调查的供应商及资源市场情况进行深入分析。

然后，再把反馈回来的供应商调查表进行整理核实，如实填写供应商资料卡。将合格厂商分类按顺序统计记录。然后由评估小组进行资料分析比较和综合评估，按 ABC

物料采购金额的大小，按供应商规模、生产能力等基本指标进行分类，对每个关键物资、重点物资初步确定 1～3 家供应商，准备进行深入调查。

最后，在供应商分析的基础上，结合资源市场调查的有关资料分析资源市场的基本情况，包括资源能力情况、供需平衡情况、竞争情况、管理水平、规范化程度、发展趋势等。并根据资源市场的性质，确定相应的采购策略、产品策略和供应商关系策略。例如对于垄断性市场，采用合作和据理谈判策略；对于竞争性市场，采用招标竞争策略等。

五、价格谈判

对送样或小批量合格的产品、材料，要评定品质等级，并进行比价和议价，确定一个最优的价格性能比。

在价格谈判之前要有充分准备，设定合理的目标价格。对小批量产品，其谈判的核心是交货期，要求其提供快速的反应能力；对流水线、连续生产的产品，核心是价格，但一定要保证供应商有合理的利润空间。进行价格谈判的指导思想，就是要合理，要“双赢”，要考虑长远合作，共同发展。

价格谈判是一个持续的过程，每个供应商都有其对应的学习曲线，在供货一段时间后，其成本会持续下降。在后续的供应商关系管理中，通过与这些表现优秀的供应商达成战略联盟，可促使供应商提出合理的改进供应方案，以最大限度节约成本。

价格谈判成功以后，就可以签订试运作协议，进入物资采购供应试运作阶段，基本上以一种供需合作关系运行起来。

六、供应商辅导

价格谈好以后的试运行供应商，将与企业建立起一种紧密关系，参与试运作。这时企业要积极参与辅导、合作。企业应当根据企业生产的需要，也要根据供应商的可能，来共同设计规范相互之间的作业协调关系，制定一定的作业手册和规章制度。并且为使供应商适应企业的需要，要在管理、技术、质量保障等方面进行辅导和协助。

【小资料 4-5】 **美国本田与供应商**

美国本田的采购哲学体现了对供应商发展的承诺。这种哲学用于实际操作的一个例子，已经成为本田的一个经典故事。20 世纪 90 年代初，本田发现一个与其长期合作的供应商有着极大的质量问题，本田做出的结论是，这家小型独立供应商在试图为本田的增长提供支持的过程中，所进行的扩展已经超出了其组织的条件。

本田没有终止与这家供应商的来往去另找一家更先进的能绝对满足自己需要的供应商，而是由采购部门安排了 4 个人去帮助这家有麻烦的供应商。本田的团队租用公寓，进驻工厂，接下去用了 10 个月的时间，帮助该供应商开发了支持规模扩展所需的企业业务。该供应商现在已具备了长期为本田提供支持的能力。

（资料选自：蒂莫西. M. 拉塞特. 王求真等译. 战略采购管理与供应商的合作与竞争. 北京：经济出版社，2002. 9：12）

七、追踪考核

在试运作阶段，要对供应商的物资供应业务进行追踪考核。包括检查产品质量是否合格、交货是否准时、交货数量是否满足要求、信用度的考核等。

八、供应商选择

根据考核结果，优秀者可以通过试运作，结束考核期，签订正式供需关系合同，成为企业正式的供应商，建立一个比较稳定的供需关系。其他的则不能通过试运作，应当结束考核、终止供需关系。选择好的供应商，不仅对企业的正常生产起决定作用，而且对企业的发展也非常重要。

【想一想】 某家大型电子企业集团制定了年度供应商实地考察计划，要求每季度对所有的100多家供应商进行实地考察，这意味着每年度采购部门要拜访400多次供应商。采购人员花费了大量时间，感觉力不从心。

请问：为什么会出现这种情况？

(资料选自 http://www.esmchina.com/ART_8800070133_617 671_35953277200608.HTM)

九、供应商的使用

当供应商选定之后，就应与其签订正式的供应商关系合同，进入正常使用阶段。在业务运作的开始阶段，要加强指导与配合，对供应商的操作提出明确的要求，同时，在初期还要加强评估与考核，不断改进工作和配合关系，在比较成熟以后，还应注意检查、合作和协商，以保持业务运行的健康、有序，形成双赢的合作关系。

十、供应商的激励和控制

在供应商的整个使用过程中，要加强激励和控制，一方面采取积极的措施鼓励供应商做好物资供应工作，另一方面还应对其进行监督和控制，约束和防范供应商的不正当行，从而保证与供应商的合作关系和物资供应业务的正常进行。

【想一想】 供应商开发与供应商选择有何不同？

4.4 供应商管理

4.4.1 供应商管理的含义

所谓供应商管理就是对供应商的了解、选择、开发、使用和控制等综合性的管理工作总称。其中，了解是基础，选择、开发、控制是手段，使用是目的。供应商管理的目的就是要建立起一个稳定可靠的供应商队伍，为企业生产提供可靠的物资供应。

供应商的一个特点，就是他们都是一个与购买者相对独立的利益主体，而且是一个追求利益最大化的利益主体。按传统的观念，供应商和购买者是利益相互冲突的矛盾对立体，供应商希望从购买者手中多得一点，而购买者希望向供应商少付一点。为此常常斤斤计较，甚至在物资商品的质量和数量上做文章，以劣充优、降低质量标准、减少数量、制造假冒伪劣产品坑害购买者。购买者为了防止伪劣质次产品入库，需要花费很多人力、物力加强物资检验，大大增加了物资采购检验的成本。因此供应商和购买者之间，既互相依赖，又互相对立，彼此相处总是一种提心吊胆、精心设防的紧张关系。这种紧张关系，对双方都不利。这些都直接影响企业生产和成本效益。

相反，如果找到一个好的供应商，不但物资供应稳定可靠，质优价廉，准时供货，而且双方关系融洽，互相支持，共同协调，这样对我们的采购管理，对企业的生产和成本效益都会有很多好处。

企业在供应链管理环境下与供应商的关系是一种战略性合作关系，提倡一种双赢(Win-Win)机制。企业在采购过程中要想有效地实施采购策略，充分发挥供应商的作用就显得非常重要，采购策略的一个重要方面就是要搞好供应商的关系管理，逐步建立起与供应商的合作伙伴关系。

供应商管理的重要性早在20世纪40年代就受到发达国家的重视，60多年来随着经济环境的变化，不断地出现新的内容，现在供应商管理已经有了很多优秀的理论和实践成果。供应商管理在采购管理中是一个极其重要的问题。

为了创造出这样一种供应商关系，有必要注重供应商的管理工作，通过多方面持续努力，去了解、选择、开发供应商，合理使用和控制供应商，建立起一支可靠的供应商队伍，为企业生产提供稳定可靠的物资供应保障。搞好供应商管理是搞好采购管理所必须具备的基础工作，只有建立起一个好的供应商队伍，采购工作才能比较顺利地进行。

【小资料 4-6】　**建立双赢的合作伙伴关系**

日本的一家座椅厂同时为马自达汽车公司和通用汽车公司提供座椅，但马自达对这家座椅厂的产品质量和服务都感到相当满意，而通用感到相当不满意，并警告说，如果不尽快改善，通用在下一年度将中止合作。这家座椅厂感到很紧张。于是在通用的CEO访问日本时，这家座椅厂的老板拜访了他。当他知道这个结果后也感到惊讶：为什么马自达会相当满意，通用却相反？原来，马自达有一个专业小组，专门负责与这家座椅厂联络，进行现场的供应商关系管理。当马自达有何需求、意见和建议，以及新的发展信息时，这个专业小组会在第一时间与座椅厂协商，及时处理，敏捷反应；而座椅厂有何变化、新的设想等信息，专业小组也会在第一时间反馈给马自达。这个专业小组还根据马自达的要求、标准进行技术指导和培训，以实现全面质量管理和准时交付，并有效控制成本，由此而产生的效益由双方共享，如成本降低10%后，双方各分享5%，从而在双方的共同努力下，使产品质量不断提高，产品成本不断降低。通用与这家座椅厂的供应关系则主要建立在正式合同基础上，供应商关系管理不细致。

请问：从这个案例中我们可以得到哪些启示？

（本资料选自：徐章一. 企业供应联的优化. 北京：清华大学出版社，2006. 8：247）

4.4.2 企业与供应商关系的类型

企业可以根据与供应商的关系不同对供应商实行不同的分类，主要有以下几种方法：

一、按供应商的重要程度分类

按供应商的重要程度分类分为重点型供应商、伙伴型供应商、商业型供应商和优先型供应商，如图4-1所示。

"伙伴型供应商"是指如果供应商认为本单位的采购业务对其非常重要，供应商自身又有很强的产品开发能力，同时该采购业务对本公司也很重要，那么这些与采购业务对应的供应商就是"伙伴型供应商"。"优先型供应商"是指如果供应商认为本单位的采购业务对其非常重要，但该项业务对于本单位却并不十分重要，这样的供应商无疑有利于本单位，因此，被称之为"优先型供应商"。

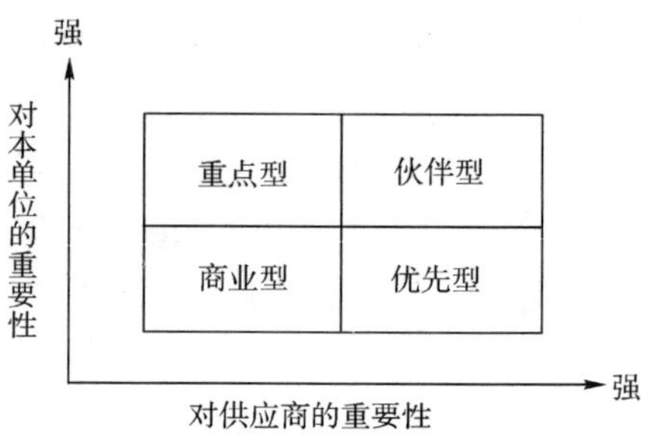

图4-1 按供应商的重要程度分类

"重点型供应商"是指如果供应商认为本单位的采购业务对其无关紧要，但该采购业务对本单位却是十分重要的，这样的供应商就是需要注意改进提高，叫做"重点型供应商"。

"商业型供应商"是指对于那些对供应商和本单位来说均不是很重要的采购业务，相应的供应商可以很方便地选择和更换，那么这些与采购业务对应的供应商就是"商业型供应商"。

二、按采购物品的价值分类

按采购物品的价值大小分类可分为重点供应商和普通供应商。

根据采购的80/20规则，通常数量80%的采购物品（普通采购物品）占采购物品20%的价值，而其余数量20%的物品（重点采购物品），则占有采购物品80%的价值。相应地，可以将供应商划分为重点供应商和普通供应商，即占80%价值的20%的供应商为重点供应商，而其余只占20%采购金额的80%的供应商为普通供应商。

对于重点供应商，应投入80%的时间和精力进行管理与改进，这些供应商提供的物品为企业的战略物品或需集中采购的物品。而对于普通供应商则只需要投入20%的时间和精力。因为这类供应商所提供的物品的运作对企业的成本、质量和生产的影响较小。例如汽车厂需要采购的发动机和变速器，电视机厂需要采购的彩色显像管等物品的供应商就属于重点供应商，而这些厂家需要的办公用品、维修备件，标准件等物品的供应商则为普通供应商。

三、按供应商的规模和经营品种分类

按供应商的规模和经营品种分类可以分为"专家级"供应商、"行业领袖供应商"、"低量小规模供应商"和"量小品种多供应商"。

如图4-2所示，"专家级"供应商是指那些生产规模大、经验丰富、技术成熟，但经营品种相对少的供应商，这类供应商的目标是通过竞争来占领扩大市场。

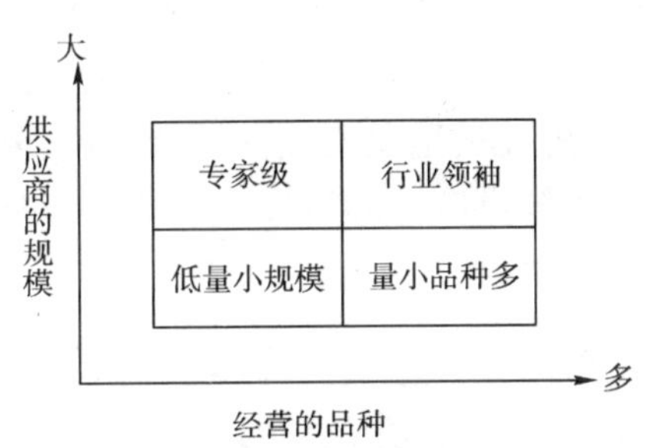

图4-2　按供应商的规模和经营品种分类

"低量小规模"的供应商是指那些经营规模小、经营品种也少的供应商。这类供应商生产经营比较灵活，但是增长潜力有限，其目标仅是定位于本地市场。

"行业领袖"供应商是指那些生产规模大、经营品种也多的供应商，这类供应商财务状况比较好，其目标为立足本地市场，并且积极拓展国际市场。

"量小品种多"的供应商虽然生产规模小，但是其经营品种多，这类供应商的财务状况不是很好，但是其潜力可培养。

四、按与供应商的关系目标分类

按与供应商的关系目标分类可分为"短期目标型"供应商、"长期目标型"供应商、"渗透型"供应商、"联盟型"供应商、"纵向集成型"供应商。

短期目标型的最主要特征是双方之间的关系为交易关系。双方所做的努力只停留在短期的交易合同上，各自关注的是如何谈判，如何提高自己的谈判技巧，不使自己吃亏，而不是在双赢的基础上使得双方的关系获得进一步的发展。当买卖完成时，双方关系也终止了。双方只有供销人员有联系。

长期目标型是指采购上与供应商保持长期的关系，双方为了共同利益而改进各自的工作，并在此基础上建立起超越买卖关系的合作。长期目标型的特征是从长远利益出发，相互配合，不断改进产品质量与服务水平，共同降低成本，提高供应链的竞争力。合作的范围遍及公司内的多个部门。例如由于是长期合作，可以对供应商提出新的技术要求，而如果供应商目前还没有这种能力，采购方可以对供应商提供技术资金等方面的支持，从而实现双方的长期合作。

渗透型是在长期目标型基础上发展起来的。其指导思想是把对方公司看成自己公司的一部分，因此，对对方的关心程度又大大提高了。为了能够参与对方的业务活动，有时会在产权关系上采取适当的措施，如互相投资、参股等，以保证双方利益的一致性。在组织上也采取相应的措施，保证双方派员加人对方的有关业务活动。这样做的优点是可以更好地了解对方的情况，供应商可以了解自己的产品在对方是怎样起作用的，所以容易发现改进的方向；而采购方也可以知道供应商是如何制造的，对此可以提出相应的改进要求。

联盟型是从供应链角度提出的。它的特点是从更长的纵向链条上管理成员之间的关系。双方维持关系的难度提高了，要求也更高。由于成员增加，往往需要一个处于供应链上核心地位的企业出面协调成员之间的关系，它常常被称为“供应链核心企业”。

纵向集成型是最复杂的关系类型，即把供应链上的成员整合起来，像一个企业一样，但各成员是完全独立的企业，决策权属于自己。在这种关系中，要求每个企业在充分了解供应链的目标、要求，充分掌握信息的条件下，自觉做出有利于供应链整体利益的决策。

4.4.3 企业与供应商关系的演变

供应商关系随着经济的发展不断演变，由传统的竞争关系向双赢的战略伙伴关系的方向发展。

在过去，在双方交易过程中，交易价格往往成为双方力争的焦点，供应价格被视作一项主要成本（外购原材料/服务成本），供应商管理的核心内容是如何降低价格。因此通常采用公开招标、威胁、换人、谈判车轮战、延长付款期等方式迫使对方在价格上做出让步。尽管这些方法能够起到一定降低成本的作用，但造成购销双方关系紧张，很难进行深入合作。

20 世纪 90 年代中后期，发达国家的供应商与买方的关系开始发生战略性的变化。随着社会经济和技术的进步，各种新资源不断出现，利用率不断提高；知识、信息的应用日趋强化；用户消费不断趋于理性化；政治因素与经济、市场相互影响不断扩大。与此同时，传统的供应商关系为企业带来的好处，正在这种市场变革中消失殆尽。这一切都迫使企业重新审视其与供应商的关系。卓有远见的管理者开始认识到，与供应商的关系不仅仅是竞争，新的市场环境下更需要合作，与供应商形成合作伙伴关系，从而使企业、使整个供应链获得不同于传统供应商关系的资源优势和新生产能力优势。新的战略供应商关系已成为趋势，在更紧密的共同利益联系下，游戏规则从单赢变成了双赢，供应链的双方有了共同目标。供应商成本的各项组成都成为买方的供应商管理的内容。例如：针对供应商的生产成本进行产品规格改进，针对供应商的销售成本和运输成本进行共同流程改进，针对供应商库存成本和管理费用重新设定服务水平等。

此外，供应商关系还反映出不同的行业特点。对于产品周期长的行业，如美国的汽车业，供应商关系重点是缩短产品发展周期，降低成本；对于高物流成本企业，如日本企业，供应商关系的重点是提供物流合作，如跟随重点客户建厂，提合理建议等；对于高库存成本的企业，如维修业和电子元器件业，供应商则通过积极参与库存管理计划等方式降低库存成本。

在新的采购环境下，供应商管理关系发生了根本性变化，供应商正在从单纯的货物的提供者转变为买方的战略性商业伙伴。买方更多地从双赢的目的出发帮助供应商改进流程，降低营运成本。同时买方通过减少供应商数目，一方面控制自身供应商管理成本，另一方面增加单个供应商采购量，以提高供应商依赖度。

目前，供应商关系管理在我国还处于初级阶段。但随着行业竞争的加剧，不稳定的供应商关系给企业带来的经营风险也越来越大。实践证明，战略供应商关系管理在一定程度上起到整合行业的供应链的作用，进一步优化资源配置，能够增强买卖双方的竞争优势，降低营运风险，对许多国内大型企业都有现实的借鉴意义。

【小资料 4-7】 某电子公司的采购经理刚刚获悉，在提供给客户的设计方案中用到的一款 IC 器件在 3 个月前供应商就已经停产了。但制造部门已经利用该器件的库存进行了生产，并开始陆续交货。客户现在有新的订单进来，采购部门却无法获得之前所采用的 IC 器件，而这一器件的库存也已全部用完。现在需要采用新的器件重新设计方案，然后给客户确认，这一过程至少需要一个多月的时间，可是新订单却要求下周就要交货。

（资料选自 http://www.esmchina.com/ART_8800070133_617671_35953277200608.HTM)

【想一想】 为什么会出现这种情况？

4.4.4 双赢供需关系的确立

双赢供需关系指在相互信任的基础上，由双方为着共同的、明确的目标而建立的一种长期的、合作的关系，他要求双方有着共同的目标，相互信任，共担风险，共享信息，共同开发和创造。这是一种基于相互信任，通过彼此间的信息沟通，实现风险共担和利润共享的一种企业关系。

一、建立双赢供需关系的意义

1. 缩短供应商的供应周期，降低交易成本，提高供应的灵活性

建立双赢的供需关系使得购买与销售关系更加稳定，企业之间就能发展效率更高的、更专业化的生产过程，上游企业调整它的产品，使之完全满足下游企业的需要，或者下游企业调整自身使之更加适合上游企业产品的特性。而一个独立的供应商或顾客在成交过程中都面临着被其他竞争者排挤的竞争风险。长久稳定伙伴的关系可以和供应商建立专门的交易过程，包括专业化的后勤系统、特殊的包装、记录保障及控制的独特安排，以及其他相互影响的降低成本的方式，缩短供应商的供应周期，提高供应的灵活性。

2. 减少原材料、零部件的库存，降低行政费用，加快资金周转

由于供需双方建立了双赢的伙伴关系，双方能够共享信息，供应商能够准确的知道企业的生产和库存情况，在需要时及时供货，从而降低了库存成本，减少了企业的资金占用，提高了资金周转速度。

3. 提高供需双方总体经济效益

从理论角度出发，一个成功的客户与供应商的战略伙伴关系，对企业产生的影响，与企业间的纵向整合类似。也就是说，通过上、下游企业间的合作或合并使企业在生产、销售、购买、控制和各个领域里，都获得经济效益，或节约成本。显然，两个具有供应关系的企业间的合作，使得不同技术的生产作业联合起来，有利于企业提高生产效率。

【小资料 4-8】 1989 年，克莱斯勒在完善与供应商关系方面又迈出了一大步——实施一项供应商成本降低计划。这项计划的意图很明确：一般汽车制造公司采用挤占供应商边际利润的方法，以达到降低自身成本的目的，而克莱斯勒则决定与供应商一起来研究如何降低零部件的成本。这项计划实施后，供应商的建议纷纷来了，累计起来已有上万条。即便是一项很小的建议，只要提得合理，他们也都认真采纳。克莱斯勒由此而节省的开支达 25 亿美元，而供应商也从这个计划中获得了相当的收益。

（资料来源：潘波等. 现代物流采购. 北京：机械工业出版社，2005. 8：84）

4. 降低交易成本

双赢的供需关系使得买卖双方更加密切，双方可以分摊收集、分析信息的成本，能够减少双方在销售、定价、谈判以及市场交易等方面的部分成本。此外，稳定的关系，使得双方可以集中精力发展各自的核心技术，提高产品质量，促使企业获得更高的效益。

【小资料 4-9】 大量的实证研究证实了战略伙伴关系可以为企业创造新的利润空间。麦肯锡公司的一个研究结论表明：美国一个重要的机械设备设计和制造厂商，在供应商管理方面，每年投入 2.8 亿美元，因此而节约的成本则为 50 亿美元。另一个年销售额大约为 100 亿美元的电子商，因战略联盟节约的成本大约为 5—10 亿美元。由此可见，建立战略伙伴关系，对企业意义重大。

（资料选自：郝渊晓等. 采购物流学. 广州：中山大学出版社，2007. 2：77）

二、建立双赢供需关系的实施原则

1. 创建双赢前提

传统的生意是双方各不相让，定要决出胜负。一方试图保持绝对优势，另一方会很难接受（而且极少接受），这样双方就不可能很投入。如此下去，一方不可避免地会离开，结果只能不欢而散。供应商和买家的关系也是如此。现在这种竞争必须代之以双方更多的合作。而合作的前提必须是对双方都有利，新的关系模式中对方是伙伴而不是对手。对手之间互相隐瞒计划或意向，伙伴之间则可以自由分享。双方共享对方的使命、远见和价值尤为重要。如果有一个共同的目标，合作就能进行下去并不断发展，因此，寻求一种共赢的前提是非常必要的。

2. 正确处理交易价格与双方利益的关系

传统的采购管理，供需双方往往是竞争的关系，双方的利益是对立的，价格是利益冲突的焦点，买方总是设法压低价格，而卖方则恰恰相反。当然，在企业的采购过程中，降低采购成本是非常必要的，但是，如果过分强调节约成本，也会给企业带来不良的影响。如：迫使供应商不断降价，甚至为了获得最低价不惜频繁更换供应商。这样做最终会导致各种不良后果：所采购的货物质量难以保证、不可避免地延迟交货、供应商根本不能完成工作等。这样，即使降低采购成本的动机是好的，但最终会对公司的利益产生负面影响，无法保证生产的需要，使企业损失惨重。建立在双赢供需关系上采购则不同，它是在双方互利基础上的采购，注重的是双方都获益。

所以说，无论是买方市场还是卖方市场，都应同供应商建立互惠互利的合作关系，只有双方利益都得到保障，才能最终保障自己的利益。

3. 建立信息交流与共享机制

信息交流与共享有助于促进重要生产信息的自由流动。双赢的供需关系要求在企业与供应商之间经常进行有关成本、作业计划和质量控制信息的交流与沟通，并使供应商参与有关产品开发设计等活动，保持信息的一致性和准确性。必要时，还应进行互访，及时发现和解决各自在活动过程中出现的问题和困难，利用现代信息系统进行交流，保证双方信息的畅通，增进双方的了解。

【小资料 4-10】　克莱斯勒与供应商的关系

克莱斯勒与供应商建立融洽关系的诀窍，其实很简单，就是在与供应商共事时尽量做到平易近人。克莱斯勒采取的一个重要措施，就是让供应商尽早参与新型汽车的设计过程，征求他们对降低成本、技术革新方面的意见。这样做的好处是使克莱斯勒能比其他公司更早地发明新材料、新技术和新零部件。

（资料来源：潘波等．现代物流采购．北京：机械工业出版社，2005.8：84）

4. 对供应商实施有效的激励

实施双赢的供需关系还应该注意对供应商实施有效的激励。没有有效的激励机制，就不可能维持良好的供应关系。常用的激励措施如给予供应商价格折扣和赠送股权等，让供应商来分享企业的成功，并且对供应商的业绩进行评价，使供应商不断改进。

4.5 供应商考评

4.5.1 供应商考评的对象

供应商的考评是对已经通过认证的、正在为企业提供服务的供应商进行的定期监控、考核和评比。现代企业对供应商的管理已越来越重要，供应商的业绩对制造企业的影响越来越大，在交货、产品质量、提前期、库存水平、产品设计等方面都影响着采购能否成功。因此，企业需要对供应商的开发、控制、评价、评定及重新确定双方合作关系等多方面进行跟踪，保证企业供应链系统的稳定和高效运作。

供应商考评的目的就在于了解供应商的表现、促进供应商提升供应水平，并为供应商奖惩提出依据，确保供应商为企业提供优质的产品和服务。同时进行优胜劣汰，淘汰不合格的供应商，开发有潜质的供应商，不断推陈出新，为日后更好地完成供应活动打下良好的基础。

目前，企业的管理流程不再是以生产管理作为起点，而是延展到对上游的供应系统统筹安排，设计一种能最大限度地降低风险、强化竞争优势的合理的供应结构，并且与供应商建立一种能促使其不断降低成本、提高产品质量的长期的战略合作关系，以此增强本企业以至于整个供应链的竞争实力。

4.5.2 供应商考评的指标

供应商考评的指标是对供应商进行综合评价的依据和标准，不同行业、企业、不同环境下的供应商评价标准不同，但总的来说主要从产品、价格、供应状况及服务等几个方面加以考虑。

一、质量指标

1. 产品质量指标

供应商产品质量指标是供应商考评的最基本指标，包括来料批次合格率、来料抽检缺陷率、来料在线报废率、供应商来料免检率等。检查可分为两种，一种是全检，一种是抽样检验。全检工作量太大，一般采用抽样检查的方法。其中，来料批次合格率是最为常用的产品质量考核指标之一。

来料批次合格率=(合格来料批次÷来料总批次)×100%

来料抽检缺陷率=(抽检缺陷总数÷抽检样品总数)×100%

来料在线报废率=来料总报废数(含在线生产时发现的)÷来料总数×100%

来料免检率=(来料免检的种类数÷该供应商供应的产品总种类数)×100%

退货率=(退货量÷采购进货量)×100%。

2. 工作质量指标

工作质量指标，可以用交货差错率和交货破损率来描述：

交货差错率=(期内交货差错量÷期内交货总量)×100%

交货破损率=(期内交货破损量÷期内交货总量)×100%

二、供应指标

供应指标是同供应商的交货表现及供应商企划管理水平相关的考核因素，主要是考察供应商的准时交货情况。主要有：准时交货率、未按时交货率、交货周期、订单变化接受率、总供货满足率、总缺货率等。

准时交货率：(按时按量交货的实际批次÷订单确认的交货总批次)×100%；

交货周期：自订单开出之日到收货之时的时间长度，常以天为单位。

订单变化接受率：(订单增加或减少的交货数量÷订单原定的交货数量)×100%；

总供货满足率：(期内实际完成供货量÷期内应当完成供货量)×100%；

总缺货率：(期内实际未完成供货量÷期内应当完成供货量)×100%。

三、价格指标

价格就是供货的价格水平。考核供应商的价格水平，可以和市场同档次产品的平均价和最低价进行比较，分别用市场平均价格比率和市场最低价格比率来表示。

平均价格比率：[(供应商的供货价格—市场平均价)÷市场平均价]×100%；

最低价格比率：[(供应商的供货价格—市场最低价)÷市场最低价]×100%。

四、支持、配合与服务指标

主要考核供应商的协调精神。在和供应商相处过程中，常常因为环境的变化或具体情况的变化，需要把工作任务进行调整变更，这种变更可能要导致供应商的工作方式的变更，甚至导致供应商要做出一点牺牲。这时可以考察供应商在这方面积极配合的程度。相关的指标具体如下：

(1)反应表现：对订单、交货、质量投诉等反应是否及时，答复是否完整，对退货、挑选等是否及时处理。

(2)合作态度：是否将本公司看成是重要客户，是否能整体配合并满足本公司的要求。

(3)共同改进：是否积极参与本公司相关的质量、供应、成本等改进活动，配合本公司开展的质量体系审核等。

(4)其他支持：是否积极接纳本公司提出的有关参观、访问事宜，是否积极提供本公司要求的新产品报价与送样，是否保证不与影响到本公司切身利益的相关公司或单位进行合作等。

4.5.3 供应商考评的方法

对供应商考评的方法很多，有定性分析法、定量分析法以及定性与定量相结合的方法。具体如下：

一、定性分析法

该方法主要是评估人员根据以往的资料和经验，对评估对象做出分析和判断，从而对供应商进行考评。如直观判断法就属于这样一种方法。该方法操作简单、迅速，但有些时候不够精确。

二、定量分析法

该方法主要采用定量计算的方式来进行供应商的考评，如采购成本分析法。这种方法需要准确的定量数据，在这个基础上用科学的方法进行分析与评估，最后确定每个供应商的考评结果。该方法准确科学，但系统全面的数据很难收集到，而且有些指标根本无法用数据来衡量。

三、定性与定量相结合的方法

在对供应商进行考评时，有些指标是定量指标，有些指标是定性指标，采用定性与定量相结合的方式，使得考评结果更加准确、全面。在大的企业集团，对供应商的管理评价一般是由采购经理领导进行的。采购部门根据不同标准对供应商进行分类，并根据其供应情况计算出企业设定的评价指标。在此基础上，得出对某一供应商的总体评价，所以常常采用综合评判法。

具体步骤如下：

(1)根据考评目标确立供应商考评的指标体系。

(2)确定每个指标的权重系数。

(3)进行综合评判。其公式如下：

$$Z_i = \sum y_{ij} \cdot W_j$$

式中：Z_i——第 i 个供应商综合评价值；

y_{ij}——第 i 个供应商第 j 项指标的评价值；

W_j——第 j 项指标的权重。

综合评价值 Z_i 越高，说明供应商总体绩效越好。

以下为供应商考评的综合实例应用，如表 4-1。

4.5.4 供应商考评的步骤

供应商考评的步骤通常有以下几个方面：

一、确定考评对象

企业与供应商的关系具有多种类型，在考评之前必须确定考评对象是哪一种类型的供应商，一般来说考评大多是对愿意与企业建立供应链合作关系的供应商。

二、制定考评目标

进行供应商考评，首先应建立考评目标。如以提高供货质量为目标，以降低成本为目标或以整体绩效综合评价为目标等。目标确定之后才能对供应商进行考评。

三、组建考评小组

企业还应建立考评小组，组员以来自采购、质量、生产、技术等与供应商合作关系密切的部门的成员为主，组员必须有团队合作精神。评价小组必须同时得到制造商企业和供应商企业最高领导层的支持。

四、建立考评指标体系

供应商综合评价的指标体系是企业对供应商进行综合评价的依据和标准，根据考评目标不同应建立不同的指标体系。指标体系的确立要注意系统全面性、简明科学性、稳定可比性、灵活可操作性的原则，

供应商绩效考评应用表 表 4-1

供应商名称			联系人		
地址与邮编			联系电话		
指标	权重	测量方法		得分	考核人
价格	最高分为40分 标准分为20分	根据市场最高价、最低价、平均价、自行估价制定一标准价格对应分数为20分 每高于标准价1%，标准分扣2分，每低于标准价1%，标准分加2分 同一供应商供应几种物料，得分平均计算			
质量	30分	以交付批退率考核： 批退率＝退货批次/交货总批数 得分＝30分×(1－批退率)			
交货	20分	以逾期率考核： 逾期率＝逾期批次/交货批数 得分＝20分×(1－逾期率) 另外：逾期一天，外扣1分；逾期造成停工待料1次，扣2分			
配合度	10分	出现问题，不太配合解决，每次扣1分 公司会议正式批评或抱怨1次扣2分 顾客批评1次扣3分			

注：1. 得分在85～100分者为A级，A级为优秀供应商可加大采购量。
2. 得分在70～84分者为B级，B级为合格供应商可正常采购。
3. 得分在60～69分者为C级，C级为应辅助供应商，需进行辅助，减量采购或暂停采购。
4. 得分在59分以下者为D级，D级供应商为不合格供应商应予以淘汰。

（本资料选自：北京中交协物流人力资源培训中心编译. 采购绩效测量与商业分析. 北京：机械工业出版社：80）

五、选择考评方法

考评供应商的方法很多，但大多选用综合评判法。

六、供应商考评

评价供应商的一个主要工作是调查、收集有关供应商的全方位信息。在收集供应商信息的基础上，就可以利用一定的工具和技术方法进行供应商的评价了。

七、考评结果分析

对考评的最终结果进行认真分析，包括在总体上服务水平，采购成本的大小和结构，现有供货能力与企业要求和目标的差距等问题。然后对所有这些问题的原因进行分析，提出相应的改进措施，进一步分析改进过程中的制约因素是什么，对这些制约因素应采取什么样的措施才能消除。这个过程非常重要，它涉及今后供应商的使用、激励以及与供应商建立何种关系等问题。

4.5.5 供应商考评结果处理

企业对供应商的管理不是单向的，而是需要和供应商建立合作伙伴关系，以便共同发展。因此，很多企业应将评价结果反馈给供应商，共同探讨提高合作效率的途径。通过对供应商的考评可以看出不同的供应商与企业合作的效果，企业可以根据分项指标和综合指标来加以分析，对不同的供应商采用不同的处理方案。

具体结果如下：

一、继续深入合作

对于考评的各项指标及综合指标都比较好的供应商，企业应进一步加强与其合作，并设法与其建立长期的战略伙伴关系，采用更强的激励措施，使其更好地为企业服务。

二、维持现有状态

有些供应商总体考核结果较好，但个别指标需加以改进，这种情况下，应继续与其合作，但应指出其不足，并要求他加以改进。有些供应商尽管存在问题较多，但对企业很重要，若能对其不足之处加以改进，达到企业要求的，也可继续维持与其合作。

三、减少对其采购量或淘汰

对于存在问题较多的供应商，可暂停或减少对其采购量，根据其改进结果在做出继续使用或淘汰的决定。

【小资料 4-11】　　供应商考核方案

一、目的

为保证本公司所需物资得到有效、及时供应，保证本公司产品质量的稳定和提高，特制订此方案以不断改善公司的采购工作，提高供应商的供货能力。

二、适用范围

适用于向本公司提供产品(外购、外协)及服务的供应商的评估考核及选择。

三、职责划分

副总经理负责供应商考核结果的裁决；采购部人员负责供应商交期指标与其

他部分指标的评分量，质量管理部负责供应商所供应产品的质量及其他相关方面的评分。

四、考核实施细则

1. 考核类别

考核分为月度考核与年度考核两种。

2. 考核项目及评分标准

对供应商的考核，主要从产品质量状况、产品交付情况、产品价格水平、服务质量与管理能力5个方面进行，其评分标准见表4-2。

表4-2

考核内容及权重		考核标准			考核得分
考核内容	权重	评分标准	最高分	最低分	
产品质量状况	60%	1. 主要从进料检验合格率与现场生产不良退货率两方面考核 2. 从进料检验合格率达到____%，每低1%，减____分 3. 现场生产不合格率低于____%，每高1%，减____分			
交付情况	15%	准时交货率达到____%，每低1%，减____分			
价格水平	10%	与同类产品采购价格的市场平均水平相比较，划分为偏高(____分)，居中(____分)，偏低(____分)三个等级			
服务质量	10%	满意度评价达到____分，每低5分，减____分			
管理能力	5%	主要从管理人员的流动率、员工培训状况、企业发展前景等方面进行考核，具体考核标准根据公司相关规定进行			

五、考核结果及运用

将对供应商的考核结果分为4个类别，具体内容如表4-3所示。

表4-3

考核得分	供应商类别	结果运用
90～100分	一级供应商	优先采购
80～89分	二级供应商	继续合作，但要求其对不足之处予以改善
70～79分	三级供应商	要求其对不足之处予以改善，根据改善后的结果决定是否对其进行采购、减少采购等
69分以下	四级供应商	暂停或减少对其的采购数量，并通知供应商提高供货能力，改进供货工作

(本资料选自：周鸿. 采购部规范化管理工具箱. 北京：人民邮电出版社，2008.1：92)

J 技能训练

企业供应商的综合考评

一、训练目标

1. 加深学生对供应商管理的认识。
2. 使学生明确供应商考评的步骤,掌握供应商考评的方法。
3. 培养学生的逻辑思维能力。

二、训练准备

1. 将学生分为不同的小组,每组为5～6人,选出组长一名。
2. 联系相关企业若干家。
3. 设计考评标准。
4. 设计供应商调查与考评的表格。
5. 可联网的计算机机房供学生进行资料查询与实训报告的完成。

三、训练步骤

1. 收集企业供应市场及供应商的相关资料。
2. 将收集到的资料进行整理。
3. 确定评价指标体系。
4. 选定考评办法,确定考评方案。
5. 对供应商进行考评。
6. 将考评方案进行展示。
7. 教师点评。

四、注意事项

1. 评价指标应具有全面性、系统性。
2. 注意沟通技巧。
3. 注意团队的合作意识和严谨认真的工作态度。

五、考核方法

1. 对供应商的了解是否深入细致。(20分)。
2. 权重系数的确定是否合理。(20分)。
3. 考评指标体系是否全面系统。(30分)。
4. 综合考评结果是否符合实际。(30分)。

六、课外训练

将学生以小组为单位分别去所选定的企业进行调查,根据所设立的考评指标体系收集该企业供应商资料,并与在图书馆、因特网、统计局等查找的资料相结合,最终得出供应商的相关数据,小组成员要有明确的分工与合作,发挥团队协作精神,选择科学方法对供应商进行综合考评,并进行结果分析,对供应商进行分类及管理。

C 案例分析

西门子的供应商管理战略

作为全球领先的电子和电气工程公司，西门子高度重视采购工作，并且在全球采购市场扮演着举足轻重的角色。西门子每年的采购量大约有110多亿欧元。目前的采购来源绝大部分还是在欧洲。但近几年，这种形势开始发生很大的变化，西门子在亚洲的采购量已经达到了约15亿欧元/年的水平。在这15亿欧元的采购中，在中国采购并且在中国使用的约8亿欧元，余下被用于其他国家。

全球经济一体化的发展使得西门子这样的企业都不可能在本企业或本土内生产出所需要的全部零部件。因此，选择并管理好散布于世界各地的供应商是大型跨国企业保证质量和信誉的关键。

供应商与西门子合作能在很大程度上提升他们的价值。如果能够与西门子建立长期的业务联系，对于这个供应商来讲是非常有益的，因为与什么样的公司合作能够反映出这个供应商是一个什么样的水平。所以，西门子对采购的质量要求非常高，对供应商的要求也非常高。

一、供应商是伙伴而不是对手

供应商管理是整个供应系统管理的基础。供应系统由原材料供应商、生产商、经销商和最终用户组成，每一个环节既是上一个环节的用户，又是下一个环节的供应商，供应系统的所有环节组成了广泛意义上的全体供应商联盟，共同努力来击败真正的竞争者——其他供应系统联盟，而不是在供应系统内部相互竞争，消耗内力。

西门子公司在其供应商管理战略中明确提出"Your success is our success，Our success is your success"（你们的成功就是我们的成功，我们的成功就是你们的成功）的口号，将传统意义上企业与供应商之间的那种短期的、松散的、互为竞争对手的关系转变为长期的、紧密的、互为合作伙伴的关系。西门子将与供应商的关系放在经营战略的高度来考虑是有其实际原因的：原材料、零部件的采购成本包括对服务的需求已经超过公司年销售收入的50%，而且这种成本上涨的趋势还在继续，若不及时采取措施降低成本、提高质量，将无法在竞争中立于不败之地。因此，西门子提出供应商管理的目标就是与所有供应商结成战略合作伙伴关系，共同"在中国市场上具有竞争力"。

西门子的供应商管理战略包括管理目标、供应商的选择、供应商的评估和供应商的发展4个方面，而此整个战略内容是层层深入、目标明确的，可操作性很强。

二、管理目标

在供应商管理的目标上，西门子公司要求各级供应商必须不断地改进工作，降低运费，缩短订货时间，及时送货；而且还必须通过ISO质量认证体系的认证，达到西门子的质量标准和世界级的质量标准，尽量降低失误率。供应商还必须与西门子签订严格的质量保证协议。

为实现上述目标，西门子对现有的三大类100多个原材料零部件供应商进行严格的评估和筛选，留下其中的40余家佼佼者作为基本供应商，并着手与其中的数家建立战略合作伙伴关系，共谋发展。

三、供应商的选择

一个好的供应商是确保供应物料的质量、价格和交货期的关键。因此在供应商系统管理中，供应商的选择是至关重要的。

与其他大型公司一样，西门子从全面质量管理的角度出发，在每一个零部件上注重选择个数有限的可靠供应商，甚至是单一的供应商，以便发展合作关系。

西门子在供应商选择方面的具体目标是：与供应商发展高标准的信任与合作关系，把买卖关系从对手、胜利者—失败者、契约—讨价还价的关系改变为合作的、团队型关系，使彼此能为对方考虑；与供应商建立一种能促进其不断降低成本、提高产品质量的契约关系；与供应商达成长期共识、彼此在物流流程的高度一体化下同步展开业务：与供应商之间开放沟通渠道，实现信息共享、共担风险、共享利益；使供应商参与到产品的设计和创新过程中，使每个供应商确实感觉到“西门子的用户就是我的用户、让用户满意是我应尽的责任”。

四、供应商的评估

供应商的选择依赖于对供应商的全面评估，因此供应商的评估也可以看做供应商选择的核心环节。西门子由采购部、技术部、生产部和质保部联手组成评估小组，制定了正规的评价体系和评价标准，从价格、质量、后勤服务和技术服务等方面对每一个现实的和潜在的供应商进行严格的打分、内部交流及结果比较，将结果作为选择供应商的依据。

1.技术能力的评估

技术水平是供应商选择的基础。评价首先从供应商是否是业内的佼佼者甚至领导者入手。众所周知，西门子在世界电器行业中占有举足轻重的地位，因此，根据彼此依存的理念必然要求比竞争对手拥有更为优秀的供应商，西门子坚信技术和设计能力的完善是改进和发展产品性能的保障，因此技术能力的评估还要考查供应商是否有对质量不断深入研究和发展的过程，其中尤为重要的是供应商对研究部门的重视程度，这关系到西门子的不断升级和换代。

2.价格和成本评估

评价内容包括价格行为及政策、降低成本的努力、适应市场和西门子要求的能力及服务和支持方面的表现等方面。第一方面以现行的市场价格水平和两年来各供应商的价格走向为基准，兼顾付款条件打分。第二方面考虑降低成本方面的努力，目的是鼓励供应商主动加入到西门子降低成本的努力中,以达到有效削减西门子生产成本和运作成本、加强整体竞争的目的。第三方面的考虑主要是从避免有财务问题的供应商对整个供应系统造成危害的方面考虑的,同时考虑到供应商的生产能力和国际化水平。第四方面的评估主要是对其销售人员素质及上层领导者对与西门子建立长期合作伙伴关系方面的认识的考察。

3. 质量评估

质量评估是从质量性能、质量体系和对质量重要性的认识及合作服务和支持方面的表现考虑。质量性能包括以往到货材料的质量情况与价格的相关性等方面;质量体系指供应商通过了哪些国际质量认证和对这些认证有效性的审核,以及供应商对通过国际质量认证的态度;服务方面的考察主要是其对发生质量问题情况下的反应和处理速度,提供紧急服务及必要的免费服务方面的主动性及有关人员提供技术支持的能力。

4. 后勤考察

后勤考察主要是交货方面的评估。及时交货是精益生产的必要条件。同时为了减少库存,西门子正在努力推行包括减少批量、频繁和可靠的交货计划、压缩运转周期、采购高质量供应物料的准时采购制。根据不同材料及零部件各自的特点,西门子有计划地压缩订货时间,这就意味着供应商必须能按照要求小批量准时供货,以保证西门子生产活动的物流准时、畅通。

五、供应商类型及发展战略

经过严格的评估,所有的供应商被分为 4 类,即良好型供应商、可以接受型供应商、受限制型供应商和终止型供应商。

毫无疑问,被评为良好型供应商的是西门子将要与之发展为战略伙伴的供应商,寻找到这样一个供应商也是西门子整个供应商管理战略的灵魂所在。西门子的思路是尽量提高向其采购的数量,定期进行政策透明的沟通,并随时邀请其参加有关新产品的研制,以便听取和吸收宝贵意见。同时,在必要时向此类战略伙伴提供适时的培训与技术支持,还可考虑帮助关键零部件厂建立自己的供应商管理体系,使西门子从源头就获得比其他竞争对手更具优势的供应体系,真正做到“双赢”,利益共享,责任共担。

对那些可以接受型的供应商,西门子要根据材料需求的实际情况,与之保持一定的供货关系,并将其视为可能的战略伙伴关系,帮助其建立自我优化目标,作为防范供货危险的必要手段。而对于受限制型的供应商,已经不再适宜进一步发展关系,采取保守合作的态度,降低采购量并不再考虑与之长期发展关系。对最后一类供应商,西门子采取的是尽快终止合作的策略。

思考题

1. 从这个案例中你怎样理解“供应商是伙伴而不是对手”这句话?

2. 理论结合实际谈谈西门子公司是怎样进行供应商管理的？

E 自测练习题

一、选择题

1. 选择供应商时，由采购单位选出供应条件较为有利的几个供应商，同他们分别进行协商，再确定合适的供应商，这种方法叫(　　)。

A. 直观判断　B. 招标选择　C. 协商选择　D. 评估选择

2. 重点供应商和普通供应商是按(　　)分类的。

A. 经营品种　B. 供应商的重要程度

C. 经营品种　D. 采购物品价值的大小

3. 供应商考评的对象是(　　)。

A. 已经通过认证，正在为企业服务的供应商

B. 初选的供应商

C. 未通过认证的供应商

D. 企业已决定取消合作关系的供应商

4. 对供应商质量的考评，通常从(　　)两方面进行。

A. 交货期和准时交货率

B. 合作态度和反应表现

C. 总供货满足率和总缺货率

D. 产品质量和工作质量

5. 选择供应商时，自制的方式越(　　)，对外采购的机会就越(　　)。

A. 少，少　B. 多，多　C. 少，多　D. 多，大

二、判断题

1. 供应商的选择与开发是一回事。

2. 企业与供应商完全是竞争关系，企业采购时只要压低价格就可以了。

3. 企业在选择供应商时，供应商越多，选择机会就越大。

4. “渗透型”供应商是在短期目型基础上发展起来的。

5. 供应商考评指标是对供应商进行综合评价的依据和标准。

三、填空题

1. 按供应商的重要程度分类，可分为______，______和______。

2. 按供应商的规模和经营品种分类，可分为______，______，______，______。

3. 在相互信任的基础上，由双方为着共同的，明确的目标而建立的一种长期的合作关系，叫作______供需关系。

4. 检查供应产品质量时，常分为两种方法，一种是______，一种是______。

5. 供应商管理的目的__________。

四、名词解释

1. 供应商。
2. 供应商开发。
3. 供应商管理。
4. 供应商考评。
5. 供应商管理。

五、简答题

1. 选择供应商的方法主要有哪些?
2. 选择供应商的标准是什么?
3. 简述选择供应商的步骤。
4. 选择供应商应注意哪些问题?
5. 简述供应商开发的步骤。
6. 供应商考评的指标主要有哪些?

六、论述题

结合实例论述企业如何建立双赢的供需关系。

第5章 采购谈判

教学目的和要求

1. 了解谈判的概念、原则及种类。
2. 熟悉采购谈判的内容。
3. 了解采购谈判的整个过程。
4. 熟悉谈判气氛的特点，报价、磋商的基本原则以及成交阶段的一些关键问题。
5. 掌握谈判准备阶段的任务，谈判各阶段应遵循的原则、策略。
6. 掌握谈判后的管理工作的内容。

关键词汇

报价 磋商 开局 摸底 欧式报价 日式报价

引导案例

生活中的谈判

有个10岁的男孩每天都不肯洗澡，于是妈妈决定和儿子谈谈。妈妈问儿子："你如果每天洗澡，我就答应你提出的一个要求。"儿子回答："那我每天能多和小朋友玩一个小时吗？"妈妈认为一个小时太长了，于是说："儿子，你如果每天洗澡，我可以每天让你多和小朋友玩半小时。"儿子答应了。于是，妈妈和儿子都各得其所。

分析：妈妈和儿子之间为了取得一致而进行的协商就是一次简单的谈判，谈判是人类社会生活中最常见、最不可或缺的活动之一，也是从别人那里得到你所需要的东西的一个基本手段。

5.1 谈判与采购谈判

5.1.1 谈判的概念及构成要素

一、谈判的概念

美国谈判专家荷伯·科恩说过:“世界是张谈判桌,万事均可谈判。”谈判是人类交往行为中一种非常广泛和普遍的社会现象。大到国家之间的政治、经济、军事、外交、科技、文化的相互往来(如我国的“入世”谈判),小到个人之间的交往(如商议去哪儿度假),都离不开谈判。谈判涉及诸多领域,如政治领域、经济领域、军事领域等。那么,什么是谈判呢?谈判是参与各方为了满足各自的需求,协调彼此之间的关系,通过磋商而共同寻找双方都能接受的方案的活动。

谈判有广义和狭义之分。广义的谈判是泛指一切为需求意见一致而进行协商、交涉、商量、磋商的活动,比如说,公司职员为加薪或升值与老板进行的沟通;父母为孩子购买玩具进行的协商等等都是一种广义的谈判。可以说,广义的谈判在日常工作和生活中是随处可见的。狭义的谈判仅仅是指正式场合下的谈判,并且用书面形式予以反应谈判结果。

二、谈判的构成要素

谈判的构成要素,是指从静态的角度分析构成谈判活动的必要因素。没有这些构成要素,谈判就无从进行。

(1)谈判主体:参加谈判活动的当事人。

(2)谈判客体:谈判中双方所要协商解决的问题,也就是谈判议题。

(3)谈判目的:构成谈判活动不可缺少的因素。

(4)谈判背景:谈判所处的客观条件,既包括了外部的大环境,如政治、经济、文化等,也包括了外部的微观环境,如市场、竞争情况等,还包括了参与谈判的组织和人员背景。

以上因素是构成谈判的四个基本要素,这些要素不仅影响谈判活动的具体进行,也是分析和研究谈判的依据。

5.1.2 谈判的原则

谈判的基本原则是谈判的指导思想、基本准则。它决定了谈判者在谈判中将采用什么谈判策略和谈判技巧,以及怎样运用这些策略和技巧。

谈判的基本原则可总结为以下几条:

一、诚信原则

这是谈判首先必须遵守的原则。它包含两方面的意义。一方面，在谈判中，各方要有合作的诚意。在谈判中，双方的关系既有竞争的一面，又有合作的一面。但从根本上说，谈判各方是为了合作以取得谈判成功才到一起来的。因此，在谈判过程中，各方都应抱有合作的诚意，以诚相待，将己方的观点、要求明确地摆到桌面上来，求同存异，相互理解，这样会大大提高工作效率和增加相互信任。另一方面，经过谈判签约后各方也应高度重视信用，遵守诺言，建立一种互相信任的关系，为签约后的长期合作打下基础。

二、双赢或多赢原则

双赢或多赢原则是指谈判应使谈判各方都取得利益，谈判取得成功的唯一标志是达成了于各方都有利的协议，而绝不是一方全胜，一方皆输。另外，人们在同一事物上的利益不一定就是矛盾的，是此消彼长的关系。他们很可能有不同的利益，在利益的选择上有很多途径。比如说一项产品出口贸易的谈判，卖方关心的可能是货款的一次性结算，而买方关心的是产品质量是否属于一流。因此，谈判的一个重要原则就是协调双方的利益，提出互利性的选择。

三、明确利益目标的原则

按照目标从高到低的顺序，可包括最优期望目标、实际需要目标、可接受目标以及最低目标。

通常在实践中最优期望目标是可望不可即的，很少有实现的可能；但是最优期望目标往往是谈判进程开始的话题。如果谈判者一开始就推出其实际希望达到的目标，那么，由于谈判心理作用和对方的预期目标，他将没有讨价还价的余地，最终反而达不到实际需求目标。

实际需求目标是谈判各方根据主客观因素，考虑到各方面的情况，经过科学论证、预测及核算后，纳入谈判计划的正式谈判目标，也是谈判者要调动各种积极因素，使用各种谈判策略，力争要达到的利益目标。

可接受目标介于实际需求目标和最低目标之间。在谈判过程中，由于对方能力有限，或者由于客观条件限制，不能达到实际需求目标时，应及时调整自己的利益目标，制定出相应的可接受目标。

最低目标则是谈判者必须死守的“最后防线”。如果没有最低目标作为心理底线，一方面，谈判当事人容易产生盲目乐观，对谈判过程中出现的众多意料不到的情况缺乏充分的思想准备；另一方面，明确最低目标也就知道了谈判有无继续进行下去的底线。

谈判目标的确定是一个非常关键的工作。首先，不能盲目乐观地将全部精力放在争取最高期望目标上，而很少考虑谈判过程中会出现的种种困难，造成束手无策的被动局面。谈判目标要有一点弹性，定出上中下限目标，根据谈判实际情况随机应变、调整目标。其次,所谓最高期望的目标不仅有一个,可能同时有几个目标,在这种情况下就要将各个目标进行排队,抓住最主要的目标努力实现,而其他次要目标可让步或降低要求。最后,己方最低限度目标要严格保密,除参加谈判的己方人员之外,绝对不可透露给谈判对手,这是商业机密。如果一旦疏忽大意透露出己方最低限度目标,就会使对方主动出击,使己方陷于被动。

四、注重长期合作原则

一个谈判者应该有战略的眼光,不过分看重或计较一时一事的得失,更应注重长远,着眼未来。"生意不成友情在"。有时由于利益差距过大会使合作不成,这是正常的。但是,如果在谈判的过程中建立、维护和保持双方的友好合作关系,就为今后的发展开辟了广阔的道路。

五、合法原则

任何谈判都是在一定的法律约束下进行的,谈判必须遵循合法原则。合法原则,是指谈判及其合同的签订必须遵守相关的法律法规。其主要体现在三个方面:谈判主体必须合法;谈判客体必须合法;谈判各方在谈判过程中的行为必须合法。只有在谈判中遵守合法原则,谈判及其协议才具有法律效力,当事各方的权益才能受到法律保护。

5.1.3 谈判的种类

一、按谈判双方所采取的态度分类

按谈判双方所采取的态度可将商务谈判分为硬式谈判、软式谈判、原则式谈判。

1. 硬式谈判

硬式谈判,又叫立场式谈判。这种谈判最大的特点就是谈判者认为谈判是一场意志力的竞赛和搏斗,当事方往往顽固地坚持自己的立场,而否认对方的立场,忽视双方的谈判目的和双方在谈判中真正需要什么,甚至使立场凌驾与利益之上,为了立场宁肯放弃利益,从而使谈判极容易陷入误区和僵局。在这种情况下,谈判的结果肯定是情绪的对立,你不尊重对方,对方也不会尊重你,因此往往是两败俱伤。这种谈判的方式应该是不可取的。在国际经济和国际政治中间,经常出现这种情况,不是考虑利益,而是考虑市场,以至于双方根本没有办法达成某种协议。

2. 软式谈判

软式谈判又称让步式谈判,即谈判者准备随时为达成协议而作出让步,回避一切可能发生的冲突,追求双方满意的结果。持这种态度参与谈判的人,更看中的是双方友好合作关系的建立与维持,而比较看轻利益获取的多少。在谈判双方关系较好,并有长期而稳定业务关系的情况下,采取让步式谈判可能会取得较为满意的谈判结果,同时也能节省谈判成本,提高谈判效率。可是,如果遇到的是利益型对手,采用让步式谈判态度的就会吃亏上当。从产生软式谈判的条件上说,往往是双方的需求不对称。这种不对等,就造成一方的地位弱一点,另一方的地位强一点,弱的一方想硬也硬不起来。

3. 原则式谈判

原则式谈判又称价值式谈判,在这种类型的谈判中,谈判者坚持谈判原则,注重谈判的本质,注重与对方保持良好人际关系的同时,尊重对方的基本需求,寻求双方利益上的共同点,积极设想各种使双方都有所获的方案。原则式谈判者认为,在双方对立面的背后,存在着共同性的利益和冲突性的利益,而且共同性的利益大于冲突性的利益。如果双方都能认识到共同性利益,冲突性利益也可以很好地解决。原则式谈判强调通过谈判取得经济和人际关系上的双重价值,是一种既理性又富有人情色彩的谈判,是目前商务谈判人员普遍追求的谈判类型。

在谈判实践中,究竟会采取硬式谈判、软式谈判还是原则式谈判,是受很多种因素影响的。比如说,如果本方想与对方保持长期的业务关系,并且具有这样的可能性,那么就不能采取硬式谈判,而要采取价值式谈判;如果是一次性的、偶然性的业务关系,则可适当考虑立场型谈判法;再者,如果本方的人力、财力、物力等方面的支出受到比较大的制约,谈判时间过长,必然难以承受,应考虑软式谈判或价值式谈判。除了以上这些因素外,具体采用何种谈判方式还受到诸如双方的谈判实力和地位、交易的重要性、谈判人员的个性和风格等因素的影响。另外,在实践中,往往不是单独采用一种谈判方式,而是几种谈判方式相混合,例如软式谈判和原则式谈判相混合的谈判方式。

【小资料 5-1】　　图书馆里的争吵

有两个人在图书馆里争吵,一位想要开窗,另一位想要关窗。他们为了是否应该打开窗户,以及应该开多大而争吵不休。没有一种办法能使双方满足。这时候,图书管理员进来了,她问其中的一位为什么希望开窗户,对方回答说:使空气流通。她又问另一位为什么希望关上窗户,对方回答说:想避免噪音。管理员思考了一会儿后,走到对面的房间将那里的窗户打开,这样既可以使空气流通,又能避免噪音,双方的需求都能得到满足。

(资料来源:冯华亚.商务谈判.北京:清华大学出版社,2006.2)

【想一想】　管理员为什么能满足双方的需求?

分析提示:图书馆中争吵的双方之间进行的是一场硬式谈判,各方都只注意自己要打开窗户和关上窗户的立场,忽视双方在谈判中真正的需要,这样就会导致情绪的对立,无法真正解决问题。如果避开立场,而看看对方的需要是什么,能否将双方的需要统一起来,找到能满足双方需要解决的方案,那么问题就比较容易解决。

二、按谈判地点分类

1. 主场谈判

主场谈判是指在自己所在地进行的谈判。自己所在地包括居住的国家、城市以及办公场所等。主场谈判给主方带来不少的便利条件，无论是谈判时间、谈判材料的准备，问题的磋商和请示还是各种风俗习惯、生活方式，甚至法律法规自己都比较熟悉和适应，主方会有极大的方便。因此，主场谈判在谈判人员的自信心、应变能力及应变手段上，均占有天然的优势。如果主方善于利用主场谈判的便利和优势，往往会给谈判带来有利影响。当然，作为东道主，谈判的主方应当礼貌待客，做好谈判的各项准备。

2. 客场谈判

客场谈判是指在谈判对手所在地进行的谈判。由于对环境的不熟悉，客场谈判会给客方带来很多困难和条件的限制，其行为往往较多地受到东道主一方的影响。因此，客方应该注意以下几点：

(1)风俗习惯。要了解各地的风土人情，避免作出伤害对方感情的事情，从而使谈判出现尴尬或僵局。

(2)语言问题。各地的方言都有很大差别，特别是在国外进行谈判时，该问题尤其突出，所以在谈判时应带上翻译。

(3)沟通和决策问题。客方在信息的沟通、问题的请示方面会受到很多限制。因此，客场谈判人员面对谈判对手时必须审时度势，正确运用和调整自己的谈判策略，发挥自己的优势，争取满意的谈判结果。

为了平衡主客场谈判的利弊，如果谈判需要进行多轮，通常安排主客场轮换。在这种情况下。谈判人员也应善于抓住主场的机会，使其对整个谈判过程产生有利的影响.

3. 中立场谈判

中立场谈判是指在谈判各方所在地以外的地点进行的谈判。由于主场谈判或客场谈判造成谈判双方身份上的差异，这种差异使得双方的谈判环境条件不对等，为了体现公平原则，避免主、客场对谈判的影响，为谈判提供良好的环境和平等的气氛，一些重要的商务谈判会在中立地进行。

总之，由于谈判地点的不同，谈判者的身份也有所差别。谈判者应采取灵活的策略和技巧，利用在谈判中的身份和条件，争取主动，实现谈判目标。

5.1.4 谈判的内容

谈判涉及的领域不同，谈判的主要内容也各式各样。这里主要介绍采购谈判的主要内容。

一、产品条件谈判

采购的主角是产品或原材料，因此，谈判的内容首先是关于产品的有关条件的谈判。产品条件谈判有的复杂，有的简单，主要取决于采购方购买产品的数量和产品的品种、型号。对于采购方而言，如果购买的产品数量少，品种单一，产品条件谈判就比较简单；如果采购的产品数量多，品种型号也多的情况下，产品条件谈判就比较复杂。一般来说，产品条件谈判内容包括：产品品种、型号、规格、数量、商标、外形、款式、色彩、质量标准、包装等。

二、价格条件谈判

价格条件谈判是采购谈判的中心内容，是谈判双方最为关心的问题，通常，双方都会进行反复的讨价还价，最后才能敲定成交价格。价格条件谈判也包括数量折扣、退货损失、市场价格波动风险、商品保险费用、售后服务费用、技术培训费用、安装费用等条件的谈判。例如，在购销谈判中，买方可以加大购买量来诱使卖方降低价格，这是数量因素在价格上的折算。另外，产品质量、付款条件等因素都可以通过影响最终的价格。但是，有些情况这种折算是行不通的。比如，卖方提供的产品质量低于了买方的最低心理标准，这时候，即使卖方大幅降低价格，买方也可能会退货，甚至提出索赔。

了解了这一点之后，在采购谈判中就应该一方面要以价格为中心，坚持自己的利益，另一方面又不能仅局限于价格，应该拓宽思路，设法从其他利益因素上争取应得的利益。因为，与其在价格上与对手争执不休，还不如在其他利益因素上使对方在不知不觉中让步。这是从事商务谈判的人需要注意的。

三、其他条件谈判

除了产品条件和价格条件谈判外，还有交货时间、付款方式、违约责任和仲裁等其他条件的谈判。

5.2 采购谈判的准备阶段

人们常说，“不打无准备的仗”，谈判也是这样。不要小看了准备阶段，很多谈判都是因为事前没有充分准备，而在谈判中处处被动，处于下风。采购谈判能否取得成功，不仅取决于谈判桌上的唇枪舌剑、讨价还价，而且有赖于谈判前充分、细致的准备工作。可以说，任何一项成功的谈判都是建立在良好的准备工作的基础之上的。虽然谈判的情况各异，很难统一准备形式，但对于准备的内容却可以达成共识，准备的内容包括组建谈判队伍、收集与分析资料和信息、拟订谈判方案、准备物资条件、谈判预演等方面。

【小资料 5-2】 知己知彼，百战百胜

我国某冶金公司要向美国购买一套先进的组合炉。在和美方谈判前，我方做了充分的准备工作，找了大量的冶金组合炉的材料，将国际市场上的组合炉行情及美国这家公司的历史和现状、经营情况等调查得一清二楚。谈判开始，美商一开口要价159万美元，我方列举各国成交价格，使美商目瞪口呆，最后终于以80万美元达成协议。当谈判购买冶金自动设备时，美商报价230万美元，经过讨价还价压到130万美元，我方仍不同意，坚持出价100万美元。美商表示不愿意继续谈下去，扬言要回国，而我方并不阻拦。冶金公司的其他人有点着急，甚至埋怨我方谈判人员不该抠这么紧。我方谈判人员却胸有成竹。果然，一个星期后，美方又回来继续谈判。我方向美商点明了他们与法国的成交价格，美商愣住了，在事实面前，不得不让步，最后以101万美元达成了这笔交易。

分析：我方之所以能取得谈判的胜利，关键在于谈判之前的准备工作很充分，这样，在讨价还价的过程中能做到据理力争、心中有数，最终能识破美商的小伎俩，争取到合理的价格。

（资料来源：方其.商务谈判理论、技巧、案例.北京：中国人民大学出版社，2004.1）

5.2.1 组建谈判队伍

谈判的主体是人，因此，筹备谈判的一个重要工作内容就是人员准备，也就是说组建谈判队伍。谈判队伍的素质及其内部协作与分工的协调对于谈判的成功是非常重要的。

一、谈判队伍的规模

组成谈判队伍，首先遇到的问题是应该选择多少人组成这一组织最为合适。根据谈判的规模，谈判可分为一对一的个体谈判和多人参加的集体谈判。

从某种意义上说，谈判队伍的规模越少越好，最理想的规模是一个人，即个体谈判。个体谈判的好处在于：在谈判中，个体谈判者可以在授权范围内，随时根据谈判桌上的风云变幻以及对手的反应及时做出自己的判断，不失时机地做出决策以捕获转瞬即逝的机遇，而不必像集体谈判时那样，对某一问题的处理首先要在内部取得一致意见，而这一致意见的取得，有时需要经过多次的讨论，甚至争执而产生，然后才能做出相应的反应，因此常常会延误战机。同时，个体谈判中谈判者也不必担心对方向自己一方谈判成员中较弱的一人发动攻势以求个别突破，或利用计谋在己方谈判人员间制造意见分歧，从中渔利。谈判班子由一个人组成，也有其缺点，由于谈判只有一个人，因此谈判者往往担负多方面工作，对付多方面问题，可能影响其谈判工作效果。同时，由于个体谈判需要单独决策，面临决策压力较大，而且在谈判中，谈判者可能无法在维持良好的谈判形象的同时扮演多种角色，因而使谈判策略运用受限制。谈判中所要运用收集的资料也是非常之多，这些绝非个人的精力、知识、能力所能胜任的，何况还有“智者千虑，必有一失”之说。因此，个体谈判一般只能适用于谈判内容比较简单的情况。

在通常情况下，谈判班子的人数在一人以上。由多个人组成谈判班子，可以满足谈判多学科、多专业的知识需要，谈判人员之间取得知识结构上的互补，发挥综合的整体优势。同时，谈判人员分工合作、集思广益、群策群力，形成集体的进取与抵抗的力量，常言说得好，“三个臭皮匠，顶过一个诸葛亮”。因此，成功的谈判有赖于谈判人员集体智慧的发挥。

那么到底用多少人组成谈判班子呢？一般而言，谈判班子人数的多少没有统一的标准，谈判的具体内容、性质、规模以及谈判人员的知识、经验、能力不同，谈判班子的规模也不同。实践表明，直接上谈判桌的人不宜过多。国外大多数谈判专家认为，理想的谈判组人数应尽量控制在小范围内，人数越少，谈判人员越容易协同一致，越容易管理，理想的人数应在 4～6 人左右。当然，如果谈判涉及的内容较广泛、较复杂，需要由各方面的专家参加，则可以把谈判人员分为两部分：一部分主要从事背景材料的准备，人数可适当多一些，即台下当事人；另一部分直接上谈判桌，即台上当事人，这部分人数与对方相当为宜。在谈判中应注意避免对方出场人数很少，而我方人数很多的情况。

二、谈判人员应具备的素质

谈判是一种对思维要求较高的活动，是对谈判人员之间知识、智慧、勇气、耐力等的较量。素质所包含的范围非常广泛，它不仅指谈判人员的文化、技术水平和业务能力，也包括谈判人员的心理承受能力等。那么，一个优秀的谈判人员应具备怎样的素质呢？

1. 良好的职业道德

这是谈判人员必须具备的首要条件，也是谈判成功的必要条件。采购谈判人员是作为特定组织的代表出现在谈判桌上的，代表组织个体的经济利益，而且在某种意义上还肩负着维护国家利益的义务和责任。因此，作为谈判人员必须遵纪守法、廉洁奉公，忠于国家、组织和职守，要有强烈的事业心、进取心和责任感。

2. 健全的心理素质

谈判是各方之间精力和智力的较量，较量的环境在不断变化，对方的行为也在不断变化，要在较量中达到特定目标，谈判人员就必须具有健全的心理素质。

健全的心理素质是谈判者主体素养的重要内容之一，表现为谈判者主体应具备坚忍顽强的意志力、高度的自制 力和良好的协调能力等。

3. 合理的学识结构

采购谈判人员，既要知识面宽，又要在某些领域有较深的造诣。也就是说，不仅在横向方面有广博的知识,而且在纵向方面也要有较深的专门学问,两者构成一个"T"字形的知识结构。

(1)谈判人员的横向知识结构

从横向方面来说,采购谈判人员应当具备的知识包括:我国有关经济贸易的方针政策及我国政府颁布的有关法律和法规;某种商品在国际、国内的生产状况和市场供求关系;价格水平及其变化趋势的信息;产品的技术要求和质量标准;有关国际贸易和国际惯例知识;国外有关法律知识,包括贸易法、技术转让法、外汇管理法及有关国家税法方面的知识;各国各民族的风土人情和风俗习惯;可能涉及的各种业务知识、金融知识;市场营销知识等。

(2)谈判人员的纵向知识结构

从纵向方面来说,作为采购谈判的参与者,应当掌握的知识包括:丰富的专业知识,即熟悉产品的生产过程、性能及技术特点;熟知某种(类)商品的市场潜力或发展前景;丰富的谈判经验及处理突发事件的能力:掌握一门外语,最好能直接用外语与对方进行谈判;懂得谈判的心理学和行为科学;了解谈判对手的性格特点等。

上述的"T"形知识结构,构成了一个称职的采购谈判人员的必备条件,也是一名合格的谈判人员应具备的最起码的个体素质要求,否则,将无法应付复杂的谈判局面,承担谈判任务,更谈不上维护本企业和国家的利益。一名称职的采购谈判人员,在力争将自己培养成全才的同时,还应当精通某个专业或领域。否则的话,对相关产品的专业知识知之甚少,就会导致在谈判技术条款时非常被动,提不出关键意见,这无疑将削弱本方的谈判实力。一个采购谈判人员应该是"全能型专家",所谓"全能",即通晓技术、商务、法律和语言,涵盖上述纵横各方面的知识;所谓"专家",即指能够专长于某一个专业或领域的人。

总之,扩大知识视野,深化专业知识,猎取有助于谈判成功的广博而丰富的知识,能使在谈判的具体操作中,左右逢源,运用自如,最终取得谈判的成功。

4.谈判人员的能力素养

谈判者的能力是指谈判人员驾驭商务谈判这个复杂多变的"竞技场"的能力,是谈判者在谈判桌上充分发挥作用所应具备的主观条件。它主要包括以下内容:

(1)认知能力

善于思考是一个优秀的谈判人员所应具备的基本素质。谈判的准备阶段和洽谈阶段充满了多种多样、始料未及的问题和假象。谈判者为了达到自己的目的,往往以各种手段掩饰真实意图,其传达的信息真真假假、虚虚实实。优秀的谈判者能够通过观察、思考、判断、分析和综合的过程,从对方的言行和行为迹象中判断真伪,了解对方的真实意图。

(2)运筹、计划能力

谈判的进度如何把握;谈判在什么时候、什么情况下可以由准备阶段进入接触阶段、实质阶段,进而到达协议阶段;在谈判的不同阶段将使用怎样的策略等都需要谈判人员发挥其运筹、计划的能力。当然,这种运筹和计划离不开对谈判对手背景,以及需要可能采取的策略的调查和预测。

(3)语言表达能力

谈判是人类利用语言工具进行交往的一种活动。一个优秀的谈判者,应像语言大师那样精通语言,通过语言的感染力强化谈判的效果。谈判中的语言包括口头语言和书面语言两类。无论是哪类语言,都要求准确无误地表达自己的思想和感情,使对手能够正确领悟你的意思,这点是最基本的要求。其次,还要突出谈判语言的艺术性。谈判中的语言不仅应当准确、严密,而且应生动形象,富有感染力。巧妙地用语言表达自己的意图,本身就是一门艺术。

(4)应变能力

谈判中发生突发事件和产生隔阂是难以避免的,任何细致的谈判准备都不可能预料到谈判中可能发生的所有情况。千变万化的谈判形势要求谈判人员必须具备沉着、机智、灵活的应变能力,要有冷静的头脑、正确的分析、迅速的决断,善于将灵活性与原则性结合起来,灵活地处理各种矛盾,以控制谈判的局势。应变能力主要包括处理意外事故的能力、化解谈判僵局的能力、巧妙袭击的能力等。

(5)交际能力

商务谈判是一项谈判过程,更是一项交际过程。真正的交际能力是与人沟通感情的能力,决不是花言巧语的伎俩。

三、谈判人员的配备

在一般的采购谈判中,所需的知识大体上可概括为以下几个方面:

(1)有关价格、交货、支付条件等商务方面的知识;

(2)有关合同法律方面的知识;

(3)语言翻译方面的知识。

根据谈判对知识方面的要求,谈判班子应配备相应的人员。

1. 技术精湛的专业人员

熟悉生产技术、产品性能和技术发展动态的技术员、工程师,在谈判中负责有关产品技术方面的问题,也可以与商务人员配合,为价格决策作技术参谋。

专业人员是谈判组织的主要成员之一。其基本职责是:

(1)同对方进行专业细节方面的磋商;

(2)修改草拟谈判文书的有关条款;

(3)向首席代表提出解决专业问题的建议;

(4)为最后决策提供专业方面的论证。

2. 业务熟练的人员

主要由熟悉贸易惯例和价格谈判条件、了解交易行情的有经验的业务人员或公司主管领导担任。

其具体职责是：

(1)阐明己方参加谈判的愿望和条件；

(2)弄清对方的意图和条件；

(3)找出双方的分歧或差距；

(4)掌握该项谈判总的财务情况；

(5)了解谈判对手在项目利益方面的期望指标；

(6)分析、计算修改中的谈判方案所带来的收益变动；

(7)为首席代表提供财务方面的意见和建议；

(8)在正式签约前提供合同或协议的财务分析表。

3. 精通经济法的法律人员

法律人员是一项重要谈判项目的必需成员，如果谈判小组中有一位精通法律的专家，将会非常有利于谈判所涉及的法律问题的顺利解决。法律人员一般是由律师，或由即掌握经济又精通法律专业知识的人员担任，通常由特聘律师或企业法律顾问担任。

其主要职责是：

(1)确认谈判对方经济组织的法人地位；

(2)监督谈判在法律许可范围内进行；

(3)检查法律文件的准确性和完整性。

4. 熟练业务的翻译人员

翻译人员一般由熟悉外语和企业相关情况、纪律性强的人员担任。翻译是谈判双方进行沟通的桥梁。翻译的职责在于准确地传递谈判双方的意见、立场和态度。一个出色的翻译人员，不仅能起到语言沟通的作用，而且必须能够洞察对方的心理和发言的实质，既能改变谈判气氛，又能挽救谈判失误，增进谈判双方的了解、合作和友谊。因此，对翻译人员有很高的素质要求。

5. 首席代表

首席代表是指那些对谈判负领导责任的高层次谈判人员。他在谈判中的主要任务是领导谈判组织的工作。这就决定了他们除具备一般谈判人员必须具备的素养外，还应阅历丰富、目光远大，具有审时度势、随机应变、当机立断的能力，有善于控制与协调谈判小组成员的能力。因此，无论从什么角度来认识他们，都应该是富有经验的谈判高手。其主要职责是：

(1)监督谈判程序；

(2)掌握谈判进程；

(3)听取专业人员的建议和说明；

(4)协调谈判班子成员的意见；

(5)决定谈判过程中的重要事项；

(6)代表单位签约；

(7)汇报谈判工作。

6. 记录人员

记录人员在谈判中也是必不可少的。一份完整的谈判记录既是一份重要的资料，也是进一步谈判的依据。为了出色地完成谈判的记录工作，要求记录人员要有熟练的文字记录能力，并具有一定的专业基础知识。其具体职责是准确、完整、及时地记录谈判内容。

这样，由不同类型和专业的人员就组成了一个分工协作、各负其责的谈判组织群体。

当挑选出合适的人组成谈判班子后，就必须在成员之间，根据谈判内容和目的以及每个人的具体情况做出明确适当的分工，明确各自的职责。此外，各成员在进入谈判角色，尽兴发挥时，还必须按照谈判目的与其他人员彼此相互呼应、相互协调和配合，从而真正赢得谈判。这就好像一场高水准的交响音乐会，之所以最终赢得观众雷鸣般的掌声，除了演奏家的精湛技术外，更离不开每位演奏家的配合。

5.2.2 收集与分析资料和信息

随着科学技术的发展，我们已进入了信息时代，了解信息、掌握信息已成为人们成功进行各种活动的保证。采购谈判作为人们运用信息来获取自己所需事务的一种经济活动，对信息的依赖更加强烈。准确可靠的信息是了解对方意图、制定谈判计划、确定谈判策略及战略的基本前提和依据。信息的搜集包括对人和事的情报的搜集以及对谈判背景条件情报的搜集。

一、关于人与事的情报

关于人的情报分三个内容，即谈判对手的情报、竞争者的情报、己方的情报。

1. 谈判对手的情报

它主要包括该企业的发展历史，组织特征，产品技术特点，市场占有率和供需能力，价格水平及付款方式，对手的谈判目标和资信情况，合作欲望，以及参加谈判人员的资历、地位、性格、爱好、谈判风格、谈判作风及模式等；另外，还需了解谁是谈判中的首席代表，其能力、权限、特长及弱点是什么等，这些都是必不可少的情报资料。了解了这些情报之后，谈判前即可以思考己方如何扬长避短，如何因势利导、彼为我用。

2. 竞争者的情报

它主要包括市场同类产品的供求信息；相关产品和替代产品的供求状况，产品的技术发展趋势，主要竞争厂家的生产能力、经营状况和市场占有率，有关产品的配件供应情况，竞争者的推销力量，市场营销状况、价格水平、信用状况等。对于采购方而言，了解竞争者的情况是很有必要的，竞争者作为谈判双方力量对比中一个重要的砝码，影响着谈判天平的倾斜。但是，了解竞争者的状况是比较困难的，因此，对于谈判人员来说，最重要的是了解市场上占主导地位的竞争者。

3. 己方的情报

了解己方的需求情况及财务状况，在谈判前了解己方谈判人员的情况，只有这样，才能制定出切实可行的谈判策略。

4. 关于事的情报

事的情报是指对谈判标的的深入了解，即从技术上进一步了解对手，了解自己。具体应对标的技术水平、规格、市场占有率、竞争状况认识透彻；还应对标的内容(文字和数字)的交易条件、关键和次要、可修改与不可修改部分分析清楚。

二、关于背景条件的情报

它主要是指交易各方的背景条件，包括各方的政治背景、经济背景、法律制度、宗教信仰、商业习俗等情报。

1. 政治背景

政治背景需掌握的情况包括政局的稳定、政府之间的关系、政府对进口商品的控制等。政治和经济是紧密相连的，政治对于经济具有很强的制约力。当一个国家政局稳定，政策符合本国国情，它的经济就会发展，就会吸引众多的外国投资者前往投资。否则，政局动荡，市场混乱，人心惶惶，就必然产生相反的结果。因此，在采购谈判中，必须对谈判对手的政治环境做详尽地了解。

2. 经济背景

经济背景则主要是指市场经济的形势，市场行情方面的信息。每一个谈判人员都要了解整个社会的生产力总体发展水平、社会分工状况、消费收入水平、市场需求等情况，这些将会影响到商品品质标准、价格高低等诸多方面的问题。

3. 法律制度

和政治制度一样，法律制度对采购谈判有着无形的控制力，涉外企业在贸易往来中，不可避免地遇到各种各样的法律问题，只有清楚地了解其法律制度，才能减少商业风险。例如，我国某公司考察小组去美国考察后，在旧金山买下一家餐馆，开张后发现餐馆经营所得大部分用于支付高昂的房租，餐馆因而陷入连年亏损的困境。原因在于考察小组未能清楚了解东道主的法律便仓促签约，只买下了餐馆的业务经营权而未及房屋等资财。

4. 宗教信仰

宗教信仰影响着人们的生活方式、价值观念及消费方式，也影响着人们的商业交往。对于宗教的有关问题，采购谈判人员必须了解，如宗教的信仰和行为准则、宗教活动方式、宗教的禁忌等，这些都会对商务活动产生直接的影响，如果把握不准，则会对企业带来很大的影响。如麦当劳曾经进入印度失败，当地人讥讽麦当劳“用 13 个月时间才发现印度人不吃牛肉”。

5. 商业习俗

在采购谈判中，商业习俗对谈判的顺利进行影响很大。作为谈判人员，要促使谈判顺利进行就必须了解各地的风俗习惯、商业惯例，否则双方都有可能会产生误会和分歧。比如，日本的文化是把和谐放在首位，日本人日常交往中非常注重礼节，和日本人进行谈判时千万不要在这方面开玩笑，这是日本人最忌讳的；和沙特阿拉伯人谈判时千万不能问及对方的妻子，因为沙特阿拉伯男子歧视女性。

【小资料 5-3】 圣诞节的习俗

20 世纪 80 年代末，我国某公司曾向德国出口一批核桃，在谈判中双方商定，交货日期在 11 月中旬。提前交货和延后交货都有奖罚条款。但我方由于某种客观原因，推迟了交货日期，这批货于次年 1 月中旬才到德国，错过了销售的黄金时期，德方进口核桃是供应圣诞节的。结果，大量核桃积压，对方要求赔偿包括核桃储藏费在内的所有损失，其赔偿费远超过了核桃的成本。如果我方了解到德国人有在圣诞节消费核桃的习俗，恐怕就会对核桃的交货期限格外当心，如实在不能按期发货，至少可以采取一些亡羊补牢的措施。

（资料来源：李爽. 商务谈判. 北京：清华大学出版社，2007）

【想一想】 我方应该吸取什么教训？

商业习俗影响着人们的商业交往。作为谈判人员，就必须了解各地的风俗习惯、商业惯例，这些都会对商务活动产生直接的影响，如果把握不准，则会对企业带来很大的影响。

三、情报搜集的方法和途径

(1)本企业直接派人去对方企业进行实地考察，搜集资料。

(2)通过各种信息载体搜集公开情报，如：企业的文献资料、统计数据和报表、企业内部报刊和杂志、各类文件、广告、广播宣传资料、产品说明和样品等。

(3)通过对与谈判对手有过业务交往的企业和人员的调查了解信息。

5.2.3 谈判方案的设计

谈判方案通常均应包括四项基本内容：谈判目标、谈判程序、谈判时间、谈判策略。

一、谈判目标

谈判目标是指谈判要达到的具体目标，它指明谈判的方向和要达到的目标、企业对本次谈判的期望水平。采购谈判的目标主要是以满意的条件采购到所需要的商品，确定正确的谈判目标是保证谈判成功的基础。

在准备谈判方案时，谈判目标有三种表述形式：

(1)上、中、下成交方案；

(2)成交上限和下限；

(3)与对方条件对应的随动成交方案(随动方案也存在上限和下限)。

对于政策性的机动条件，在做谈判方案时可不予考虑，因为这是特殊条件，仅在谈判遇到特殊困难时再依情况而定、而用，而且政策性的条件是由企业的上层领导来决定的。

当然，要具体确定某个项目的谈判目标是一件复杂的事情，主要依据对许多因素的综合分析才能作出判断。首先要对谈判双方各自优势、劣势进行分析。例如，如果对方是我方唯一选择的合作伙伴，则对方处于十分有利的地位，我方的目标水平就不要定得太高；反之，如果我方由许多潜在的买主(或卖主)，那么对方显然处在较弱的地位，我方的目标水平就可相应定得高一点。其次，要考虑今后是否会与谈判对手保持长期的业务合作关系。如果这种可能性较大，就要着眼于和对方建立友好、持久的关系，对于谈判目标的确定应本着实事求是的态度，确定合理的水平。此外，交易本身的性质和重要程度、谈判与交易的时间限制等因素，在确定具体谈判目标时也是必须考虑的。

二、谈判程序

方案准备中的谈判程序系指对谈判起始点、展开过程及结束点的设计或预测。这个设计与预测是一种对谈判的总体运动过程的分析，也是一种谈判前的演练——“沙盘作战”或“谈判模拟”。不论谈判项目大小，这个准备内容不可或缺。

1. 起始点

起始点设计系指对谈判开场的设计。根据不同谈判对开场的要求，设定不同的开场形式。如先互赠礼品，先回顾历史(由历史关系或约定时)，还是先讨论谈判日程、方式、人员安排等，以使开场起步达到气氛、布局的要求。

2. 展开过程

展开过程的设计系指对谈判各项议题的先后次序及双方互动条件的设定。如技术、服务、价格、供货、合同条款等，谁先谈、谁后谈，各议题谈的条件、退的条件，或各议题交错谈判的条件等，均结合谈判对象的特点、交易物、交易方式以及谈判议题的内在逻辑关系予以初步设定。

3. 结束点

结束点的设计系指对结束条件及结束方式的设定。这也是谈判收尾的预测。结束条件原则上以谈判目标为参照。在双方分歧很大时，结束条件将为各方自持的条件——未达成协议的各自坚持的条件。而结束方式有多种，它决定由谁出面结束(主持人、负责人、领导)、在什么时候、什么地点(会议室、住所、饭桌上)来宣布不同谈判结果的结束。

三、谈判时间

谈判时间系指对有效完成谈判过程的时间段的设定。由于时间具有一种力量，会从时空与心理的关系上对谈判产生影响，故忽略谈判时间是不妥的，谁忽略它，谁就少了一种谈判的武器或一种防御的功能。

四、谈判策略

谈判策略确定的第一步是确定双方在谈判当中的目标是什么，包括最高、中间、最低的目标体系；在交易的各项条款中，哪些条款是对方重视的，哪些是他们最想得到的，哪些是对方可能作出让步的，让步的幅度有多大，等等。第二步，确定在我方争取最重要条款时，将会遇到对方哪些方面的阻碍，对方会提出什么样的交换条件等等。第三步，针对以上情况，应采取怎样的策略。

5.2.4 物质条件的准备

谈判物质条件的准备包括两个方面的内容：一是谈判室及室内用具的准备；二是谈判人员的食宿准备。

一、谈判室及室内用具的准备

一般来说，谈判室应选择在距谈判人员住宿地较近的地方，否则会造成不便。室内应整洁、宽敞、光线充足，通风设备好，并且要有良好的通讯设备，谈判人员能够很方便地打电话。也应有类似黑板的视觉设备，供谈判双方进行计算和图标分析时使用，谈判室一般不设录音设备，除非双方同意或要求才能配备。谈判室旁边或附近应设有休息室，以便能使双方放松一下紧张的神经，缓和彼此之间的对立气氛。

房间的布置也很重要，需根据谈判的性质而定。对于比较重要的、大型的谈判宜选用长方形的谈判桌，双方代表相对而坐，无形中增加了双方谈判的力量。在规模较小或双方谈判人员较熟悉的情况下，多选用圆形谈判桌，这样就可以消除谈判双方代表的距离感，双方团团围坐，会加强双方关系融洽、共同合作的印象，使谈判容易进行。在现实的谈判中，也有不设谈判桌的情况，大家随便坐在一起，轻松交谈，这样能增加友好气氛。有时候，也根据实际的需要安排其他形状的谈判桌。

二、食宿安排

谈判是一项艰苦复杂、体力消耗大、精神高度紧张的工作，对谈判人员的精力及体力有较高的要求。因此，东道主一定要妥善安排谈判人员的食宿问题，应体现周到细致、方便舒适的原则。要根据谈判人员的饮食习惯，尽量安排可口的饭菜。本着友好的态度，尽量提供方便、安全的住宿条件，这样才有利于谈判者精力、体力的恢复，也是东道主应持的态度。

5.2.5 谈判的预演

为了更直接地预见谈判的前景，对于一些重要和难度大的谈判，可以在谈判之前进行一次预演，来改进和完善谈判的准备工作。谈判预演即正式谈判前的“彩排”，即将谈判小组一分为二，一部分人扮演谈判对手，并以对手的立场、观点、和作风来与另一部分己方谈判人员交锋，预演谈判的过程。

一、谈判预演的重要性

谈判预演可以使谈判者获得实践经验，取得重大成果。在谈判预演中，谈判者不用担心谈判的失败，从检验谈判方案可能产生的效果出发，不仅可以使谈判者注意到那些原本被忽略或被轻视的重要问题，而且通过站在对方角度进行思考，可以使我方在谈判策略设计方面显得更有针对性。同时，也将丰富我方在消除双方分歧方面的建设性思路。通过谈判预演，我方对于将要谈判的各个问题，都将明确考虑可接受的解决方案和妥协方案。

二、拟定假设

要使谈判预演做到真正有效，还有赖于拟定正确的假设条件。

拟定假设是指根据某些既定的事实或常识，将某些事务承认为事实，不管这些事现在(及将来)是否发生，仍视其为事实进行推理。依照假设的内容，可以把假设条件分为三类，即对客观世界的假设、对谈判对手的假设和对己方的假设。

在谈判中，常常由于对方误解事实真相而浪费大量的时间，也许曲解事实的原因就在于一方或双方假设的错误。因此，谈判者必须牢记，自己所作的假设只是一种推测，如果把假设奉为必然去谈判，将是非常危险的。

拟定假设的关键在于提高假设的精确度，使之更接近事实。为此，在拟定假设条件时要注意：

(1)让具有丰富谈判经验的人做假设，这些人身经百战，提出假设的可靠度高。

(2)必须按照正确的逻辑思维进行推理，遵守思维的一般规律。

(3)必须以事实为基准，所拟定的事实越多、越全面，假设的准确度就越高。

(4)要正确区分事实与经验、事实与主观臆断，只有事实才是靠得住的。

三、谈判预演的总结

谈判预演的目的在于总结经验，发现问题，提出对策，完善谈判方案。所以谈判预演的总结是必不可少的。谈判预演的总结应包括以下内容：

(1)对方的观点、风格、精神。

(2)对方的反对意见及解决方法。

(3)自己的有利条件及运用状况。

(4)自己的不足及改进措施。

(5)谈判所需情报资料是否完善。

(6)双方各自的妥协条件及可共同接受的条件。

(7)谈判破裂与否的界限,等等。

可见,谈判总结涉及各方面的内容,只有通过总结,才能积累经验,吸取教训,完善谈判的准备工作。

5.3 采购谈判的程序

谈判各方在做了各种准备工作之后,就要开始面对面地进行实质性的谈判工作。谈判过程可能是多轮次的,要经过几轮谈判;谈判过程也可能要经过多次的反复,才能达成一致。不论谈判过程时间长短,谈判双方都要各自提出自己的交易条件和意愿,然后就各自希望实现的目标和相互间的分歧进行磋商,最后消除分歧达成一致。这个过程依次为谈判开局阶段、谈判报价阶段、谈判磋商阶段和结束阶段。掌握谈判的每个阶段,完成每一环节的任务,顺利实现双赢的结果是谈判过程的重要任务。

5.3.1 开局阶段

一、开局的基本任务

谈判开局阶段主要指谈判双方进入具体交易内容的洽谈之前,彼此见面,互相介绍、寒暄以及就谈判内容和谈判事项进行初步接触的过程。好的开端是谈判成功的一半。在采购谈判中,谈判开局是双方真正走到一起,进行直接的接触和沟通,开局的成功与否对谈判能否顺利进行起到重大影响。这一阶段的目标就是为进入实质性谈判创造良好条件。为实现这一目标,开局阶段主要有4项任务。

1. 明确谈判的具体事项

谈判的具体事项主要包括目标、计划、进度及成员4个方面的内容。谈判各方初次见面,首先要互相介绍谈判人员的基本资料,包括姓名、职务、和谈判角色等,然后谈判各方要明确此次谈判双方共同追求的合作目标,进而根据各自的具体情况,磋商并确定谈判的大体议程和进度,明确需要共同遵守的纪律和共同履行的义务等问题。明确这些具体问题,是为了使谈判各方统一认识,明确规则,安排议程,掌握进度,增进了解。

2. 创造良好的谈判气氛

谈判开局气氛对整个谈判过程起着相当重要的影响和制约作用。良好的谈判氛围能使谈判各方心情愉悦,增进相互间的信任感和合作诚意。紧张的气氛,则容易导致双方的戒备和猜忌。谈判气氛是谈判对手之间的相互态度,它能够直接影响到谈判人员的情绪和行为方式,进而影响到整个谈判的各个环节。虽然谈判气氛在谈判不同阶段会呈现不同的状态,但通常在开局阶段形成的谈判气氛最为重要,往往贯穿始终,所以在开局应尽可能营造有利于谈判的环境气氛。

3. 开局摸底

开局摸底，就是指通过初步接触，探测对方的目标、意图以及可能的让步程度。通过摸底，可以大致了解对方的目标期望值，并进一步发现双方共同获利的可能性。

在开局摸底阶段，双方各自陈述己方的观点和愿望，并提出己方认为谈判应涉及的问题及问题的性质、地位，以及己方希望取得的利益和谈判的立场，陈述的目的是要使双方了解彼此的意愿。通过摸底，谈判者应完成下述几项工作。

(1)考察对方的品质。

(2)了解对方的诚意和真实需要。

(3)设法了解对方的谈判经验、作风，对方的优势和劣势，了解对方每一位谈判人员的态度、期望，甚至要弄清对方认为有把握的和所担心的是什么，是否可以加以利用等。

(4)要设法了解对方在谈判中坚持的原则，以及在哪些方面可以作出让步。

双方经过简要的介绍和陈述后，谈判者应注意从对方的言谈举止中去获取对己方有力的信息。要观察对方中有诚意合作和正直坦诚的人，与他们沟通，可能事半功倍；同时，还要注意领会对方谈话所包含的信息，这些信息可能反映了对方的真实意图。通过摸底，可以大致了解对方的目标期望值，并进一步发现双方共同获利的可能性。

4. 修正谈判计划

通过与对方初步接触、洽谈，如果已经获得了许多有关对方有价值的信息，就应对此作出进一步的和谨慎的分析；如果已经大致了解对方的期望、立场，初步分析了谈判人员的背景、工作作风，双方就应就一些基本问题达成一致意见。此时，若发现了双方在一些问题看法上的明显差距，就需要通过进一步谈判予以调整。双方对合作充满诚意，那么我方就应该自问，自己在谈判目标和策略设计方面是否有需要调整的地方？因为任何一项成功的谈判都是双方努力合作的结果，所以我方采取的任何措施也要有助于谈判目标的实现。因此，重新审视与检验一下自己原先在哪些方面估计不足、判断失误并予以修正是理所当然的，这不仅是为了争取谈判中的主动，维护自身利益，也是为了推动整个谈判的合作进程。

至于谈判的规程、计划、进度，双方既已达成一致，则应遵照不误。一个双方认同的谈判目标和计划，会对以后的谈判起到积极的作用。在这个谈判初始阶段，我方已经掌握了一些信息，但不要过早地对对方的意图形成固定的看法，对于这些信息，我方还要随着谈判向实质性阶段的过渡而做出更深入的分析。

二、开局气氛的营造

1. 开局气氛的含义和作用

谈判气氛是指谈判双方通过各自所表现的态度、作风而建立起来的洽谈环境。它是谈判人员进入谈判场所的方式、目光、姿态、动作、谈话等一系列有声和无声的信号在谈判人员大脑中迅速得到的反映。这种反应或是温和友好的，或是紧张强硬的，或是沉闷冗长的，或是活跃顺畅的。因此，每一次商务谈判都有独特的谈判气氛，这可为所有谈判人员清醒地认识到。

谈判气氛通常是在双方开始谈判之初的很短时间内形成的。经验表明，开局阶段所创造的特定的谈判气氛会对整个谈判过程产生重要的影响和制约作用。虽然谈判气氛在谈判不同阶段会呈现不同的状态，但通常在开局阶段形成的谈判气氛最为重要，往往贯穿始终，所以在开局应尽可能营造有利于谈判的环境气氛。良好的气氛具有众多的良好效应：

(1)为即将开始的谈判奠定练好的基础。

(2)传达友好合作的信息。

(3)能减少双方的防范情绪。

(4)有利于协调双方的思想和行动。

(5)能显示主谈人的文化修养和谈判诚意。

2. 开局谈判应有的气氛

良好开局气氛的特点可以总结为“尊重对方、自然轻松、友好合作、积极进取”12个字，具体的含义如下：

(1)尊重对方

谈判双方在开局阶段要营造出一种尊重对方、彬彬有礼的气氛。出席开局阶段谈判可以有高层领导参加，以示对对方的尊重。谈判人员服饰仪表要整洁大方，无论是表情、动作，还是说话的语气都应该表现出尊重、礼貌，不能流露出轻视对方、以势压人的态度，不能以武断、蔑视、指责的语气讲话，使双方能够在文明礼貌、相互尊重的气氛中开始谈判。

(2)自然轻松

开局初期常被称为“破冰”期。谈判双方抱着各自的立场和目标坐到一起谈判，极易出现冲突和僵局。如果一开始气氛就非常紧张，很容易造成谈判双方在今后的谈判中情绪对立，思想偏激、固执和僵化，不利于细心分析对方的观点，也不利于灵活地运用各种谈判策略。所以，谈判人员在开局阶段首先要营造一种平和、自然、轻松的气氛。例如，随意谈一些题外的轻松话题，松弛一下紧绷着的神经，不要过早与对方发生争论。语气要自然平和，表情要轻松亲切，尽量谈论中性话题，不要过早刺激对方。

(3)友好合作

谈判双方要实现双赢，开局的气氛必须是友好合作的，双方都愿意在合作中受益，谈判双方实际上不是“对手”，而是“伙伴”。尽管随着谈判的进行会出现激烈的争辩或者矛盾冲突，但是双方是在友好、合作的气氛中去争辩，不是越辩越远，而是越辩越近。因此，要求谈判者真诚地表达对对方的友好愿望和对合作成功的期望。此外，热情的握手、热烈的掌声、信任的目光、自然的微笑都是营造友好、合作气氛的手段。

(4)积极进取

谈判毕竟不是社交沙龙,谈判者都肩负着重要的使命,要付出巨大的努力去完成各项重要任务,双方都应在积极进取的气氛中认真工作。谈判者要准时到达谈判场所,仪表端庄整洁,精力要充沛,充满自信,坐姿要端正,发言要响亮有力,要表现出追求进取、追求效率、追求成功的决心,不论有多大分歧,有多少困难,相信一定会获得双方都满意的结果。谈判就在这样一种积极进取、紧张有序、追求效率的气氛中开始。

3.营造良好的开局气氛的要点

(1)良好的个人形象。

在谈判过程中,良好的个人形象表现在以下几个方面:

①在精神状态上,谈判者应神采奕奕、精力充沛地出现在对方面前,应显得自信而富有活力。

②在态度上,谈判者应诚恳待人,端庄而不矜持,谦逊而不骄满,热情而不轻佻。

③在仪表服饰上,谈判者应塑造符合自己身份的形象,不应该蓬头垢面。服饰要美观、大方、整洁,尺码合适,颜色不要太鲜艳,式样不能太奇异。由于各国经济发展程度的不同和风俗习惯的差异,服饰方面也无统一标准,但干净、整齐的服饰却是必要的。

④在谈吐上,要轻松自如,不要慌慌张张。可谈论些轻松的、非业务性的寒暄性话题。如来访者旅途的经历、天气情况,以及以往共同的经历和取得的成功等。这样的开场白,可以使双方找到共同语言,为心理沟通做好准备。实际上在闲聊中,双方已经开始找到传递无声的信息。这时,从谈判者双方的姿态上,可以反映出他是信心十足,还是优柔寡断;是精力充沛还是疲惫不堪。

⑤在动作表情上,谈判者要适当得体。肩膀要放松,目光接触要表现出可亲、可信和自信。心理学家认为,谈判人员心里微妙的变化,都会通过目光表达出来。双方见面时,谈判者应毫不迟疑地伸右手与对方握手。握手虽然是一个相当简单的动作,却可以反映出对方是强硬的,还是温和的。在西方,一个人如果用右手与对方握手的同时又把左手放在对方的肩膀上,说明此人精力过于充沛或权力欲过强,对方会认为"这个人太精明了,我得小心一点"。同时要注意,最忌讳的莫过于拉下领带,解开衬衫纽扣,卷起衣袖等动作,因为这将使人产生你已精疲力竭、厌烦等印象。

(2)在开场阶段,谈判人员最好站着说话,小组成员不必围成一个圆圈,而最好是自然而然地把谈判双方分为若干小组,每组中又各方一两位成员。

(3)不要在一开始就提出要求。因为这样很容易使对方的态度即刻变得比较强硬,谈判的气氛随之恶化,双方唇枪舌剑、寸步不让,易使谈判陷入僵局。最好在谈判刚开始时，选择一些友好和中性的话题，谈谈双方感兴趣的新闻，幽默而得体地开开玩笑，这样都有助于缓解谈判开始时的紧张气氛，达到联络感情的目的。

【小资料 5-4】 开局气氛的营造

1994 年，美国全年贸易逆差居高不下，约 1800 亿美元。其中，对日本的逆差居首位，达 660 亿美元，而这中间的 60%的逆差生成于进口的日本汽车中，日本汽车大量进入美国市场，1 年约 400 万辆。于是就有了 1995 年美日汽车贸易谈判。美国谈判方认为，日本汽车市场不开放，而日方却认为本国政府未采取任何限制措施。为了使谈判顺利，日本在谈判正式开始前就致力于改善谈判气氛，日本汽车制造业协会出钱在华尔街报纸做广告，广告标题是："我们能多么开放呢?"接着文字说明："请看以下事实，一、对进口汽车、零件无关税；二、对美国汽车实行简便的进口手续；三、美国汽车免费上展台；四、销售商根据市场需求决定卖什么车。"之后，又总结出美国车在日本销售不好的原因：日本汽油昂贵，所以日本人只能买省油的小汽车，而美国出口的是大型车。广告最后得出结论："自由贸易才是成功之路。"日本汽车制造业协会做市场调查，看过报纸的人都认为日本讲得有道理，形成了良好得谈判气氛。

（资料来源：毛国涛. 商务谈判. 北京：北京理工大学出版社，2006. 9）

【想一想】 日本汽车制造业协会的广告为谈判的进行起到了什么作用?

分析提示：开局是谈判不可忽视的环节，精心而周密的准备和安排，会创造良好的开局气氛，拉近彼此的距离，化解双方的分歧，从而为谈判顺利进行打下良好基础。

5.3.2 报价阶段

谈判双方在结束了非实质性交谈以后，就要将话题转向有关交易内容的正题，即开始报价。报价阶段一般是采购谈判由横向铺开转向纵向深入的转折点。报价以及随之而来的磋商是整个谈判过程的核心和最重要的环节，决定了这笔生意是否成交，或者一旦成交，盈利能有多少。

这里所说的报价，不仅是指产品在价格方面的要价，而是泛指谈判的一方对另一方提出的所有条件，包括商品的数量、质量、包装、价格、装运、保险、支付、商检、索赔、仲裁等交易条件，其中价格条件具有重要的地位，因为其余的交易条件最终都会体现在价格的变化上。一般情况下，谈判都是围绕价格进行的。

一、报价的原则

1. 合理确定开盘价

实际谈判过程中的最初报价称为开盘价。对于采购方而言，一般是以不能突破的最低底盘价报出的期望值。国内外专家认为：买方在开盘时报出的期望价，理所当然是“最低价”，这是因为：

(1) 开盘价给己方今后的报价设置了限制。通常情况下，买方报出了开盘价后，就没有机会再报出更低的价格了。

(2)开盘买价报得越低，下一步价格磋商的余地就越大，在面对可能出现的意外情况或对方提出各种要求时，就可以作出更为积极有效的反应。

2. 报价应严肃、果断、清晰

报价严肃，可使对方相信报价方的准确性和坚定性；报价时果断、毫不犹豫，这样才能给对方留下我方是认真而诚实的印象；报价要非常清晰，切忌含含糊糊，容易使对方产生误解或异议，所以，一些重大的谈判中，有必要采取书面报价的形式。

3. 避免主动解释

报价方对所报价格不做主动解释和评论。在对方提出问题前，如果报价方主动解释或说明报价，不仅会暴露报价方的意图、实力等秘密，在对方看来，报价方会显得信心不足。如果对方对你的报价有不清楚的地方，或不满意的地方，他们会主动质疑的。

二、选择报价时机

报价的先后对实现各方既定的谈判利益具有举足轻重的意义。应该说先报价有利有弊。有利的一点是，首先提出自己上界值的一方将对对方心理产生影响，它实际上等于为谈判判定了基准线，在谈判中可支配影响对方的期望值；另一方若不想在谈判刚开始时就使谈判破裂，就很难提出对对方报价变动太大的要求，这实际上是先报价者为谈判划了一个大圈子，最终的合同在这个圈子内展开，而且第一个报盘在整个谈判和磋商中都会持续起作用。另外，如果己方报盘不在对方的预料之内，也往往会打乱对方的计划，动摇对方的军心，减弱对方的自信，所以，先报价比后报价影响要大得多。但是先报价也有很大的风险，这就是，很可能我方提出的要求不够高，这样我方可能丢掉很大一块蛋糕，也可能我方开始时的要求过高，使对方认为没有足够的诚意，并可能导致对方对我方的信誉产生怀疑。如果后报价，显然就不存在先报价的风险，可以后发制人，但也失去了先报价的优势。

【小资料 5-5】 **哈罗德的喜悦**

美国加州一家机械厂的老板哈罗德准备出售他的三台更新下来的数控机床，有一家公司闻讯前来洽谈。哈罗德经理十分高兴，准备开价 360 万美元，即每台 120 万美元。当谈判进入实质性阶段时，哈罗德先生正欲报价，却突然停住，暗想：“可否听听对方的意见?”结果，对方在对几台机床的磨损与故障做了一系列分析评价后说：“我公司最多只能以每台 140 万美元买下这三台机床，多一分钱也不行。”哈罗德先生大为惊喜，竭力掩饰住内心的喜悦，还装着不满意的样子，讨价还价了一番。最后自然是顺利成交。

(资料来源：张炳达 满媛媛. 商务谈判实务. 上海：立信会计出版社，2007. 4)

【想一想】 哈罗德为什么喜悦?

分析提示:报价的先后对实现各方既定的谈判利益具有举足轻重的意义。正是由于哈罗德让对手先报价,而对手的报价超出了他的心理价位,从而使他窃喜不已,他因此获得更多的利益。

那么,到底是应该先报价,还是等待对方开价后再还价,这无论对于买方还是卖方都是没有定论的问题。一般来说,是否先报价应考虑以下因素。

1. 谈判者对谈判标的和市场行情的了解

如果谈判者准备充分,知己知彼,就要争取先报价;如果谈判者不是行家,而对手是,则谈判者要沉住气,后报价,从对方的报价中获取信息,即使修正自己的想法。如果你的谈判对手也是外行,这时,不管你是不是行家,都要争取先报价,以便牵制、诱导对方。

2. 谈判人员的经验

如果双方谈判人员都拥有丰富的谈判经验,那么彼此驾驭谈判活动的机会是较为均等的,谁先报价一般都无碍大局。如果对方是谈判专家,而己方人员缺乏必要的谈判经验,则让对方先报价可能更为有利。因为在这种情况下,避免过早暴露己方的弱点,不使对方在一开始就向本方施加压力。

3. 商业习惯

一般的商业习惯是,发起谈判的一方通常应先行报价。在有些商务谈判中,报价的先后次序也有一定的惯例,比如货物买卖谈判,多半是由卖方先报价,买方还价,与之相反的做法则比较少见。

4. 与谈判者的关系

谈判对方如果是老客户,双方有较长时间的业务往来,彼此比较信任,合作气氛较浓,而且双方合作得不错,那么谁先报价就无所谓了。

三、如何对待对方的报价

在对方报价时,要想在后面的报价中更为有利,就应该正确对待对方的报价。

在对方报价的过程中,切忌干扰对方的报价,而应认真听取,完整、准确、清楚地把握对方报价的内容。在对方报价结束后,我方应将对对方报价的理解进行归纳总结,并加以复述,以确认自己的理解准确无误,对不清楚的地方可以要求对方予以解答。同时,我方还可以要求对方对所报价格的构成、报价依据、计算的基础以及方式方法等作出详细的价格解释,以此来了解对方报价的实质、意图和诚意,从中寻找破绽,为我所用。在对方完成价格解释后,要求对方降价,在实在得不到答复的情况下提出自己的报价。

四、欧式报价术和日式报价术

在国际商务谈判中,有两种比较典型的报价战术:欧式报价术和日式报价术。

欧式报价术的一般模式是：首先提出留有较大余地的价格，然后根据买卖双方的实力对比和该次交易的外部竞争情况，通过给予各种优惠，如数量折扣、价格折扣等来逐步软化和接近买方的市场和条件，最终达成交易的目的。实践证明，这种报价方式只要能稳住买方，往往会有一个不错的结果。

日式报价术的一般做法是：将最低价格列在价格表上，以求首先引起买方的兴趣。由于这种低价格一般是以对卖方最有利的结算条件为前提条件的，并且在这个低价格的交易条件下，各个方面都很难全部满足买方的需求，如果买方要求改变有关条件，则卖方便会相应地抬高价格。因此，买卖双方最后的成交价格，往往高于价格表中的最低价格。

在面临众多卖家竞争的时候，采用日式报价可以排斥竞争对手而把买方吸引过来，取得与其他卖主竞争中的优势和胜利。而聪明的买家也不愿陷入日式报价的圈套。避免陷入日式报价的最好做法是：把对方的报价内容与其他卖家的报价内容进行一一地比较，从而判断其报价与其他卖家的报价是否具有可比。如果在对比中发现内容不一致，即从中判断其内容和价格的关系，不可盲目从事。切忌只注意最后的价格，在其对报价的内容没有进行认真的分析、比较的情况下，匆忙决策，造成不应有的被动和损失。另外，即使某个卖家的报价的确比其他卖家优惠，富有竞争力，也不要完全放弃与其他卖家的接触和联系，要知道这样做实际上就是要给对方一个持续的竞争压力，迫使其继续作出让步。

以上两种报价术，虽说日式报价较欧式报价更具有竞争力，但它不适合买方的心理，因为一般人总是习惯于价格由高到低，逐步降低，而不是不断提高。因此，对于那些谈判高手，会一眼识破日式报价者的计谋，而不至于陷入其制造的圈套。

5.3.3 磋商阶段

在采购谈判中，当一方报价后，很少出现另一方马上接受的情况。通常，买卖双方要经过一番讨价还价，最后才能达成协议。这个讨价还价的过程就是采购谈判的磋商过程。它是谈判的关键阶段，也是最困难、最紧张的阶段，并且，在这个阶段，谈判的策略和技巧也是最丰富多彩的。在这一阶段，谈判人员要掌握其规律和特点，为己方争取更多的利益。

一、磋商阶段应遵循的原则

1. 把握气氛

进入磋商阶段以后，谈判双方要针对对方的报价讨价还价。双方之间难免要出现提问、解释、质疑和表白、指责和反击、请求和拒绝、建议和反对、进攻和防守，甚至会发生激烈的辩论和无声的冷场。因此，在磋商阶段仍然要把握好谈判气氛，开局阶段已经营造出友好合作的气氛，进入磋商阶段后仍然要保持好这种气氛。只有在这种良好的合作气氛中，才能使磋商顺利进行。这就需要谈判者既要自我约束，杜绝粗暴的、任性的、骄横的做法,又要尊重对方、礼貌待人。

2. 把握次序逻辑

把握次序逻辑是指按磋商议题内含的客观次序逻辑,来确定谈判的先后次序和谈判进展的层次。在磋商阶段,双方都面临着很多需要沟通的议题,如果不分先后次序,不讲究磋商进展的层次,想起什么就争论什么,就会毫无头绪,造成混乱,毫无效率可言。因此,必须按照一定的规律来确定谈判议题的先后次序。

(1)议题的合理排序

各谈判议题有天然的内在因果关系。只有正确排序,才会提高谈判效率。双方在磋商开始时要确定几个主要的议题,按照其内在逻辑关系确定先后次序,然后逐题磋商。具体排列议题顺序时可以按照先磋商对其他议题有决定意义的议题,此议题达成共识后再讨论其他议题;也可以先磋商双方容易达成共识的议题,将问题比较复杂、双方认识差距大的议题放在后面讨论。

(2)论述的层次顺序

这是纵向的逻辑次序,是指对于单个议题的磋商,谈判者也要注意逻辑次序。单个议题也存在内在逻辑次序。要考虑将最容易讲清楚、最有说服力的内容作为磋商的切入点,避免在一些不容易说清楚的话题上争论不休,影响重要问题的磋商。比如价格问题就涉及成本、市场供求和比价等多方内容,可以先用比价论述,再做成本分析比较合适。

(3)把握节奏

磋商阶段的谈判节奏要稳健,不可过于急促。因为这个阶段是解决分歧的关键时期,双方对各自观点要进行充分的论证,许多认识有分歧的地方要经过多次交流和争辩,而且某些关键问题一轮谈判不一定能达成共识,要多次的重复谈判才能完全解决。一般来说双方开始磋商时,节奏要放慢一点,因为此时双方都需要时间和耐心倾听对方的观点,了解对方,分析研究分歧的性质和解决分歧的途径。关键性问题涉及双方的根本利益,必然会坚持自己的观点,不肯轻易让步,还有可能使谈判陷入僵局,所以磋商要花费较多的时间。谈判者要善于掌握节奏,不可急躁,稳扎稳打,步步为营,一旦出现转机,要抓住有利时机不放,加快谈判节奏,不失时机地消除分歧,争取达成一致意见。

(4)注重沟通和说服

磋商阶段实质上是谈判双方相互沟通、相互说服、自我说服的过程。没有充分的沟通,没有令人满意的说服,不会产生积极成果。首先,双方要善于沟通。这种沟通应该是双向的和多方面的。一方既要善于传播己方信息,又要善于倾听对方信息,并且积极向对方反馈信息。没有充分的交流沟通,就会在偏见和疑虑中产生对立情绪。沟通的内容也是多方面的。既要沟通交易条件,又要沟通相关的理由、信念、期望,还要交流情感。其次,双方要善于说服,要充满信心来说服对方,让对方感觉到你非常感谢他的协作，而且你也非常乐意努力帮助对方解决困难。要让对方真正感觉到赞成你是最好的决定。说服的准则是从求同开始，解决分歧，达到最后的求同，求同既是起点，又是终点。

在谈判中，当卖方已报价且针对买方的问题作出价格解释后，买方如果认为离自己的期望目标太远，或不符合自己的期望目标，必然会要求对方改善报价。这是讨价的环节。而卖方重新报价后，买方会对卖方的重新报价进行还价，这一阶段会重复多次，这就是谈判中的讨价还价的环节。当双方激烈争论、僵持不下时，双方有一方就必然要让步，或者双方都调整己方的期望值。这就形成了磋商过程中的让步环节。综上而言，谈判的磋商过程可分为讨价、还价的环节和妥协让步的环节。

二、磋商中之讨价

1. 讨价的方式

讨价的方式基本上分为两种：笼统讨价和具体讨价。两种方式各有所用，应视具体条件而用。

(1)笼统讨价

即从总体条件上或从构成技术或商业条件的所有方面提出重新报价的要求。该种讨价方法常常用于对方报价后的第一次要价，也可以在最后结束时的要价，或在交易复杂又缺乏可比而详尽资料的情况下使用该方法从宏观的角度去压价，笼统地提出要求，而不泄露已掌握的准确材料。

(2)具体讨价

即就分项报价内容，逐一要求重报改善价格条件的做法。选择该种方法的条件为：可比资料充足，对手要求具体讨价，第一次笼统讨价后，报价条件存在问题较多。具体讨价的要求在于准确性和针对性，在做法上是将具体的内容分成几块。分法可以按内容分，如运输费、保险费、技术费、设备条件、资料、技术服务、培训、支付条件等；也可按评论结果分，以各项内容的水分大小归类，水分大的放在一类，小的放在另一类。分类、分块的目的在于要求体现“具体性”，分类是高准确性的务实做法。只有分成块才好提出以不同程度、不同理由的讨价。在具体讨价时，一般从水分最大的那一交易条件开始讨价。

2. 讨价的次数

一般每一次讨价，如果能得到一次改善的报价，则对买方有利。不过，所有的卖方都会坚守自己的价格立场。那么买方讨几次价为妥呢？这应根据价格分析的情况与卖方价格解释和价格改善的状况而定。只要卖方没有大幅度的明显让步，就说明他留有很大的余地；而且只要买方有诚意，卖方就会再次改善价格。只有不被卖方迷惑，买方才有可能争取到比较好的价格。

卖方为了自己的利润，一般在做了两次价格改善后就不会再报价了，他们通常以委婉的方式表达不可以再让了。如“这是我最后的立场”、“你们若是钱少，可以少买些”等。此时，买方要注意卖方的动向，不应为之迷惑而有所动，只要卖方没有实质性改善，买方就应根据报价的情况、虚头的大小、来人的权限、卖方成交的决心、双方关系的好坏等，尽力争取。

三、磋商中之还价

1.还价的基本要求

(1)做好准备

谈判不是一个简单的压低价格的过程。它必须建立在企业的利益分析、市场调查和货比三家的基础上，在此基础上确定自己的还价。同时，准备工作还应包括以下两点：

①规范条件：如双方差距是以数字表示，则应确定是以万元(内贸)、万美元(外贸)还是以百分数(%)表示，彼此统一，便于还价时说条件。

②理清分歧：清理分歧数与分量，这个工作也可以双方一起做，彼此核对，确认分歧情况，也算是前一阶段谈判的小结。也可以单方面清理，不过此时应小心，即别把达成协议的问题当分歧，也别把分歧当成协议。

(2)步步为营

讨价还价时应根据成交条件顽强谈判，出手不松。出手时间可依对方松紧而调整，即对方先出手，我方后出手，对方坚持，亦随之。也可依己方目标实现情况及我方所掌握的情况而自定时间，如在对方出两手后再出一手，或己方出两手而要求对方必出一手，此间应谨记最低追求目标，又突出紧逼对手的强健谈判作风。

(3)统筹兼顾

由于价格涉及技术问题，又涉及策略问题，包含的内容非常广泛。因此，在讨价还价中，不能仅把目光集中在价格上，应当通盘考虑，把价格与技术、商务等各个方面结合起来，统筹兼顾，这样才能使谈判更加富有意义，同时也可以缓和还价中存在的难度和矛盾。

(4)注意保密

讨价还价阶段的保密主要包括以下几个环节，一是谈判的底线，底线不能泄露给对手。虽然在集体谈判中，可以集体参与制作方案，但底线的确定权却在高层与主谈人、负责人手中；二是记载方式，记载己方和对方的条件，要求均不用笔与纸而是用脑记。因为记的行为会产生兴趣或关注的信息，进而产生有意义、有价值的认识。这不利于对手做让步努力。对于十分复杂的问题非记不可，如调价的公式等，那么手中的笔记本不能离手，或者本上仅记对方开出的条件，己方条件均在脑中；三是面部表情，谈判人不能将内心的情绪反应在脸上，情不自禁、缺乏控制力的人易泄密，应予以注意。

2.还价起点的确定

还价起点即买方的初始报价。它是买方第一次公开报出的打算成交的条件，其高低直接关系到自己的经济利益，也影响着价格谈判的进程和成败。

（1）还价起点确定的原则

①起点要低。还价起点低，能给对方造成压力，并影响和改变对方的判断及盈余的要求，能利用其策略性虚报部分为价格磋商提供充分的回旋余地和准备必要的交易筹码，对最终达成成交价格和实现既定的利益目标具有不可忽视的作用。

②还价起点要接近成交目标，至少要接近对方的保留价格，以使对方有接受的可能性，否则太低的话对方会失去交易兴趣而退出谈判，或者己方不得不重新还价而陷入被动。

（2）还价起点确定的参照因素

①报价中的含水量。价格磋商中，虽然经过讨价，报价方对其报价作出了改善，但改善的程度各不相同，因此，重新报价中的含水量是确定还价起点的第一项因素。对于所含水分较少的报价，还价起点应当较高，以使对方同样感到交易诚意；对于所含水分较多的报价，或者对方报价只作出很少的改善，便千方百计要求己方立即还价者，还价起点就应该低，以使还价和成交价格的差距同报价中的含水量相适应。同时，在对方的报价中，会存在不同部分含水量的差异，因而，还价起点的高低也应有所不同，以此可增加还价的针对性并为己方争取更大的利益。

②成交差距。对方报价与己方准备成交的价格目标的差距，是确定还价起点的第二项因素。对方报价与己方准备成交的价格目标的差距越小，其还价起点应当较高；对方报价与己方准备成交的价格目标差距越大，还价起点就应较低。当然，不论还价起点高低，都要高于己方准备成交的价格，以便为以后的讨价还价留下余地。

四、磋商中之让步

在商务谈判磋商阶段，对己方条件做一定的让步是双方必然的行为。如果谈判双方都坚持自己的阵线不后退半步，谈判永远也达不成协议，谈判追求的目标也就无法实现。谈判者都要明确的要求的最终目标，同时还必须明确为达到目标可以或愿意作出哪些让步，做多大的让步。让步，体现了谈判者用主动满足对方需要的方式来换取己方需要的精神实质，是磋商交易阶段重要的事情。以什么方式、什么时间让步并不容易把握。因为让步直接牵涉到利益的问题，所以，在让步时应做到通盘考虑。

1. 让步的原则

（1）不要做无谓的让步，每次让步都是为了换取对方在其他方面的相应让步。

（2）让步要恰如其分，使己方较小的让步能给对方以较大的满足。

（3）在己方认为重要的问题上要力求对方先让步，而在较为次要的问题上，根据情况的需要己方可以考虑先作让步。

（4）不要承诺作同等幅度的让步。例如，对方在某一条款项目上让步 60%，而己方在另一项目上让步 40%。假如对方说:“你也应该让步 60%。”,则己方可以其他理由来拒绝他。

(5)作出让步时要三思而行,不要随随便便、掉以轻心。谈判者要知道,每一次让步都实实在在地包含着己方的利润损失或者成本增加。

(6)在价格上做了不妥的让步,那就该当机立断,可以寻找理由借口推倒重来,以免错过时机。

(7)使对方觉得己方让步不是件轻松的事,这样对方就会珍惜所得到的让步。

(8)一次让步的幅度不要过大,节奏不宜太快,应做到步步为营。因为一次让步太大会使人觉得己方这一举动是处于软弱地位的表现,会建立起对方的自信心,让对方在以后的谈判中掌握主动。

2. 让步的时机

让步时机有三个:

(1)以退为进

经过双方较量,己方已有收获,即对方已有让步,如果己方想再有所收获,则需作出让步,此时应退。

(2)无理则退

经过论战,己方理不如人,并且已难说服对方让步。此时若不退,就会大损形象,故此时己方应退。

(3)全局需推动力时退

当双方僵持太久,厌战、失望情绪充斥谈判间,谈判人员心情烦闷,而谈判需有结果,不越过眼前障碍则危及将来成果时,需主动考虑退。不过,主动出手时要慎选出手的项目与条件。原则上注重效果,不注重出手分量。再对方把某些妥协作为前提,如有“不同意 X 问题,其他免谈”、“我方已让到头了,贵方不让步,谈判无法进行”等说法时,出手条件可能会具有相当分量。此时,可以考虑拖延出手时间。拖延的目的是等到有明确相关条件后再谈,相当于在次要问题上进几步后再出大手笔,以平衡出手分量。

【小资料 5-6】 改变付款方式

M 公司是 G 公司的原材料供应商,双方已经有了多年的合作关系,相互配合比较融洽。今年石油涨价,引起了 M 公司的成本大幅度提高。现在又到了两公司每季度供应价格谈判的时候,根据惯例,M 公司的报价按石油涨价的比例幅度提高了供应价格。但 G 公司不同意涨价,要求维持原来的价格。通过多轮磋商,没有进展。M 公司销售部负责该项目的经理和市场部进行了仔细研讨,发现 G 公司最近的资金流有问题,应收账款放大得很快。M 公司作为战略合作伙伴,不能坐视不管。因此,在谈判中主动提出改变付款方式。从原来预付30%货款,改成预付20%的交易方式。这样减轻了G公司的现金压力,同时使其资金周转加快。方案提出后,G公司没有提出任何异议,并很快接受了因石油涨价而引起的原材料涨价的事实。

(资料来源:仰书纲.商务谈判理论与实务.北京:北京师范大学出版社,2007.1)

【想一想】 M公司和G公司为什么可以达成协议?

分析提示:在M公司和G公司的谈判磋商中,卖方并没有把谈判焦点只放在价格上,而是找出G公司不接受涨价的原因,从其他方面给予买方优惠,使双方能顺利达成协议。这也提示我们价格条款是和其他条款有内在联系的,当价格谈判陷入僵局时,聪明的谈判者应学会在其他条款上适当作出让步,从而推动谈判的顺利进行。

5.3.4 交易达成阶段

随着磋商的不断深入,谈判双方在越来越多的事项上达成共识,彼此在立场与利益等方面的差异逐步缩小,交易条件的最终确立已经成为双方共同的要求,此时采购谈判将进入交易达成阶段。

一、交易达成阶段应遵循的原则

1. 力求尽快达成协议

谈判成交阶段是谈判者最容易出问题的阶段。俗话说,夜长梦多,已商讨过的内容和条件如果不尽快以协议的形式取得双方的共识,有可能会反复磋商。谈判的成果要靠严密的协议来确认和保证,协议是以法律形式对谈判成果的记录和确认。所以,在交易达成阶段的首要目的就是尽快将以取得的谈判成果达成协议,取得双方的确认,加强双方责任感。

2. 尽量保证已取得的利益不丧失

经过长时间紧张的谈判,谈判者认为谈判已大功告成,紧张的情绪松弛下来,此时的精力已不充沛,注意力很容易分散,判断很容易出现差错和漏洞,给谈判留下隐患。谈判对手也有可能对自己磋商阶段的让步反悔,所以在最后阶段,要尽量保证已取得的利益不丧失。

3. 争取最后的利益收获

通常,在双方将交易的内容、条件大致确定,即将签约的时候,精明的谈判人员往往还要利用最后的机会,争取最后的一点收获。在成交阶段取得最后利益的常规做法是:在签约前,突然提出一个小小的请求,要求对方再让出一点点。由于谈判已进展到签约的阶段,谈判人员已付出很大的代价,也不愿为这一点点小利而伤了友谊,更不愿为这点小利重新回到磋商阶段,因此,往往会很快答应这个请求,尽快签约。

二、交易达成阶段的任务

1.最后的总结与起草备忘录

在谈判快结束时，双方已对多方面的内容和条款进行了协商，达成了共识。此时，有必要就整个谈判过程、谈判内容作一次回顾，以便最后确认双方在哪些方面达成了一致。对于那些没有达成共识的问题是否有必要作最后的磋商与妥协。即使最小的谈判也不可能只面对单一的问题，特别是大型谈判遇到的是大量需要解决的问题，而且内容面广，又那么具体，如果不进行回顾和总结，在起草合同时，双方或一方往往会不断推翻以前的结论，不断提出新的意见。所以，在最后阶段，应对所谈论的各项内容做一个双方意见的总结，并将意见以备忘录的形式记录下来，给参与谈判的各方过目。如果各方对备忘录的内容没有异议，则可起草谈判合同或协议了。如果谈判最终没有对具体的细节达成协议，也可以将双方某些已达成一致意见的原则性的问题用备忘录的形式记录下来，以作为下一次谈判参考的资料。

总结中经常会遇到两种情况：

(1)谁来总结

为了自身的利益，双方都愿意主动来总结，这就需要协商了。总结的一方会主动考虑各种提法和用词，另一方可不能掉以轻心，即使没有参与总结，但对每句话、每个词都要认真对待，防止出现遗憾。

(2)反悔

到了总结的时候，一方或者双方都可能出现反悔，当然全盘否定的情况很少，但对其中某个问题或几个问题的否定是经常发生的。反悔的一方会提出各种理由来说明以前的结论有问题，需要重新考虑。这种情况下往往会引起争论和辩解，大多数的结果是再一次进行协商，谈判计划重新安排。

综上所述，总结是很艰难的一个环节，但又是必须经过的一环。如果没有做好总结，双方的协议就无法顺利地签订。

2.草拟谈判合同或协议

在各类采购谈判中，都需要签订书面合同，书面合同由哪一方草拟并无统一规定，但在我国涉外采购谈判中，习惯上都争取由我方负责草拟。参加谈判的业务人员必须具备草拟合同的知识和技能。在实际货物买卖谈判中，书面合同往往采用我方或对方印好的现成格式加以填写。

3.审核合同并签字

正式合同文本书写完毕后，谈判双方就应进行正式签字，但签字前应该进行审核。其主要内容包括：

(1)合法性审核。

(2)有效性审核。它包含两层含义，一是双方谈判者有无签署合同的全权，二是合同内容有无互相矛盾或前后否定之处。

(3)一致性审核。即审核合同文本与谈判内容的一致性。

(4)文字性审核。即审核合同文字是否严谨、准确地表达了谈判内容。

(5)完整性审核。即审核合同条款是否有任何遗漏或省略,不能以心领神会、交情友谊来代替合同条款。审核合同时,为保证合同审核的有效性,应有2、3人进行,以便互相检验,并且反复审核若干次,确保万无一失。签署前的审核应当双方同时进行。

其次,签字时应注意签字人的权限。通常合同签署者必须是企业法定代表人或被授权的企业全权代表,授权证书应由企业法定代表人签发。若主谈者具有此两种身份中之任何一种,可直接签署合同,反之,则应由企业法定代表人签署,或取得充分授权后签署合同。合同附件多为业务性的实施细则或技术细则,一般由企业业务部门负责人或技术部门负责人签署,不宜由企业负责人包揽。

5.3.5 谈判后的管理

一、谈判总结

谈判结束后,不管是成功还是破裂,都要对过去的谈判工作进行全面、系统的总结。谈判结束后的总结工作往往被人们所忽视,实际上它对于搞好今后的谈判工作是十分必要和非常有益的。谈判结束后的总结应包括以下内容:

(1)我方的战略。包括谈判对手的选择、谈判目标的确定、谈判小组的工作作风等。

(2)谈判情况。包括准备工作、制定的程序和进度、采用的策略和技巧等。

(3)我方谈判小组的情况。包括小组的权力和责任的划分、成员的工作作风、成员的工作能力和效率以及有无进一步培训和增加小组成员的必要性等。

(4)对方的情况。包括工作作风、小组整体的工作效率、各成员的工作效率和特点、所采用的技巧和策略等。

二、关系维护

合同签字并不意味着交易双方关系的了结,相反,它表明双方的关系进入了一个新的阶段。从近期来讲,合同把双方紧紧的联系在一起;从远期来讲,该次交易为今后双方继续合作奠定了基础。因此,为了确保合同得到认真彻底地履行,以及考虑到双方今后的业务关系,应该安排专人负责同对方经常性地联系,谈判者个人也应和对方谈判人员保持经常地私人交往,使双方的关系保持良好的状态。

三、谈判资料的管理

对谈判的资料,包括总结材料,应编制成客户档案,善加保存。这样,在今后再与对方进行交易时,上述材料即可成为非常有用的参考资料。

在保存资料的同时,还应就有关资料的保密工作进行恰当的安排。如果有关谈判的资料,特别是关于本方的谈判方针、策略和技巧方面的资料。如果被对方所了解,那么,不仅为对方在今后的交易中把握我方的行动提供了方便,而且也可能直接损害目前合同的履行和双方的关系。

【小资料 5-7】 谈判的结束

在某项重大的技术改造项目中,我方有部分工程项目初步确定与A国和B国合作。当我方认为应当结束实质性谈判时,A国和B国的外商在工程的总造价上坚持不让步。于是,我方经过反复商议,决定提前出访我国香港,考察由C国负责的我国香港同类工程。我国香港的这个工程是至今世界上经营得最成功的。由于我方访问我国香港,而C国方面又对我方表现出相当的热情与兴趣,因此一直关注这一切的A国和B国终于按捺不住了,预感到如再不做出最后让步就要失去这个项目了。于是,A国负责这个项目的总经理先是打电话给我方要求安排会谈,而后又带了三个人赶到我国香港准备和我们接触。而B国公司也派了两个人紧急来港,并一再要求会见我方代表,我方则多次以日程安排得紧张为由予以婉拒。最后,我方代表在离港前才在机场大厅单独与A方代表会见。A国和B国唯恐项目被C国抢去,很快以优惠条件主动提出签约条件。

(资料来源:http://www.tradesky.net/index.html)

【想一想】 我方是如何促使谈判结束的?

分析提示:我方通过到香港考察,引入第三方,激起A公司和B公司的竞争欲望,从而能够促成交易尽快达成,并且也保住了我方的既得利益。

J 技能训练

模 拟 谈 判

背景资料

M牛奶公司拥有几处奶牛场。该公司在某市有两个客户,即A公司及其竞争对手B公司,这两家公司都是牛奶配送公司,拥有众多订户。M牛奶公司以瓶装牛奶向两公司供货。此时,另外一家鲜奶农场也想把产品打入某市,并已与A公司接触,其所报奶价比M牛奶公司便宜10%。并且,该农场在该市郊区已有少量零散订户。

A公司一方面觉得农场的奶价比较便宜,另一方面,又怕农场以直接向用户供奶的方式与自己竞争,所以正在考虑是否与其签约。

鲜奶农场的弱点:场址距市区较近,位于该市北边21英里处。如不在市区附近新建冷藏装瓶厂则直接向用户供奶一时还难以做到。

M牛奶公司在该市有几所转运站，A公司可就近从转运站提货。转运站都是凌晨4时开门，能保证A公司在上午7时以前将鲜奶送到订户门口。要是零星买奶的人多，公司的汽车即使再拉一趟也不会误事。这是向鲜奶农场订货所做不到的。因为距离毕竟有21英里之遥。

但鲜奶公司较低的奶价可使A公司每月增加收入6万元。

一、训练目标

让学生熟悉谈判流程，熟练运用谈判技巧

二、训练步骤

1. 将学生以4～6人一组分组，各小组分别代表A公司和M公司。

2. 布置题目：(1)A公司如果要和M牛奶公司重新签订合同，应如何与之谈判？

(2)A公司应如何与鲜奶农场进行谈判？

3. 进行模拟谈判。

三、注意事项

老师可简要讲解谈判要点，指导学生进行谈判规划。

四、考核方法

总分：100分。

其中：自我介绍：10分。

语言和礼仪：30分。

谈判策略与技巧：50分。

整体评价：10分。

C 案例分析

通用继电器生产线交易条件的谈判

中国A公司和日本B公司谈判引进B公司高频调谐器生产线的交易。B公司有位专务——X本部长随谈判组到北京参与谈判。双方谈判人员在北京就技术条件、技术费、专家指导费、生产设备清单、设备费、技术服务条件、技术服务费等进行了深入的谈判。对技术条件达成了一致，对设备清单、技术服务内容基本上说清了，也无太大的分歧。当双方谈判到技术费和专家指导费时，分歧很严重。B公司认为A公司不重视其技术和人才，十分气恼。设备费也谈不下去，中途停下，B公司谈判组决定回国。A公司主谈做了一些解释工作，但也没阻拦B公司谈判组回国，只是提出，临行时给他们安排送别宴会，若可能，届时请来其上司与B公司话别。B公司主谈及领导表示同意。

晚宴上，A公司领导热情介绍了各种中国菜的特色，说一些笑话，逐一向每位B

公司谈判成员敬酒，说他们辛苦了，并与B公司领导交流双方公司的经营情况、个人爱好等，气氛十分融洽。席到尾声，A公司领导说："天下没有不散的筵席，我知道贵方因为谈判分歧大，准备回国。不知临走之前，我还能帮助你们做些什么？"这时，B公司领导对A公司主谈贬低其技术和人才的做法表示不满。A公司领导说："我的理解是技术性的问题都谈清了，双方理解没问题，只是在评价上有分歧是吗？"B公司X本部长说："是的。"A公司领导说："如果是这样，说明双方还是互相尊重的，这里有误会，可以解决，不必以一走而明志，这样更解决不了问题。"B公司X本部长说："我们也是抱着交易的诚意来的，贵方人员一意贬低我方，就难以往下讨论了。互相理解、体谅地商量事情，我们也愿意啊。"听到这儿，A公司主谈想了想，很宽松、随和地说："X本部长，请您听一下，看我的理解对不对。到目前为止，技术条件、生产设备选型、技术规格、数量、专家人数、时间、转让的技术内容已谈完，原则上没有太大分歧。技术费、设备费、技术指导费均讨论过，双方也有一定的改善，设备费分歧较小，技术费和专家指导费分歧较大。如果解决分歧大的问题，贵我双方也就成交了。"X本部长说："您归纳得很好，目前谈判形式的确如此。"A公司领导说："若如此，我认为贵方一走了之太可惜了。况且，双方合作可以解决技术专家指导费和技术费。这样，专家指导费我方做些让步，技术费请贵方让点。交易成功了，也算做广告，将来多做合同，再多赚钱。X本部长，您看如何？"X本部长沉默了一会，表示："好，就按您的意思办。"A公司领导举起酒杯又敬了中日两个谈判组成员一杯："剩下的事拜托各位去谈，有什么问题，我愿意随时来。"

B公司人员留下了，次日接着谈。A公司对专家指导费做了让步，B公司降低了技术费，设备费双方互让一步，成交了。

资料来源：高建军，卞纪兰. 商务谈判实务. 北京：北京航空航天大学出版社，2007.6

思考题

(1)A公司的领导和主谈者在宴会上的说话起到了什么作用？

(2)你从中受到什么启发？

E 自测练习题

一、选择题

1. 在采购谈判中，良好的开局气氛的特点是（　　）。

A. 尊重对方　　B. 友好合作　　C. 自然轻松　　D. 积极进取

2. 报价的原则是（　　）。

A. 合理制定开盘价　　B. 避免主动评论

C. 报价应严肃、果断、清晰　　D. 报价后即主动评论

3. 在磋商过程中，还价的基本要求是(　　)。

A. 做好准备　　B. 步步为营　　C. 统筹兼顾　　D. 做好保密

二、判断题

1. 在谈判过程中为了赢得对方的同情和理解，往往要将让步的真实原因向对方讲清。

2. 谈判中必须据理力争，不能让步。

3. 日式报价术是将最低价写在目录表上，以引起买家的注意。

4. 谈判的资料，包括总结材料，应编制成客户档案，善加保存。

5. 报价时应争取先报价。

三、简答题

1. 谈判开局阶段的基本任务是什么?

2. 是否先报价应考虑哪些因素?

3. 磋商阶段谈判人员要掌握什么原则?

4. 交易达成阶段的主要目标有哪些?

第6章　采购合同管理

教学目的和要求

1. 了解采购合同的特征、功能及分类方法。
2. 掌握采购合同的内容。
3. 了解解决合同争议的几种方法。
4. 熟悉采购合同的几种管理方法。

关键词汇

合同　采购合同　采购合同管理

引导案例

如何确定合同条款?

A厂在过去的两年中多次向B厂供应密封毛条,累计价款1195万余元。双方每次供货、提货时,均记载了毛条的数量和价款,但是,始终未签订书面采购合同,也未约定付款的具体期限。其间,A厂曾多次向B厂催收部分货款,但未提出清偿全部货款及利息的要求。与此同时,双方间供、提毛条的业务仍在继续进行,B厂在提货时也曾多次向A厂支付过部分货款。至今,两厂间仍有590余万元货款未结清。A厂遂向法院提起诉讼,要求B厂清偿全部货款和利息,并赔偿其经济损失。

分析本案例中,如果A与B签订了合同,那么A该如何在合同中规定相关条款从而能够保护自己的利益。

在采购的过程中,采购合同作为一个重要的采购文件,规定了采购方与供应商的权利与义务。对于采购工作的顺利执行起到着重要的保障作用,因此采购合同管理也就成为采购管理中的一项不可或缺的内容。

6.1 采购合同概述

6.1.1 采购合同的概念与特征

合同又称契约,英文中称为"contract"。《中华人民共和国合同法》指出:合同是指平等主体的自然人、法人、其他组织之间设立、变更、终止民事权利义务关系的协议。

采购合同是一种经济合同,是法人之间为实现一定的经济目的,明确相互的权利义务关系而签订的书面契约。它具有以下法律特征:

一、合同是平等当事人之间意思表示一致的民事法律行为

首先,合同是双方或多方当事人的合意行为,需要有两个或两个以上当事人一致的意思表示,才能成立。只有一方当事人的意思表示,或者各方当事人虽都有意思表示,但相互间意思表示的内容不一致,合同都不能成立。合同当事人缔结合同的意思表示,应当是自己的自由意思,不得予以强制或者欺诈、胁迫。任何违背当事人真实意思表示的行为,都不能成立合同。

其次,合同当事人在合同中法律地位平等。无论当事人具有哪国国籍,无论是法人还是公民,无论其所有制形式和经济实力如何,也无论其行政级别的高低,在合同中法律地位一律平等,即当事人之间应以平等民事主体地位协商订立合同,任何一方不得把自己的意志强加于其他方。

再次,合同是一种法律行为,其维系着当事人的法律关系。合同制度是一项重要的民事法律制度,合同的法律行为使签订合同的双方当事人产生一定的权利义务关系,受到国家强制力的保护。合同依法成立即具有法律约束力。任何一方不履行或不完全履行,都要承担经济的或者法律的责任。

二、合同是以设立、变更、终止权利义务关系为目的

首先,合同的目的在于设立、变更、终止民事权利义务关系。即当事人依法成立合同后,便在他们之间产生了民事权利义务关系。

其次,合同的目的性具有因果关系。合同即以设立、变更、终止民事权利义务关系为目的,其必然会发生相应的民事法律后果。因此,不发生任何法律后果,不涉及当事人之间权利义务的协议不是合同。

三、合同的债权债务必须相互对应

首先,合同必须有相应的债权和债务,这是合同的内容的特征,并且债权债务相互对应,不可能出现只有债权而没有债务的合同,也不可能出现只有债务没有债权的合同。

其次，债权和债务在当事人之间是对应的，一方享有的债权，必然是另一方当事人的债务；一方负有的债务，必然是另一方当事人享有的债权。在当事人之间，利益总是处于对立的状态，债权和债务相互对立。

四、合同是合法的法律行为

这就要求当事人订立、履行合同时遵守法律、行政法规，尊重社会公德，不得扰乱经济秩序，损害社会公共利益。只有在合同当事人所作的意思表示合法的情况下、合同才具有法律约束力。当事人如果做出违法的意思表示，即使达成协议，也不具有法律约束力。

6.1.2 采购合同的功能

一、证明功能

合同的订立首先确定合同双方未来关系的基础。如果合同双方在其后履行的过程中出现了对协议解释的问题，合同记载的履行双方合约的细节和详细条款得对解决争议是十分重要的，它是解决纠纷的法律依据、发挥着重要的证明功能。此外，对于长期合同关系而言，由于合同记录了双方在签订协议时所达成的共识，双方需要经常能够根据合同文件的规定来履行各自的义务并享受相应的权利，因此合同又发挥着长期证明的功能。

二、约束功能

合同依法订立，即在当事人之间发生法律约束功能，或称是合同对当事人的法律强制功能。首先，这种约束功能是依照法律发生的，国家法律规定，依法订立的合同具有法律约束力，当事人必须履行。其次，约束功能要求合同当事人严格履行合同，这种要求是以国家的强制力作为保障的。当事人不按照合同的约定全面履行，法律将确认这种行为违反法律，并对行为人予以法律制裁，责令其承担民事责任。再次，约束功能还表现在当按照合同的约定履行自己的义务，非依法律规定或者取得对方同意，不得擅自变更或者解除合同。

三、激励功能

合同中激励功能的源泉是甲方支付给乙方的利润或收益。在签订合同时，合同安排的目标是履行合同的乙方在比较满意地履行合同后能够获得较理想的利润或收益，从而保证并能激发乙方在合同的执行过程中认真负责、保质保量地完成任务的积极性，最终实现合同标的物的交付。

6.1.3 采购合同的分类

采购合同有许多种分类标准，一般可分以下几类：

一、按采购内容分类

按采购内容分类可分为：货物采购合同、工程项目采购合同和服务采购合同。按照联合国国际贸易法委员会1994年通过的《贸易法委员会货物、工程和服务采购示范法》第2条的定义:“货物”可指各种各样的物品,包括原料、产品、设备和固态、液态或气态物体和电力;以及货物供应的附带服务,条件是那些附带服务的价值不超过货物本身的价值。“工程”可指与楼房、结构或建筑物的建造、改建、拆除、修缮或翻新有关的一切工作,如工地平整、挖掘、架设、建造、设备或材料安装、装饰和最佳修理,以及根据采购合同随工程附带的服务,例如钻挖、绘图和其他类似服务,条件是这些服务的价值不超过工程本身的价值。“服务”可指除货物或工程以外的任何采购对象。

二、按采购职能的范围和目标分类

按采购职能的范围和目标分类可分为:商业采购合同、政府采购合同和制造业采购合同。商业采购是商业领域为转售而进行采购和储存货物,是以赢利为目的,如批发商、零售商的进货采购等。商业采购中最大的部分是零售贸易采购,它将大宗货物从农场或工厂采购过来然后销售给最终消费者。采购是所有商品零售业组织中极其重要的职能。政府采购是指中央和地方政府以及其他公共服务部门,为提供公共服务而采购,不以转售和赢利为目的。制造业采购是为了制造、加工货物或材料进行采购和销售。采购也是制造业中的重要环节,制成品的大部分成本来自于所采购的原料。

三、按合同支付方式分类

按合同支付方式分类的采购合同,一般可分为:固定价格合同类型(fixed price contract types as a group)、成本加酬金合同类型(cost plus fee contract)(types as a group)和固定工资合同类型(fixed rate contract types as agroup)。由于合同的支付是合同双方关注的焦点,下面着重介绍按合同支付方式进行的合同分类。

【小资料6-1】 某机床厂与某供应商已经达成采购意向,在采购过程中,供应商需要分批送货以及派遣技术人员进行指导,执行此合同长达一年时间。

【想一想】 机床厂在制定合同价格的时候应考虑采用哪种类型合同?

1. 固定价格合同类型

固定价格合同类型具体又可以分为以下几种:

(1)不变固定价格合同(firm fixed price,简称FFP)

不变固定价格合同又称不变价合同,即合同订立的价格在履行中不再发生变化。在不变固定价格合同中,供应方要担保成功地满足合同中的逐项要求,包括在合同期限允许的工作时间内完成供应工作。同时也必须担负圆满完成工作的财务责任。采购方和供应方都无权擅自对合同中规定的价格和进度进行变更。采购方有义务支付主合同中规定的固定价格,但对供应方完成合同工作的实际成本可以不予考虑。

大多不变价格合同是通过竞争性招标确立的,但是由于特定采购项目的性质,有些采购方也可以通过成本分析和谈判与供应方达成不变固定价格合同。

(2)固定价格合同(fixed price contract)

出于价格变更通常是由经济因素引起的,因此固定价格合同有时又称为"带有经济价格调整条款的固定价格合同"(fixed price contracts with economic price adjustment,简称 FPE)。这种合同当出现合同规定的成本和价格因素变动时,就可以对合同价格做出调整。这些因素可以是指数,或者是整个行业领域内的价格水平的变化。这些所选择的因素多为当期合同管理所不能控制的外生变量。这种合同安排的结果是将通货膨胀造成的价格或成本变化风险从供应方转移给采购方。

(3)固定价格再确定合同(fixed price redeterminable,简称 FPR)

固定价格再确定合同是推迟了最终的价格谈判,直到合同已履行到一定程度,履行成本已经明了,可以使双方预测和谈判完成合同所需的最终成本和价格。当通过了谈判确定了价格后,就将更新确定的价格规定在合同中。这种定价安排的主要优点是可以将合同价格推迟做出决定。但其缺点也很明显——谈判管理过于复杂,并且缺乏更有效的措施激励供货方高效率地完成工作。

(4)固定价格努力程度定期合同(fixed price level of effort term contract)

固定价格努力程度定期合同通常限于有限范围内的研究工作。这种合同使供应方工作计划获得确定的预算支持,并且使履行行政监督活动减少到最少。一般采购方对研究者的技术专长和执著精神有高度信心,可以采用这种类型的合同。

2. 成本加酬金合同类型

成本加酬金合同确立的基础是,采购方将补偿供应方在履行合同义务中负担的成本。这种支付形式要求供应方向采购方公开成本记录。例如政府采购,供货方须向政府审计员提供账册记录以便对供应方要求补偿的成本数量进行认证。

成本加酬金类型合同以分为以下几种:

(1)成本加激励费用合同(cost plus incentive fee contract,简 CPIF)

此种合同是双方确定一个完成工作的"成本目标"。低于成本目标时的成本节约和高于成本目标时的成本超支都可以在合同履行完毕时由双方共同分担。虽然这种合同安排在合同订立前没有确定一个封顶价使得执行起来无法确定最大可能的成本预算,但是却在一定程度上能够激励供应商提高工作效率和有效性,从而控制成本的动机。

(2)最高价格限制的目标成本激励合同(target cost incentive with a maximum price)

最高价格限制的目标成本激励合同是为了克服成本加激励费用合同的缺陷,而对目标成本安排引入一个最高限价,这样采购方在合同订立时就可以知道其最大可能的成本预算是多少。

(3)成本加奖励付费合同

成本加奖励付费合同采用奖励付费的定价形式。即采购方需补偿供应方完成工作的成本,并且通常还对供应方完成工作支付一笔最低的固定费用。

一般情况下，只有政府采购机构才使用成本加奖励付费合同，有时工业采购人员也会使用这种合同定价安排来完成某些特定的合同工作。

(4)成本加利润百分比合同

成本加利润百分比合同在日常的工作中简称为成本附加。这种合同的定价安排是以供应方在完成工作和提供服务时所负担的合理成本为基础，再加上按照成本的百分比计算的数额作为利润。

3. 固定工资合同类型

固定工资合同的基本方法是，在合同订立时，确定一个直接从事合同工作人员的补偿价格。比如，如果合同要求进行工程设计，在合同中就规定供应方用于该项工作的每一个人员每小时或每天进行工程设计所付出的工作补偿价格，该固定价格包括基本工资、保险、纳税、工具、监督管理、现场及办公室各项开支以及利润。

固定工资合同类型主要有以下两种：

(1)劳动工时合同

劳动工时合同一般只对供应方投入工作的直接劳动力确定补偿工资。

(2)工时及材料合同

工时及材料合同除了固定工资外，还规定完成特定工作所需要的材料成本。在一般情况下，固定工资合同严格限制中供应方提供材料，但工时及材料合同却提供了这样的一种补偿机制。这种类型一般用于聘请咨询专家或管理代理人。

6.2 采购合同内容

6.2.1 采购合同的通用条款

采购合同的种类繁多，可以根据交易的性质和方式制订不同的条款。一般来说，一份合同由许多条款组成。按照性质的不同可将合同条款分为通用合同条款和专用合同条款两类。采购合同的通用合同条款是合同的最重要的部分，一般不可修改。采购合同的通用合同条款以采购对象的合同各有侧重，主要包括以下内容：

1. 定义

定义，是对合同中专用的基本名词进行解释，以明确其含义；并对合同中出现的英文缩写加以全称的注释。

2. 当事人的名称或者姓名和住所

确定合同的主体，首先应当在合同中确定当事人的姓名和住所。当事人的住所是表明当事人的主体身份的重要标志。

3. 标的物

标的物是采购合同双方当事人权利义务指向的对象。采购合同不规定标的，就会失去目的，失去意义。标的条款必须写明标的物的名称，以使标的特定化。

4. 数量

标的物的数量是确定采购合同标的物的具体条件之一。标的物的数量要确切，应选双方共同接受的计量单位，要确定双方认可的计量方法。标的物的数量属于采购合同成立应当具备的必要条款。

5. 质量

标的物的质量是确定采购合同标的物的具体条件，标的物的质量一般包括两个方面的要求：一是标的物的品种和规格，通常指标的物的型号、批数、尺码、级别等。二是标的物的内在质量，通常指标的物达到的功效，并且不含隐蔽瑕疵、缺陷等。

6. 专利权

专利权是维护知识产权、保护采购方利益的重要条款。它要求供应方保证采购方在所在国使用其货物、服务及任何部分都不受第三方关于侵犯专利权、商标权或者工业设计权的指控。任何第三方如果提出侵权指控，供应方与第三方交涉，并承担可能发生的一切法律责任和费用。

7. 履约保证金

履约保证金是供应方为顺利执行合同项下的义务提供的一种资金担保，目的是避免或减轻由于供应方的违约而给采购方造成的经济损失。

一般规定：供应方应在合同授予通知后 30 天内，按合同条款规定的金额(一般为合同额的 10%)向采购方提供履约保证金。通常情况下，对于简单商品或无质量保证期的货物，供应方在履行交货义务并验收后，采购方应在 30 天内退还保证金。对于有保证责任的货物，保证期不足一年的，在交货验收后将履约保证金的金额减至 5%，保证期满后将履约保证金全部退还给供应方；对于保证期超过一年的，第一年保证期满后履约保证金减至 2%，保证期满后将履约保证金全部迟还给供应方。

如果供应方在执行合同过程中有违约行为并给采购方造成经济损失，采购方有权没收其履约保证金，且无需得到供应的同意。

8. 履行期限、地点和方式

履行期限是有关当事人实际履行合同的时间规定，它可以规定为即时履行，也可以规定为定时履行，还可以规定为一定期限内履行。

履行地点是指当事人依据合同规定履行其义务的场所。在许多合同中，履行地点是确定验收地点、运费由谁负担、风险由谁承担、标的物所有权是否转移、何时转移的依据，也是确定诉讼管辖的依据。对于涉外采购合同纠纷而言，履行地点是确定法律适用的一项依据。

履行方式，是指当事人履行合同义务的方法。例如在履行交付标的物的义务中是一次交付还是分批交付，是交付实物还是交付提取标的物的单证等，都关系着当事人的利益。

9. 价款

价款是采购方取得标的物所应支付的代价，采购合同应当对价款或报酬的数额、币种及不同币种之间的汇率做出明确的规定。价款一般指标的物本身的价款，但因为商业上的大宗采购一般异地交货，便产生了保险费、装卸费、运输费、报关费用等一系列其他费用。这些费用由谁支付，须在采购合同的价款条款中写明。

10. 支付

支付是指供应方向采购方交付标的物后，采购方向供应方支付标的物价款、运杂费和其他费用的方式，为便于支付，合同中应注明双方当事人的开户银行、账户名称、账号和结算单位。对于支付条款，其主要内容是确定付款的时期和付款的方式。

(1)付款的时期

付款时期一般分三种：一是交货前付款，指签订合同后即付款。这种方式大多用于零星采购。机械设备采购及一般合同中的约定预付金也属此类。二是交货时付款。这种方式一般用于国内现货采购，在国际采购中的即期信用证付款也属此类。三是交货后付款。国内采购常用此法。国际采购中的远期信用证付款或分期付款也属此类。

(2)确定付款方式

在国际采购中大多采用非现金结算即使用代替现金作为流通和支付手段的信贷工具来进行支付。支付的方式可分为三大类：汇付、托收和以信用证方式付款。

11. 包装

标的物的包装有两层含义：一是放置标的物的容器，一般称为包装材料；二是包装标的物的操作过程。在采购合同中明确约定包装的方式，包括包装材料、装潢、包装费用承担等内容。除国家规定由采购方提供的以外，包装物由供应方提供，运输包装上的标记由供应方印刷；包装费用由供应方负担，不得向采购商另外收取。如果采购方有特殊要求的，双方应在合同中约定：其包装费用超过原定标准的，超过部分由采购方负担；其包装费用低于原定标准的，相应降低产品价格。

12. 运输

运输条款是采购方与供应方就货物的运输方式、交货时间、装运地和目的地，能否分批装运和转运等问题达成协议，并在合同中加以具体、明确的规定。

(1)运输方式的选择：规定选择海洋运输、铁路运输、航运运输、公路、内河、小邮包运输、集装箱运输还是国际联运方式进行货物运输。

(2)选定装运货物时间。可以规定具体的装运时间，也可以规定在收到信用证或信汇、电汇、票汇后某一时间装运。

(3)确定起运地和目的地。确定起运地和目的地时要具体明确注意装卸地的设施及条件以及地名有无重名等问题。

(4)确定是否分批装运和转运。一般来说，允许分批装运和转运对供应方有利，国际惯例和各国合同法中对有关分批装运转运的做法和规定不一，因此在合同中应明确合同双方协商做出的选择。

13. 检验标准和方法

采购合同应对检验标准、检验期限、依据以及对标的物质量和数量提出异议和答复的期限做出明确的规定。为确保供应方所交货物与合同相符，采购方有权在不增加额外费用的条件下对货物进行检验。若经检验货物与合同不符，采购方可拒收，供应方应负责免费更换和修理。

14. 保险

在货物的保险到岸价的合同中，保险合同以供应方的费用订立；而在出厂价格合同中，则是由采购方以自身的费用投保或以自身的费用委托供应方投保。保险合同的受益人都是采购方；保险的货币应是合同货币或合同的采购方接受的其他可自由兑换货币；投保的险种至少为一切险。

15. 合同的修改

合同的修改是指由于情况发生变化或有新的采购要求，合同的一方当事人提出对合同条件的改动，合同的修改必须由合同双方同意签字，并分送有关各方。

16. 违约责任

违约责任，是指违反有效的合同义务而承担的责任。违约责任是促使当事人履行债务，使非违约方免受和少受损失的法律措施，直接关系着当事人的利益。合同对此应予以明确规定。选择和解、调解、仲裁或者诉讼来作为采购合同违约责任的处理方式。

17. 不可抗力

不可抗力是指出于供应方无法预测或预见的、非供应方过失的意外情况造成的误期，采购方不应没收供应方的履约保证金，收取损失赔偿金或因其违约终止合同。意外情况发生后，供应方立即将意外情况的原因、证明材料书面通知采购方，并且供应方在合理范围内应继续履行合同。

18. 合同使用的文字及其效力

合同使用的文字及其效力，是涉外采购合同及不同语言当事人之间的重要条款。在涉外采购合同中双方当事人应就合同所使用的文字及有关合同的全部通讯及文件所使用的文字做出明确的约定。

19. 合同的生效条件

合同生效通常是以满足以下一种或几种情况为条件：

(1)主管部门对合同的批准；

(2)采购方收到供应方提交的履约保证金；

(3)采购方取得进口许可证或供应方取得出口许可证;

(4)双方授权代表的签字。

6.2.2 采购合同的专用条款

【想一想】 试分析,以下几种商品的采购合同所需要考虑的专有条款有什么不同?

(1)玻璃器皿;(2)某大厦建筑工程;(3)某软件工程系统。

采购合同的专用合同条款是依据每一个采购项目的特殊情况和特殊要求而做出的特殊规定,其中主要作用是使通用合同条款中的某些条款根据合同需要进一步具体化。专用合同条款要与通用合同条款相吻合,以货物采购项目为例,专用合同条款的主要内容有:

(1)供应方向采购方提供的履约保证金金额的具体规定。

(2)采购方检验和测试货物方法与地点的具体规定。

(3)在制造、运输、贮存与交货过程中,为防止货损、货差必须办理有关保险的具体规定。

(4)采购支付方法、条件、支付货币以及供应方完成合同规定的义务后,所应开具的发票和单据的具体规定。

(5)有关改变费用和调整价格与价格调整公式的具体规定。

(6)供应方逾期履约和逾期损失赔偿的具体规定。

6.2.3 采购合同的签订

采购方在合同谈判结束后,应按上述内容和形式完成一个完整的合同文本草案,并经供应方授权代表认可后正式形成文件。供应方代表应认真审核合同草案的全部内容,要反复核对其是否正确,是否符合双方谈判时达成的一致意见,对谈判中增减或对原合同修正的部分是否已经明确地表示清楚。尤其对数字要核对无误。当双方认为满意并核对无误后,由双方代表草签,至此合同谈判阶段即告结束,供应方应及时准备和递交履约保证金或履约担保,准备正式签署采购合同。

合同正式签字前,供应方要对准备签字的正式文本与草签的文本再重新核对。合同签订的过程,是当事人双方相互协商并最后就各方的权利、义务达成一致意见的过程,签约是双方意志统一的表现。合同协议书中采购方和供应方的法定代表人,或其授权委托的全权代表签署后合同就具备了正式生效的条件。

合同签订之后,供应方应按规定及时递交履约保证金或履约担保,并要求采购方退回投标保证金。同时,如果有约定预付款,供应方还应递交预付款保证金,以争取早日获得预付款,做开工准备工作。在签订合同协议书并收到供应方的履约保证金后，采购方应尽快将投标保证金退还供应方。

6.3 采购合同管理

6.3.1 采购合同管理的意义

采购合同的管理对合同的双方都是十分重要的。合同的管理直接关系到采购项目实施是否顺利，合同双方各自自身的利益是否能得到保护，是否能最终实现自己的目标效益。因此，对采购合同实行科学有效的管理有着十分重要的意义。

6.3.2 采购合同管理的方法

通过大量实践经验的总结，做好采购合同管理工作，最重要的就是合同双方在已熟悉合同条款的基础上，要明确各自的责任和义务，并采用严密的合同管理手段，从而将合同履行中可能遇到的漏洞、扯皮、责任交叉等现象事先加以防范。

一、明确各方的责任和义务

1. 采购方的主要责任与义务

(1)提供采购清单。

(2)按合同支付有关款项。

(3)协助供应方办理相关手续，并协助供应方解决在商品供应过程中出现的问题。

(4)在发生供应方违约的情况下，负责处理中止、终止或撤销合同等事务。

(5)解决合同中的纠纷，如需对合同条款进行必要的变更，需要与供应方协商并取得一致意见。

2. 供应方的主要责任与义务

(1)在合同规定的时间内提交采购合同要求的商品。

(2)制定供应计划并保证其稳妥性、可靠性和安全性。

(3)在供应过程中遇到不可抗力的特种情况下，应及时的通知采购方。

(4)在有需要检测、安装及售后服务的商品采购中，应配合采购方进行相关的作业。

二、严密的管理手段

采购合同管理工作，既要有明确的责任分工，又要有一系列严密的行之有效的管理手段，包括严格的审批程序、规范的现场会议制度，以及健全的合同文件管理系统。

1. 严格的审批程序

进行合同管理，就必须按照惯例指定出各个条款中所规定的报批程序和审查批复的时限，如若不然，就会构成不同程度的违约。任何无理拖延都是不允许的，都有损于履行合同的严肃性。

2.规范的现场会议制度

在合同管理中,现场会议是采购方和供应方做好合同管理的一种有效措施。

第一次现场会议的任务是介绍工程师和供应方的班子人员与办事机构,制定行政例行程序,检查开工前的各项准备工作,陈述供应方的工程进度计划等。而例行现场会议是供应方开始供应后定期召开的现场会议,其任务是解决供应过程中的有关进度、质量、费用以及延期、索赔等问题。第一次现场会议和例行现场会议都必须有正式的会议议程,会议要做详细的记录,记录一旦被双方认可,就成为正式文件,对双方均有约束力。

3.健全的合同文件管理系统

采购合同是合同管理的基础工作之一,也是合同管理中的重要环节。合同签署后,管理合同的负责人应马上派专人建立自己的文件管理系统,尽快开始所有合同文件的整理分类和归档工作。有些项目管理者招标阶段就着手做此工作,这样就为以后的合同文件管理工作打好了基础。

合同文件管理系统建立之后,要建立严格的接收和发出合同文件的登记和借阅制度。不允许随意将任何文件私自带走,也不能在查阅时打乱文件原来存放的顺序。为了稳妥,可以将所有正式签署的合同文本拷贝一份。作为"阅视件",当合同管理人员或者其他人员需要查阅合同文本时,只允许查"阅视件"。合同文件在一个采购项目中都属于机密文件,任何泄密都有可能给项目带来不可弥补的损失,所以要特别注意合同文件的保密问题。

合同文件上主要包括以下内容。

(1)招投标阶段文件:全套招标文件、标书释疑、投标人发来的信函、标书的补遗、评标文件等。

(2)正式合同文件:包括合同协议书、中标函、投标书、合同条件、规范、图纸、标价的工作量表以及所有辅助资料表和附件等。

(3)会议纪要:采购项目在实施的全过程中作为最主要的交流方式是合同双方召开的多次会议。所有这些会议都要让会议结束时形成会议纪要,这些会议纪要都市非常重要的合同文件,是协调合同各方行动和解决端的主要依据。

(4)来往信函。在采购活动的整个过程中,供应方和采购方的信函具有合同文件的效力,是合同支付、结算索赔及解决双方之间争端的重要依据。

(5)合同管理报表。在采购合同管理中,建立健全各类合同管理报表。

6.3.3 采购合同的违约责任与索赔

一、违约责任

违约责任是指当事人违反合同约定应承担的民事责任。违约责任制度作为保障债务履行和债权实现的重要措施，是在债务人不履行债务时，国家强制债务人履行债务和承担法律责任的表现。

1. 违约责任的几种基本形式

(1)不履行。不履行是指采购合同签订后，当事人在合同履行期限内完全不履行合同义务的行为。

(2)不适当履行。不适当履行是指在合同履行期限内当事人有履行合同的行为，但履行行为不符合合同的约定，如履行的标的物的数量或质量的不适当，履行的地点或方式不适当等。

(3)延迟履行。延期履行是指履行合同的期限晚于合同规定的期限。供应商供货不及时就会造成采购方生产不能按时完成。

2. 承担违约责任的方式

(1)继续履行。也是指当事人一方不履行合同义务或履行合同义务不符合约定，不论是否已经承担赔偿金或者违约金责任都必须根据对方的请求，在自己能够履行的条件下继续履行合同义务。

(2)采取补救措施。它主要适用于质量不符合约定的情况。受损害方根据标的性质以及损失的大小，可以合理选择要求对方承担修理、更换、重做、退货、减少价款或者报酬等违约责任。

(3)赔偿损失。赔偿损失的范围可由当事人双方自行约定，也可由法律直接规定。在法律没有特别规定和当事人没有另行约定的情况下，应按完全赔偿原则赔偿全部损失。

(4)违约金。它是指由当时人通过协商预先确定的。在违约发生后作出的独立于履行行为以外的给付。违约合同具有惩罚的性质，即当事人违约，不论其是否给对方造成经济损失都必须支付上述违约金。

(5)定金。如前所述，在当事人设立了违约定金的情况下任何一方不履行合同都将承担定金责任。

二、索赔

索赔，是采购合同履行过程中合同当事人的一方，由于非自身负责的原因而造成合同义务外的额外费用支出，从而通过一定的合法途径和程序，向合同当事人另一方要求予以某种形式的补偿活动。

1. 索赔的类型

(1)按索赔的对象可分为施工索赔和商务索赔。

(2)按索赔发生的原因可以分为违约索赔、变更索赔、采购方变化引起的索赔、工程暂停索赔、不利自然条件和客观障碍引起的索赔、合同缺陷索赔以及其他原因引起的索赔。

2. 索赔程序

索赔的提出一般都会在合同当事人之间产生不同看法。要想索赔成功，提出索赔的一方必须遵守索赔程序。索赔一般要按以下几个步骤进行：

(1)提出索赔要求。提出索赔的一方，在索赔事项发生的28天内以书面信件正式向另一方发出索赔通知书。

(2)保存好同期记录。索赔事项发生后，提出索赔的一方要保存好当时的有关记录、以便作为证实材料。

(3)提供索赔证明。在索赔通知发出后的28天内，提出索赔的一方应提交一份说明索赔依据和索赔款项的详细报告。

(4)索赔支付。当提出索赔的一方提供的详细报告使另一方确认应偿付索赔款额时，另一方应在合同的支付期间向对方支付索赔款额。如果提出索赔的一方所提供的详细报告不足以证实全部索赔另一方应按照以证实并令人信服的那部分索赔的详细资料给予提出索赔一方部分索赔付款。

3. 索赔报告的编写

一个完整的索赔报告书一般包括4个部分：

(1)总论部分，该部分要概括地叙述索赔事项的日期、过程，提出索赔要求的一方为减轻损失而做的努力，索赔事项造成的额外费用或工期延长天数以及提出索赔的要求。

(2)合同引证部分。其主要目的是论述提出索赔要求的一方有索赔权。该部分主要内容是该采购项目的合同条件以及采购项目所在国有关的索赔法律规定及类似的索赔案例，以论述自己索赔要求的合理性。

(3)索赔款额计算部分。此部分是以具体的计价方法和计算过程说明提出索赔的一方应得到的经济补偿款额。

(4)证据部分。证据部分通常以索赔报告书的附件形式出现，它包括该索赔事项所涉及的一切有关证据资料以及对这些证据的说明。

总之，合同管理人员要想索赔成功，必须审视索赔报告的编写。使索赔报告充满说服力、逻辑性强，符合实际，论述准确。使对方感到合情合理，有理有据。

6.3.4 采购合同的变更、中止和解除

【小资料6-2】 2008年1月，位于北方的A公司从南方B公司处购得一批化学仪器，双方签订了采购合同，并且约定由B公司负责陆路运输至A公司，而当时正值南方下雪，道路中断。

【想一想】 A公司应该如何处置该采购合同？

一、合同的变更

合同的变更就狭义而言，是指在保持合同主体同一性的前提下，对合同内容所作的改变。即合同依法成立后，在尚未履行或者尚未完全履行之前，当事人通过协商对合同内容所作的修改或者补充。合同的变更可由合同双方的任一方提出。在货物采购中一般合同的变更多由采购方提出。采购方根据有关法律规定可以对合同提出某些条款进行修改。

如果变更使供应方履行合同义务的费用或时间发生变化，合同价与交货时间应公平调整，同时相应修改合同。供应方进行调整的要求，必须在收到采购方变更指令后 30 天内提出。

二、合同的中止

合同中止是指在采购过程中采购方发现供应方存在欺骗、贿赂、提供假证明等行为时，为了保护采购方的利益，在完成调查或法律审查之前根据充分的证据而实行的一种紧急措施。

对合同的中止应根据有关法律和合同条款规定实施。构成合同中止的原因一般主要有以下几种情况：

(1)供应方或企业为获得某一合同而犯有诈骗或刑事犯罪；

(2)犯有贪污、偷窃、伪造、贿赂等罪行；

(3)投标人提供假证明书；

(4)违反有关报价的不正当竞争；

(5)有商业道德不诚实记录，这种过错有可能严重影响现在合同人履约；

(6)其他性质严重或恶劣影响合同履行的原因。

中止合同决定的做出应遵循以下的原则：

(1)应采取明示的方式，给予合同人解释说明和辩护的机会。

(2)应立刻用信函方式通知另一方，并告之中止的原因，以及中止合同会产生的后果等有关事项。

(3)在中止期内有关方须尽快完成调查，否则中止将被取消。

三、合同的解除

合同的解除实际上是不履行合同所规定的义务。引起合同的解除情况一般有三种：

(1)因违约行为而解除合同。例如供应方不按照合同规定履行义务，比如交货不符合规格，不能按合同规定日期交货至指定地点等。在这种情况下，一般做出解除合同的决定前，采购方应尽可能根据合同的具体规定，给予供应方补救机会，如通过罚款、赔偿相关损失、修补等补救措施. 争取继续执行合同。

(2)由于采购人的原因导致合同解除。在这种条件下供应方可以要求采购方赔偿其损失。

(3)双方同意解除合同。由于各种特殊或紧急情况在合同履行中可能会要求解除合同。出现这种情况时最好的办法是采购方和供应方共同协商,在有关合同解除条件上达成一致。

四、合同的终止

《合同法》所称采购合同的权利义务终止,又称采购合同的终止或采购合同的权利义务消灭,是指由于某种法律事实的出现而使得采购合同当事人之间已经存在的权利,义务关系不复存在。

采购合同的权利义务终止的原因,也就是前面所讲的采购合同权利与义务终止的法律事实。对此《合同法》第九十一条规定,有下列情形之一的,合同的权利义务终止:

(1)义务已经按照约定履行;

(2)合同解除;

(3)债务相互抵消;

(4)债务人依法将标的物提存;

(5)债务人免除债务;

(6)法律规定或者当事人约定终止的其他情形。

采购合同终止的方法包括:

(1)采购合同清偿;

(2)合同解除;

(3)合同的撤销;

(4)采购合同的提存;

(5)采购合同的债务免除;

(6)采购合同的债权债务混同。

6.4 采购合同的签订程序

6.4.1 签订合同的审核

采购项目谈成、合同文本拟定好后,在正式签字前,应做好两件事:

一、审核合同文本

核对合同文本的一致性。合同文本一式几份,其内容和形式要相同,不能一份一样;文本内容要简明扼要,措词严谨,要能准确表达出谈判的所有协议条件。

二、审核批文

要核对各种批件,如项目批文、许可证等是否完备,以及合同内容与批件内容是否一致。这一核对过程对供货方来说尤其需要,因为有些项目如没有批文或者许可证，就不能生产经营。

这种签约前的审核工作相当重要，因为合同文本与所谈条件不一致的情况时有发生，有的是无意的，有的甚至是故意的，如不认真核对，必然造成经济纠纷。审查文本务必对照原稿，不要只凭记忆阅读审核。

审核中发现问题，一般应及时互相通告，并立即纠正，做正规化处理。不要在打印好的原稿上随手改动便当作正式文件，最好在改动的基础上再从新打印几份，有些问题可能比较复杂，还需要双方再进行一次谈判，这时双方要进行互相谅解，根据需要可在调整签约时间，不要因此造成误会，对审核中可能发现的问题，思想上要早作准备，态度上要积极诚恳，行动上要干脆利落，以免重新陷入对垒的泥潭。

6.4.2 签字确认

在采购谈判签约之前，还要认真确认签字人。一般来讲，签字人应该是谈判双方的法人代表，或受其委托的代理人，否则该合同为无效合同。如签字双方彼此不熟，还要提供能证明其法人代表身份的有关资料。若有委托代理人签字，除了出示由法人代表签发的授权委托书外，还要提供证明法人代表身份的有关资料。

6.4.3 签订仪式

为了表示合同的不同份量和影响，合同的签字仪式也不同。一般采购合同的签订，只需要谈判双方的法人代表签字即可，在谈判地点、宾馆饭店处都行，仪式可从简。重大合同的签订，由领导出面或需领导签字时，仪式比较隆重，要安排好签字仪式，仪式简繁取决于双方的态度。有时需专设签字桌，安排高级领导会见对方代表团成员等。

6.4.4 合同有效性的审核

一、审核合同条款

正式合同签订以后，双方还要再次认真仔细的核对一遍。再次审核合同条款是否完备，是否准确的表达了双方的意愿，是否可能存在歧义。

二、审核签章

审核签字人员是否按规定签字盖章。如果签字人签的不是自己的真实姓名，或签字人单位没有按要求加盖公章，这样的签字是无效的。如供货方是个体老板，以个人名义签订合同，则应清楚地写明住址、身份证号等有关信息，防止出现经济纠纷时找不到当事人。

本章篇首案例结论：

本案中，A、B 两厂间，双方对彼此间存在着业务往来意思表示真实，内容合法，所供标的物及标的数量、价款记载一致的口头采购毛条的事实均予以认可。双方虽未以书面形式签订采购毛条的合同，也未就毛条的供货时间、付款方式、供货方式等做出约定，但因双方对所供标的、标的数量等均无异议，根据我国《合同法》第 12 条的有关规定精神，已经具备了合同成立的必备条件，且双方对采购毛条及数量、价款等意思表示是一致的，因此，应认定双方间口头采购毛条的合同成立，双方虽未就合同的付款期限做出约定，但并不影响合同的成立。A、B 两厂可在履行合同中，就付款的期限，通过再次协商的方式弥补不足。如双方协议不成，A 厂仍可随时向前付款义务人——B 厂，主张权利，要求清偿。

J 技能训练

采购合同管理

一、训练目标

熟悉采购合同的组成，清楚合同的主要条款以及必要条款；能够独立根据具体情况起草采购合同；熟悉合同发生争议时解决争议的方法与途径。通过培训养成思维严谨、熟知合同法的相关知识。提高依法、依据合同处理问题的能力。

二、训练准备

1. 将学生分成 5～6 人一组。

2. 查阅下列资料：

(1)《合同法》相关内容。

(2)《民法通则》相关内容。

(3)《经济法》相关内容。

(4)解决合同争议相关办法与规定。

(5)采购合同管理的相关书籍。

3. 寻找一份可以作为参考的合同范文。

设定好相关的案例背景，如某某公司欲采购某项产品的采购计划，让学生寻找一份与相类似的成型的采购合同加以研究。

三、训练步骤

1. 根据查阅的资料，列出我国对采购合同的相应要求与规定。

2. 根据查阅的资料，列出我国对于合同争议的有关民事诉讼的相关规定。

3. 根据查阅的资料，列出我国对于有关贸易关系的相关规定以及用经济手段解决纠纷的相关要求。

4. 研究企业背景，分析供应商具体情况，找出在执行合同过程中可能出现的问题。

5. 根据上述的基本要求，结合案例特点，制定出符合案例背景的合同，以及提供出关于合同争议的解决方法。

四、注意事项

1. 资料的查阅范围要广泛，内容要全面，在调查收集资料时要做到认真细致。

2. 研究案例背景时要结合实际情况，找出可行办法，切忌纸上谈兵。

五、考核方法

合同管理技能训练考核表

被考评人				
考评地点				
考评内容	采购合同的拟定			
考评标准	内容	自我评价	教师评价	综合评价
	查阅的资料范围广泛性			
	合同的内容是否全面、翔实			
	合同格式是否标准			
	合同是否适用案例背景			
	争议解决途径是否有效可行			
该项技能能级				

注：1. 综合评价：以教师评价为主，自我评价作为教师对学生初期能力参考条件。

2. 能级标准：

①级标准：在教师指导下，能部分完成某项实训作业或项目；

②级标准：在教师指导下，能全部完成某项实训作业或项目；

③级标准：能独立地完成某项实训作业或项目；

④级标准：能独立地又快又好地完成某项实训作业或项目；

⑤级标准：能独立地又快又好地完成某项实训作业或项目，并能指导其他人。

六、课外训练

1. 统一购买采购合同案例集，同时联系关系企业提供现实案例。

2. 布置学生就案例中出现的问题进行分析、总结并提交分析报告。

C 案例分析

拟定采购合同

广州某大学于2008年3月预计采购宿舍用家具2000套以供新学期(9月1日)使用，通过竞争性谈判采购，选择本省某木质产品加工厂为供货方，双方于当月达成采购意向：由该木制品加工厂作为供货方提供校用家具，供货方负责送货、安装、调试，价格：200元/套。采购方先预付合同总金额5%的货款作为履约保证金，剩余货款在供货方安装、调试完毕后一次付清。在谈判过程中的谈判文件、报价文件以及成交确认书都作为采购合同的附件。

现请你根据本案例背景，代表采购方草拟一份家具的采购合同。

E 自测练习题

一、选择题

1. 合同的主要功能是(　　)。

A. 证明功能　B. 约束功能　C. 激励功能　D. 控制功能

2. 按采购内容，合同可以分为(　　)。

A. 商品采购合同　B. 工程采购合同　C. 服务采购合同　D. 货物采购合同

3. 以下是采购合同的主要条款的有(　　)。

A. 专利　B. 标的　C. 运输　D. 不可抗力

4. 违约责任有以下的(　　)基本形式。

A. 不履行　B. 不适当履行　C. 延迟履行　D. 错误履行

二、判断题

1. 当采购方发现供应商违反有关报价的不正当竞争行为，可以终止采购合同。

2. 定金是指由当事人通过协商预先确定的，在违约发生后作出的独立于履行行为以外的给付。

3. 全套招标文件、评标文件等在招标工作结束后就可以公开文件处理，以供查阅。

4. 只有当双方授权代表签字时，合同才生效。

5. 采购合同是采购方与供应商之间的合意行为的法律依据。

三、简答题

1. 采购合同的概念、特征和功能是什么?

2. 采购合同的作用是什么?

3. 采购合同的违约责任有哪几种基本形式？承担违约责任的方式有哪些？
4. 采购合同的索赔程序是什么？
5. 如何进行采购合同的变更、中止、解除和终止？
6. 采购合同的履行应当坚持哪些基本原则？
7. 采购合同的签订程序是什么？

第7章 招标采购

教学目的和要求

1. 理解招标采购的概念和基本方式；
2. 掌握招标采购的操作步骤；
3. 理解几种常见的评标方法。

关键词汇

招标　投标

引导案例

小陈的迷茫

小陈是政府采购办公室去年刚招进来的研究生，小伙子聪明又踏实，工作热情很高，颇得采购中心主任老冯的欣赏。

最近，政府采购中心接到一项任务，区人民法院要采购一批 IT 设备，包括：服务器系统（服务器、配套操作系统及双机集群软件）；网络系统（交换机）；附属配套设备（电脑和激光打印机等）以及相关软件，金额高达 600 万。老冯"钦点"小陈加入此次的采购项目组，并负责采购的主要组织工作。这项任务让小陈很兴奋。

问题是小陈没有采购经验，本次采购采用什么采购方法？如何操作？注意事项是什么？小陈心中没有底。而项目组成员七嘴八舌，有人说根据《政府采购法》以及本省的公开招标限额，这个项目肯定要公开招标。有人说根据采购物品的特点，这个项目应该采用邀请招标采购。还有人说，根据市场特性，直接找合格的供应商议价采购就可以，速度快，又节约成本。甚至，有人直接向小陈推荐自己熟悉的供应商。

这让小陈很是头疼，他们大多数说得都有道理，可是，又没有充足的理由排除哪一个。他多么希望有个人给他一个全面指导呀！你能够给他提供什么帮助吗？

7.1 招标采购概述

招标是一种特殊的交易方式和订立合同的特殊程序。在国际贸易中，目前已有许多领域采用这种方式，并已逐步形成了许多国际惯例。从发展趋势看，招标与投标的领域还在继续拓宽，规范化程度也在进一步提高。

招标采购作为现代社会常用的一种采购形式，对于大额采购非常有效。联合国采购项目中大多是通过招标采购进行的，我国《政府采购法》将招标采购作为主要的采购方式，许多企业团体也都将招标采购作为杜绝采购腐败的良好方法。

7.1.1 招标采购的概念

招标采购是指采购方发出公告或邀请书，邀请潜在的供应商参与竞争，从中选取合适供应商，并与其签订合同的采购过程。

在招标采购中，采购方的行为叫招标，因此，采购方又叫招标方；供应商的响应行为叫投标，所以，响应的供应商又叫投标方。招标与投标是一个过程的两个方面，分别代表了招标采购的采购方和供应方的交易行为。

7.1.2 招标采购的特点

招标采购与普通采购方式不同，不需要通过讨价还价来实现，暗箱操作、情感交易的现象基本可以避免，人们用“公开、公平、公正”形容它是很贴切的。

一、编制招标、投标文件

在招标投标活动中，招标人必须编制招标文件，投标人据此编制投标文件参加投标，招标人组织评标委员会对投标文件进行评审和比较，从中选出中标人。因此，是否编制招标、投标文件，是区别招标与其他采购方式的最主要特征之一。

二、招标程序规范、公开

在招标投标活动中，整个采购过程的每个环节都有严格的程序、规则，这些程序和规则具有法律拘束力，当事人不能随意改变。采购过程的透明性很强，需要公开发布投标邀请，公开开标，公布中标结果，投标商资格审查标准和最佳投标商评选标准要事先公布，采购法律也要公开。美国采购学者亨瑞芝将招标程序的公开性比喻为“如在金鱼缸中”(in a goldfish bowl)，人人都可洞察一切。

三、招标过程公平、竞争

招标就是一种引发竞争的采购程序，是竞争的一种具体方式。招标的竞争性充分体现了现代竞争的平等、信誉、正当和合法等基本原则。招标作为一种规范的、有约束的竞争，有一套严格的程序和实施方法。通过招标程序，可以最大程序地吸引和扩大投标人的竞争，从而使招标方有可能以更低的价格采购到所需的物品、服务或技术信息，更充分地获得市场利益，有利于采购经济效益目标的实现。

在招标采购中，所有符合条件的供应商都可以参加投标，并且地位一律平等，不允许对任何投标商进行歧视；评选中标商应按事先公布的标准进行，不可更改。这些措施既保证了招标程序的完整，又可以吸引优秀的供应商来竞争投标。

四、一次成效

在一般的交易活动中，买卖双方往往要经过多次谈判后才能成交。招标则不同，在投标人递交投标文件后到确定中标人之前，招标人不得与投标人就投标价格等实质性内容进行谈判。也就是说，投标人只能一次报价，不能与招标人讨价还价，并以此报价作为签订合同的基础。

当然，招标采购也不是没有缺点。由于招标采购费时较长，投资较多，限制了这种采购方法的使用。有时，通过招标采购甚至可能买到价格高的商品，而且不一定买到性能最好的商品。因此，要根据实际需求理性选择招标采购方式。

7.1.3 招标采购的基本方式

世界各国及有关国际组织的有关采购法律、规则，都规定了公开招标、邀请招标和议标三种招标方法，作为通用的招标采购的基本方式。

一、公开招标

公开招标就是以招标公告的方式，邀请不特定的供应商参与投标，从中选取最理想供应商中标，并与其签订协议进行采购。其中，招标公告必须在报刊、网络或其他媒体上公开发布。

公开招标又称为竞争性招标，是招标采购的主要形式。采用公开招标，所有合法的投标者都有机会参与竞争，提高了招标的竞争性。不过，如果商品的市场竞争性不足够强，采用公开招标方式不足以吸引供应商。另外，公开招标用时较长，不适合需求比较急促的采购。

根据招标公告的覆盖范围，公开招标又分为国际竞争性招标和国内竞争性招标。

1. 国际竞争性招标

国际竞争性招标是指在世界范围内进行的招标，国内外合格的投标商均可以投标。这种招标方式要求制作完整的英文招标文件，在国际媒体上刊登招标公告。

国际竞争性招标的竞争激烈，对需求有客观的衡量标准，采购程序客观公正。因此，采购方在质量、价格、服务等方面可以获得更好的采购条件，有利于引进先进的设备、技术和管理经验。

但是,国际竞争性招标的招标文件制作复杂,工作量大,费时较长,一般需要半年到一年时间。而且,国际竞争性招标的采购费用相对较高。因此,企业应根据采购特点,确定是否选择国际竞争性招标。

2. 国内竞争性招标

国内竞争性招标是指只在国内媒体上刊登广告的招标方式,这种招标方式同样允许外国公司参加投标。

一般来说,国内竞争性招标使用范围主要是,合同金额较小(世界银行规定一般50万美元以下)、采购品种比较分散、分批交货时间较长、劳动密集型、商品成本较低而运费较高、当地价格明显低于国际市场等。

二、邀请招标

邀请招标又称为有限竞争性招标或选择性招标,是竞争性招标的辅助形式。是指以投标邀请书的方式,邀请特定的供应商参与投标。

邀请招标不使用公开的招标公告,接受邀请的单位才是合格投标人。被邀请的供应商数量有限,一般为3到10个。

这种招标方式比较节约招标时间和招标费用,但是,也限制了充分的竞争。一般对于采购标的较小,潜在的投标人较少,需要在较短时间内完成的采购,采购价格波动较大的商品的采购比较适用于邀请招标。

例如,世界上只有少数几个国家生产鱼粉,供应商数量较少。采购鱼粉时,如果采用国际竞争性招标,将会导致无人投标的结果发生。若采用国际公开招标后无人投标,再改为邀请招标,就会影响招标的效率。所以,采购鱼粉的招标只能采用国际有限招标。

三、议标

议标也叫做谈判招标或限制性招标,是采购方与供应商通过谈判来确定中标者,并与其签订合同进行采购。议标包括直接邀请议标、比价议标和方案竞赛议标三种方式。

1. 直接邀请议标

直接邀请议标是指采购方直接邀请某一企业单独协商,达成协议后签订采购合同的采购形式。这种采购方式,与一家协商不成换一家,直到达成协议。

2. 比价议标

比价议标是指采购方将采购要求送交选定的几家企业,要求他们在约定的时间提出报价,招标单位经过分析比较,选择报价合理的企业协商,达成协议,签订合同的采购形式。

比价议标兼有邀请招标和协商的特点,一般适用于规模不大、内容简单的工程和货物采购。

3. 方案竞赛议标方式

方案竞赛议标方式是选择工程规划设计任务的常用招标方式。是由招标人提出设计的基本要求和投资控制数额等，投标人提出规划或设计的方案，招标人邀请有关专家组成的评选委员会选出优胜单位并与其签订合同的采购形式。这种招标方式要求对未中选的参审单位给予一定补偿。

【友情提示】

议标是在非公开状态下，采取一对一的讨价还价的谈判方式，不便于公众及行政监督管理，容易产生钱权交易，弊端较多。因此，国际上对此方式有许多严格限制。我国的《招标投标法》已经取消了“议标”的招标方式。

7.1.4 招标采购的基本程序

招标采购具有规范的程序，不可违规操作。综合说来，招标采购具有五大基本程序，既招标、投标、开标、评标与定标、签订合同。采购方与供应商均应在基本程序的框架内进行工作，不得超出基本程序另搞一套。

7.2 招标准备

招标采购是一项复杂的工作，需要做好充分的准备工作。

7.2.1 采购立项与计划

由于通过招标采购的项目都是大项目，因此，需要进行采购立项。只有经过立项，落实了采购资金的项目，才能进入实质性采购环节。

立项后的采购项目，应根据采购的需要，编制严密的采购计划，并将采购计划转化为采购预算。以保证按时在资金控制范围内采购到企业所需要的资源。

7.2.2 成立项目招标委员会

项目招标委员会是招标采购的组织领导机构，一般由主管领导、纪检监察部门、财务、采购部门、使用部门的领导组成。负责招标工作的领导、指导、审查和监督工作，确定招标组织方法、评标条件、评标方法，制定标底，解决项目招标中遇到的各种问题，具体指导招标工作的开展。

对于国际招标，招标委员会应由国家主管部门组织，聘请工程、商务、外汇、法律等各有关方面的专家组成。

项目招标委员会下设招标办公室，招标办公室通常设在企业的采购部。主要是根据招标委员会的决定，负责招标工作的具体组织和落实。如果是企业自行招标，招标办公室需负责《招标文件》的编写、发售，投标函的登记、接受，开标场所的联系、布置，评标委员会的组建，开标、评标原则的确定，并参与评标的全过程，以及合同的签署。

7.2.3 确定招标组织方法

招标委员会依据企业的人才结构及采购项目的难易程度，确定是由采购企业自己组织招标活动，还是将招标活动委托给专业的招标机构进行。

采购企业自行招标，要求企业必须拥有相应的专业人员，具有独立编制招标文件和有效地组织评标的能力。对自愿招标的项目，招标人自行招标的，不需备案。依照法律必须进行招标的项目，招标人自行办理招标事宜的，应当向有关行政监督部门备案。备案制度不是一种事先审批的制度。

采购企业不具备自行招标条件的，应委托具有相应资格的招标代理机构代理投标，并向招标办提交招标代理委托合同。

一、招标人的条件

招标法规定，招标人必须具备下列条件：

(1)具有独立的法人资格；

(2)采购人员经过相关采购培训；

(3)招标项目的资金或资金来源已经落实。

二、招标代理机构

招标代理机构属于中介服务组织，是经国家招标投标管理机构认证，具有招标资质的组织。招标代理机构接受采购方委托，代表采购方行使招标权利，并按照国家规定向委托人或中标人收取一定的服务费。

委托招标函结构见表 7-1。

7.2.4 确定招标方式和评标方法

招标委员会依据企业项目需求及市场的特点，从公开招标、邀请招标和议标三种招标基本方式中选取一种合适的招标方法，确定招标的具体阶段，制定评标标准和评标方法。

常用的评标方法一般有最低评标价法、寿命周期成本法、综合因素法、投票表决法等。

一、最低评标价法

最低评价法是指以价格为主要因素确定中标候选供应商的评标方法。即在全部满足招标文件实质性要求的前提下，依据统一的价格要素评定最低报价，以提出最低报价的投标人作为中标候选供应商或者中标供应商的评标方法。

最低评标价法需要对一些非关键的技术、商务条款的偏离，按一定的比例折算成投标报价，然后将投标报价和所有偏离所换算出的价格相加之和称作评标价，以评标价最低的投标人作为中标人。最低评标价法又称为最低投标报价法,或经评审的最低评标价法。

投标报价由成本加利润组成,成本部分不仅是设备、材料、产品本身的价格,还应包括运输、安装、售后服务等环节的费用。成本有特定的计算口径,利润为合理利润。

最低评标价法适用于标准规格统一的商品及通用服务项目,这些需求的特点是质量容易达到要求,供应容易得到满足。因此,价格就成为评标的主要因素。

委托招标函 表 7-1

湖北华傲咨询公司:

我单位现有以下项目需要委托你公司代理招标。具体内容见下表:

单位名称			
单位地址			
委托项目名称			
建设项目地点			
资金来源		委托方代表	
招标方式		总投资额(万元)	
招标实施日期	年 月 日	招标完成日期	年 月 日
中标服务费		支付方	
经办人		联系电话	
传真		登记编号	
报审日期			
备注			

本委托函一式二份:一份委托单位,一份招标代理机构。

委托单位

(签名、盖章)

日 期: 年 月 日

【小资料 7-1】 某企业采用最低评标价法的评分办法

某企业在进行招标采购中,依据采购形式及采购对象的特点,采用最低评标价法选择供应商。具体评分办法如表 7-2 所示

评标价格要素及分值、权值、评分标准 表 7-2

评标价格要素	价格权值	总分	评分标准
质保期	2%	10	超过招标文件要求半年得 1 分,一年得 3 分,一年半得 6 分,二年得 10 分
交货期	1%	5	交货期短于招标文件要求的,每少 7(或 10)天得 1 分;最高得 5 分

续上表

评标价格要素	价格权值	总分	评分标准
售后服务期	2%	10	免费售后服务期限超过招标文件要求一年得1分，二年得3分，三年得6分，四年得10分
备品备件及专用耗材优惠	5%	20	备品备件比投标报价明细表每下降一个百分点得1分；单位(工作量)耗材价格由低到高顺序排列，其中第一名得5分，第二、三、四、五名依次各递减1分，第六名以后不得分
对投标产品及投标人的评价	5%	10	产品质量好、服务优、投标人实力强的得10分，每欠缺一项扣4分
自主创新、节能、环保产品	12%	20	自主品牌产品得5分；投标产品列入国家自主创新产品目录得10分；列入节能产品目录得5分，列入环保产品目录得5分，投标产品本身属于回收利用资源加工制作的，得3分；投标产品出自不发达地区或少数民族地区的或者属于中小企业生产的，各得__2__分；投标人或所投产品按规定享受其他国家政策支持、扶持的，由投标人提供相关法律法规依据，每项加__2__分 按照产品单位能耗指标由低到高顺序排列，第一名得2分，第二名得__1__分，第三名得__0.5__分，第四名以后不得分；按照产品使用过程中产生的环境污染物指标、回收利用难易程度等进行环保综合性能排列，第一名得2分，第二名得__1__分，第三名得__0.5__分，第四名以后不得分 各项目得分可以累加，最高20分

注：除自主创新、节能、环保等政策性加分因素外，评标价格因素的权值不高于20%且单项因素的价格权值不得高于5%。

（本资料来源于 http://www.zjzfcg.gov.cn/powercms/display/）

1.最低评价法的适用情况

最低评标价法一般适用于下列几种情况：

(1)标的物技术含量不高且与其他物品关联度不强的招标；

(2)制造有标准、市场成熟的商品；

(3)单价较低、数量很大、科技含量偏低的仪器设备；

(4)采购项目很多，单价较低的设备；

最低评标价法能够充分体现价格竞争的优势，但在一些情况下，从确保采购质量而言，采用最低评标价法要慎之又慎。使用最低评标价法，在招标文件中的关键技术参数和商务条款方面，要规定强制标准条款，这样，通过设置一定的门槛，把握一定的尺度，将质量不过关但价格很低的产品拒之门外。

2.采用最低评标价法的优点

最低评标价法具有以下优点：

(1)可以最大限度节约采购资金。

(2)减少评标的工作量。从最低价评起,评出符合中标条件的投标时,高于该价格的其他投标便无须再评,因此,节约了评标时间,减轻了评标工作量。

(3)减少评标工作中的人为因素。由于定标标准单一、清晰,因此,简便易懂、方便监督,能最大限度地减少评标工作中的主观因素。

(4)有利于引导企业加强内部管理。企业自主报价,合理低价者中标,使企业靠自己的真正本领在市场上竞争,自我经营、自我发展,这是市场经济的内在要求。

招标投标和竞争定价给企业带来的外部压力,能促使企业革新改造,注重技术进步,提高管理水平,降低成本,以适应市场经济优胜劣汰的竞争法则。

【想一想】 最低评标价与最低报价是什么关系?如果投标人的报价低于成本怎么办?

二、寿命周期成本法

寿命周期成本法是指通过计算采购项目有效使用期间的基本成本来确定最优标的一种方法。具体方法是在标书报价上加上一定年限内运行的各种费用,再减去运行一定年限后的残值,寿命周期成本最低的投标为最优标。

采购厂房、生产线或设备、车辆等在运行期内的各项后续费用(如,零配件、油料、燃料、维修等)很高的资源时,采用寿命周期成本法比较合适。

【小资料 7-2】 该买什么空调?

某酒店旧大楼改造,准备采购一批空调。数量为:1.5 匹分体式空调 86 台,3 匹的柜机 10 台。在买新式变频空调还是老式定速空调方面,采购部争执部下。有人说,变频空调价格太高,以 1.5 匹分体式空调为例,变频空调比定速空调每台要高 400 元;也有人说,变频空调比定速空调好,特别是在节能方面效果突出。但是,具体哪种空调更加合适,谁也说服不了对方。

后来,采购员小张查到一个资料:“业内专家计算发现:按照目前我国居民使用空调的平均时间计算,使用节能 30%的变频空调,每台变频空调较之同匹次的定速空调每年至少节约 250 元‘耗电’费用。全国范围来计算,节省的能耗费用就将数以千亿元计。发达国家极其重视变频技术在节能方面的应用,欧美等发达国家普及率已达 60%以上,在日本,变频空调比例更是高达 99%。”

【想一想】 按照空调使用寿命为八年核算,该酒店买新式变频空调与买老式定速空调相比,哪种更加合算?请用数据说明。

三、综合因素法

综合因素法是指在最大限度地满足招标文件实质性要求前提下，按照招标文件中规定的各项因素进行综合评审后，以评标总得分最高者作为中标候选人的评标方法。综合因素法又称作综合评估法、综合评价法及综合评分法，其实质就是打分法。

采购项目不同，涉及的因素及各因素的权重也不同。一般分为价格、商务、技术三大因素。为了突出强调各因素的影响情况，一般又细分为质量、价格、供应能力、信誉、供货前置时间、服务等项目。

综合因素法一般实行百分制评分。货物项目评分三大因素占百分制的权重分值为：价格因素权重不低于 45%，商务因素权重为 10%～20%，技术因素权重为 45%～35%。服务项目评分三大因素占百分制的权重分值为：价格因素权重为 30%，商务因素权重为 15%～25%，技术因素权重为 55%～45%。以上商务、技术因素权重具体随价格因素权重调整而作相应调整。

1. 综合因素法的操作步骤

(1)确定采购项目的影响因素。

(2)确定各因素在评标中所占权重。权重一般通过专家法取得。

(3)由评标委员会对各投标标书打分。

(4)计算各投标标书的综合得分，总分最高的投标为最优标。

综合评分法在设置评分标准时，注意把握一定的尺度和价值取向。一般说来，技术分的设定要遵循合理细化的原则；商务分的设定要遵循对产品比较成熟、价格比较敏感的采购项目，可提高商务分的比重，以体现价格优势；对技术复杂、配置要求高的采购项目，应提高技术分的比重，以保证采购质量。

$$\text{评标总得分}=F_1\times A_1+F_2\times A_2+\cdots\cdots+F_n\times A_n$$

式中：$F_1,F_2,\cdots,F_{\mathrm{n}}$——各项评分因素的汇总得分；

$A_1,A_2,\cdots,A_{\mathrm{n}}$——各项评分因素所占的权重，且 $A_1+A_2+\cdots+A_n=1$。

2. 综合评分法的优点

(1)在各大品牌竞争中，可以保证采购到价格性能都比较适中的货物。

(2)针对有些市场价格不太透明、产品设计理念不同、不同品牌之间的投标价格无法相互比照的货物，可以通过公式计算来调整出相对合理的基准价，再计算出各投标单位的价格分。这样以便采购到既符合采购人对货物的技术要求，又价格适中的货物。

(3)一些市场价格透明度高、产品较成熟、价格较低的普通货物，通过规定计算的价格分显示：报价越高的，分数越低；而报价低的，则分数较高，就越有竞争力。这样能采购到比市场上普通价格更优的货物，体现出政府采购的优势。

3. 综合评分法的主要适用范围

当采购项目的影响因素较多时，依据单一因素难以确定中标方时，一般采用综合评分法评标。例如，我国《公路工程施工招标投标管理办法》指出，高速路、一级路、技术复杂的特大桥梁、特长隧道工程等适合采用综合评分法。

四、投票表决法

投票表决法是指在所有供应商的投标都符合要求但又难以确定最优标时，由评标委员会委员投票，获得多数票的投标为最优标。

此外，“性价比法”和“双信封评标法”，也被一些企业所使用，由于不具有普遍性，这里不再赘述。

7.2.5 制定标底

制定标底也是招标委员会的一项重要工作。招标委员会要依据市场供求关系、生产成本及产品的科技含量等，还要通过项目概算，最终确定合适的采购价格水平，亦称为“标底”。标底是招标委员会掌握的底牌，是绝对保密的。

7.3 招　　标

企业确定招标组织方法后，无论是自己招标，还是委托招标，招标工作就进入实质性阶段。具体分述如下：

7.3.1 编制招标文件

招标文件是招标人向投标人提供的，为进行投标工作所必需的文件。招标文件是招标采购的指导性文件，是投标、评标和签订采购合同的依据。因此，编写招标文件是招标采购的关键环节，招标文件的编制水平直接影响到采购的质量。采购方应重视选择招标文件的编写人，慎重确定相关条款。

招标文件由投标邀请书、投标人须知、招标需求、购销合同、投标文件格式及附件等几部分构成。

一、投标邀请书

投标邀请书是招标人邀请供应商参与投标的邀请函件。函件中指明文件编号，招标项目名称及性质，投标人资格要求，招标文件的获取方式，投标地点及截止时间，投标保证金，开标时间、地点等项目。

【小资料 7-3】　投标邀请书

来源于http://info.hqu.edu.cn/sbc/buy/bid_notice/投标邀请书

华侨大学采购中心(招标人)受华侨大学土木学院(采购人)的委托，对华侨大学土木学院材料力学综合实验设备及服务采购项目进行竞争性谈判采购，现邀请符合资格条件的供应商前来投标。

1　采购编号:HDCG20071127

2　采购项目名称、数量、服务及交货期:详见"华侨大学土木学院材料力学综合实验设备及服务采购一览表"。

3　投标人条件:

3.1　具有本次采购货物经营权的独立企业法人。

3.2　注册资金为人民币50万元或以上。

3.3　是货物的制造商或代理经销商。

3.4　有能力为本项目提供完善的设备维修及维护服务。

3.5　具有良好的商业信誉和健全的财务会计制度。

3.6　有依法缴纳税收和社会保障资金的良好记录。

3.7　参加政府采购活动前三年内,在经营活动中没有重大违法记录。

3.8　法律、行政法规规定的其他条件。

4　递交投标文件截止时间:2007年11月27日下午3:00时(北京时间),不符合《采购文件》的规定或逾期收到的投标文件恕不接受。

5　开标时间:2007年11月27日下午3:00时(北京时间)

6　递交投标文件及开标地点:华侨大学物资采购中心

7　采购单位联系方式:傅老师 0595-××××××××

8　《采购文件》的获取:

8.1　参加谈判的供应商从即日起可发送电子邮件到 buy@hqu.edu.cn 索取《采购文件》,电子邮件中请务必注明索取文件的项目名称、采购编号、公司名称、联系人、联系电话。

8.2　参加谈判的供应商也可在工作日期间,北京时间每天下午3:00～11:30时、下午3:00～5:00时,按下述地址到华侨大学物资采购中心索取《采购文件》。

招标人:华侨大学物资采购中心

地　址:福建省泉州市华侨大学施良侨科技实验大楼2楼

邮政编码:××××××　　　　联系人:傅老师　金老师

电　话:0595-××××××××　　　　传真:0595-×××××××××

开户银行:中行泉州分行华大支行

银行账户:×××××××××××××××××××

收款人:华侨大学

华侨大学物资采购中心

二〇〇七年十一月十九日

华侨大学土木学院材料力学综合实验设备及服务采购一览表

采购编号：HDCG20071127

合同号	项目名称	技术要求	单位	数量	参考厂家及型号
1	材料力学综合实验装置	详见采购文件	套	4	天津大学力学工程实验中心 江苏联能

注：1. 交货时间安排：在2007年12月20日前货物应交付使用。

2. 交货地点：华侨大学厦门校区。

【小资料7-4】 招标公告

依据余姚在线http://new.yyon.cn/选编

招标公告

××招标投标中心受×××公司的委托，就“×××××项目”公开招标采购，现将有关注意事项公告如下：

招标编号：CG 08-012

一、招标人：××招标投标中心

二、采购人：×××公司

三、本次招标内容：×××××项目

四、投标人资格：

参加本次投标的供应商应具备以下条件：

(1)具有良好的商业信誉和健全的财务会计制度；

(2)具有履行合同所必需的设备和专业技术能力；

(3)有依法缴纳税收和社会保障资金的良好记录；

(4)参加采购活动近三年内，在经营活动中没有重大违法记录；

(5)法律、行政法规规定的其他条件；

(6)具有投标产品的供应能力、能满足招标文件规定的配送和服务要求，并有良好的工作业绩和履约记录；

(7)有良好的履约和售后服务能力，并配有较强的技术队伍，提供快速的售后服务；

(8)具有×××经营许可证；

(9)企业地址在×××××范围内；

(10)具有×××等必须的生产设备，能满本采购生产要求。

五、公告及报名时间、地点：

公告时间：2008年7月4日

报名时间:2008 年 7 月 4 日至 7 月 14 日(节假日除外)上午8:00～11:30,下午1:30～5:00

报名地点:×××××投标中心(××市××路××号)812 室

六、报名时应提交以下资料:

(1)经有关部门年检通过的有效企业营业执照(副本)原件及加盖公章(投标人公章,下同)的复印件一份;

(2)经当地税务部门确认的上年度企业纳税情况(国、地税证明原件及加盖公章的复印件各一份);

(3)上年度社保基金缴纳情况证明文书原件及加盖公章的复印件一份;

(4)法定代表人(企业负责人)或其委托代理人(委托代理人须提交法定代表人(企业负责人)的授权书)本人身份证(身份证、授权书须提供原件及加盖公章的复印件各一份);

(5)2008 年 1～6 月财务报表原件及加盖公章的复印件一份;

(6)×××经营许可证原件及加盖公章的复印件一份;

(7)主要生产设备清单。

已在余姚市招标投标管理办公室备案的供应商只需提供上述资料中的第 4、6、7、8 条资料。

七、招标文件的发售:

发售日期:2008 年 7 月 4 日至 7 月 14 日(节假日除外)上午8:00～11:30,下午1:30～5:00

发售地点:×××××投标中心(××市××路××号)812 室

标书售价:每本200 元,售后不退

八、投标文件提交截止时间及地点:

截止时间:2008 年 7 月 25 日上午 9:00

提交地点:余姚市招标投标中心一楼拍卖大厅

九、开标:

开标时间:2008 年7 月25 日上午 9:00

开标地点:余姚市招标投标中心一楼拍卖大厅

十、投标保证金:人民币10000 元整。

投标保证金收妥抵用(即到账)截止时间:2008 年7 月24 日,下午 3:30,各供应商以本单位开出的转账支票(必须实时清算)、银行汇票或电汇形式向余姚市招标投标中心提交。

投标保证金收款单位名称:余姚市招标投标中心

开户银行:上海浦东发展银行宁波分行余姚支行
帐号:××××××××××××××
十一、本次招标信息刊登在:
余姚市招标投标网(http://www.yyztb.gov.cn)
浙江政府采购网(http://www.zjzfcg.gov.cn)
宁波政府采购网(http://www.nbzfcg.cn)
十二、招标单位联系人:×××,电话:×××-×××××××××
本公告与招标文件内容如有不一致,以招标文件为准。

余姚市招标投标中心
二〇〇七年十二月四日

二、投标须知

投标须知具体制定投标的规则,使供应商在投标时有章可循。投标须知的主要内容包括:

(1)项目说明。对资金来源,招标人、招标代理机构,投标费用,评标方法,货物产地的要求等给予说明。对于不进行资格预审的,还需提出投标人资格要求。

(2)招标文件。对招标文件的构成,招标文件的澄清与修改及其涉及问题提出要求,做出说明。

(3)投标文件的编制。指明投标文件编制原则、投标语言和计量单位、投标文件构成与装订、投标报价、投标货币币种、证明投标人合格和资格的文件、证明货物及服务的合格性和符合招标文件规定的文件、投标保证金、投标有效期、投标文件的式样和签署等。

由于"报价文件"和"商务资格证明文件"都有投标人的名称,如果采用密封评标,应要求投标方把"价格文件"、"技术和服务文件"和"商务及资格证明文件"单独装订。并且要求投标文件中的"技术和服务文件"的副本不得折叠或作特殊标记,不得以任何方式透露投标单位、人员信息。对有关涉及投标单位和工作人员的全部用"投标单位"和"工作人员"字样代替。装订夹统一由执行机构提供。

如果不是密封评标,文件可以装订在一起,开标一览表应分开单独提交,这是针对一些大的项目投标供应商较多的情况。

(4)投标文件的递交。对投标文件的密封和标记、投标截止日期、迟交投标文件的处置、投标文件的修改和撤回做出说明。

投标文件根据需要确定正本与副本的数量。一般情况下,要求一正多副或二正多副,为便于存档,可要求提供电子文件。通常要求将正本与副本分开封装,在封面右上角写上"机密"字样,中间写明封装内容,盖骑缝章。一旦正本和副本不符,以正本为准。投标保证金或投标保函应用信封单独密封。

(5)开标与评标。说明开标方式、投标人参与方法、评标委员会的组建与运作、投标文件的澄清、投标文件的初审、评标货币币种、投标的评价和最终评价的确定方式、评标原则及主要方法、可否与招标人、招标机构和评标委员会的接触、是否开展资格后审及其方式做出说明,提出要求。

对于国际招标采购,还应该指出国内优惠的规定。

(6)授予合同。对确定中标人及合同授予标准、授标时更改采购货物的权力、接受和拒绝任务或所有投标的权力、中标通知书、签订合同、履约保证金、腐败和欺诈行为的定义与处置做出说明和规定。

(7)投标资料表。对上述内容及未尽而有必要申明的信息,以表格列出。

三、技术要求

技术要求规定所采购项目的设计要求与方案、项目的技术性能指标及配置要求、项目的进度要求,项目的实施要求及技术服务要求,项目投标文件应答要求,项目的验收方式与内容等。如果技术要求不明确、不全面、不科学,将会增加采购风险,影响采购质量,增加评标难度,甚至导致废标。

采购项目的技术规格一般采用国际或国内公认的标准,不得对投标人有歧视、排斥或倾向的内容。

四、供货一览表、报价表和工程量清单

(1)供货一览表包括采购商品的品名、规格、数量、交货时间和地点等。

(2)报价表包括商品的品名、规格、包装、单价、总价等,指明运输费用、保险等项目的承担方式等。

在国境内提供的货物与在国境外提供的货物的报价要求分开编制,因为,他们要求的项目有所不同。

(3)工程量清单。对于工程采购,准确的工程量清单是投标人投标的重要依据。

五、合同

招标文件应指明合同格式、内容及签订合同的要求等。一般包括以下内容:

(1)产品名称、型号/规格、数量及金额;

(2)交货时间、地点;

(3)质量标准、质保期;

(4)运输及保险;

(5)包装物的供应与回收,包装标准;

(6)检验标准,方法、时间、地点和期限;

(7)结算方式、时间及地点;

(8)本合同解除条件;

(9)违约责任;

(10)合同争议解决方式;

(11)其他约定事项;

(12)双方签字盖章。

合同格式 见附录 7-1。

招标文件格式见附录 7-2。

7.3.2 发布招标公告或招标邀请书

招标文件编制完毕,应根据招标方式不同,发布招标公告或招标邀请书。招标公告或招标邀请书发出之日到提交投标文件截止之日,一般不得少于 30 天。

7.3.3 资格预审

企业在正式招标以前,可以先进行资格资格预审。预审是指对愿意承担招标项目的投标人进行的财务状况、技术能力、资信等方面的预先审查。通过资格预审,缩小供应商范围,减少工作量,提高工作效率,同时降低招标成本。

一般说来,在正式招标以前,对于大型或复杂的工程招标、成套设备的采购等,需要进行资格预审。

一、资格预审的内容

资格预审包括两方面内容,即基本资格和专业资格。基本资格是指供应商的合法地位和信誉,包括是否注册、最新的企业资产负债情况、是否存在违纪违法行为等。

专业资格是指具备基本资格的供应商履行拟订采购项目的能力。具体内容如下:

(1)近三年承担的同类项目情况;

(2)为履行合同所配备的人员情况;

(3)拟投入主要生产设备情况;

(4)企业财务状况;

(5)售后服务的网点分布及人员结构等。

二、资格预审程序

(1)编制资格预审文件。资格预审文件格式见附录 7-3。

(2)发售资格预审文件。

(3)供应商提出资格预审申请。供应商获得资格预审文件后,应按照招标方提出的资格预审要求,填写资格预审文件,并按招标公告规定的时间进行提交资格预审申请。

(4)资格评定。采购方审查提出资格预审企业的供应商资格,及时将资格预审结果通知给各参加资格预审的企业。只有通过资格预审的企业,才能够继续参加投标。

7.3.4 发售招标文件

招标文件、图纸和有关技术资料发放给通过资格预审获得投标资格的投标单位。不进行资格预审的，发放给愿意参加投标的单位。对于发出的招标文件可以酌收工本费，但应避免借发售招标文件之机谋取不正当利益。对于招标文件中的设计文件，可以酌收押金，开标后将设计文件退还的，应当退还押金。

投标单位在收到招标文件、图纸和有关资料后，应当认真核对，核对无误的以书面形式予以确认。对招标文件中认为模糊不清的问题可以提出疑问，执行机构和采购人收到后要进行受理。答疑和提出问题以书面形式，回答和答疑也必须以书面形式，并发给每一个购买文件的投标人和潜在的投标人。投标人在收到该通知后应立即回函确认。

依法必须进行施工招标的工程，招标人应当在招标文件发出的同时，将招标文件报工程所在地的县级以上地方人民政府建设行政主管部门备案，办理备案手续，接受建设行政主管部门依法对招标文件的审查。

招标文件对招标人具有法律约束力，一经发出，不得随意更改。招标人对已发出的招标文件进行必要的澄清或者修改的，应当在招标文件要求提交投标文件截止时间至少 15 日前，以书面形式通知所有招标文件收受人。该澄清或者修改的内容为招标文件的组成部分。

【友情提示】

利用投标截止时间规避招标是招标人常用的手段之一，即将发售招标文件期限故意明显缩短，使大部分潜在投标人来不及购买招标文件而无法参与招标，从而规避招标的做法。

7.4 投 标

投标人是响应招标、参加投标竞争的法人或者其他组织。投标方取得招标文件后，应详细研究和分析招标文件的各项条款，作好投标计划，寻找合作伙伴和分包单位。

对于工程项目，投标人应积极组织参加招标方组织的现场勘察，以便在投标时做到“心中有数”。

7.4.1 投标担保

为了保护采购人免遭因投标人的行为而蒙受的损失，招标文件要求进行投标担保。投标担保有保证金和保函两种形式，其中投标保证金在我国常见。在投标前，投标人应按照招标文件的要求，足额缴纳投标保证金。投标保证金可以使用现金、支票、银行汇票、银行保函、保险公司或证券公司出具的担保书等形式。

投标保证金缴纳金额通常有两种确定方式。一是要求投标方按照投标报价的一定百分比缴纳，一般为投标报价的1%～5%，这种方式很容易泄露投标方的报价机密。二是由招标方确定一个统一缴纳金额。不过，投标保证金一般不超过投标总价的2%，最高不得超过50万元。

国际性招标采购的投标保证金的有效期一般为投标有效期加30天。

7.4.2 编制投标文件

投标人须按照招标文件的要求编制投标文件。投标文件应当对招标文件提出的实质性要求和条件作出响应。招标项目属于建设施工的，投标文件的内容应当包括拟派出的项目负责人与主要技术人员的简历、业绩和拟用于完成招标项目的机械设备等。

投标人根据招标文件载明的项目实际情况，拟在中标后将中标项目的部分非主体、非关键性工作进行分包的，应当在投标文件中载明。如果投标人为联合体，则联合体各方应分别提交资格文件，联合体协议并证明主办人。

投标人"资格证明文件"、"价格文件"和"技术服务文件"都是评标委员会进行评标的依据。提供越详尽，对评标越有利。投标文件需由法人或法人授权的投标人代表签署，国际招标还需逐页小签。

在招标文件要求提交投标文件的截止时间前，投标人可以补充、修改或者撤回已提交的投标文件，并书面通知招标人。补充、修改的内容为投标文件的组成部分。

投标人不得以低于成本的报价竞标；不得相互串通投标报价；不得排挤其他投标人的公平竞争，也不得以他人名义投标或者以其他方式弄虚作假，骗取中标。

7.4.3 送交投标文件

投标人须在招标文件要求提交投标文件的截止时间前，将投标文件送达投标地点。招标人收到投标文件后，应当签收并妥善保存，不得开启。

有下列情形之一的，招标人应当拒收投标文件：

(1)未按招标文件要求缴纳投标保证金的；

(2)在招标文件要求提交投标文件的截止时间之后送达的等。

7.4.4 投标文件的修改和撤回

投标人在投标截止时间前，可以对所递交的投标文件进行补充、修改或撤回。补充、修改的内容应当按照招标文件要求签署、盖章和密封，并作为投标文件的组成部分。

使用电报、传真等对投标文件进行的补充和修改应视为无效。

7.4.5 投标有效期

投标有效期指自开标之日起30天内。

在特殊情况下，在原投标有效期截止之前，可要求投标人同意延长投标有效期，这种要求与答复均以书面形式提交。投标人可拒绝这种要求，并且不影响保证金退还。接收延长投标有效期的投标人将不会要求和允许修正其投标，而只会被要求相应地延长其投标保证金的有效期。在这种情况下，有关投标保证金的退还规定在延长了的有效期内继续有效。

7.5 开标、评标与决标

7.5.1 开标

招标人在规定的日期、时间和地点，将截止日期前收到的全部投标文件，在所有投标人或其代表在场的情况下，当场拆封投标文件，并公开宣读各投标人的投标条件，以使全体投标人了解各家的标价，这种程序即为开标。

开标由招标人主持仪式，邀请所有投标人参加。依法必须进行招标采购的项目，应有项目的主管部门负责人参加开标仪式。

一、开标程序

(1)宣布开标会议开始。

(2)宣读投标人法定代表人资格证明书及授权委托书。

(3)介绍参加开标会议的供应商和人员。

(4)宣布公证、唱标、记录人员名单。

(5)检查投标文件的密封情况。由投标人或者其推选的代表检查投标文件的密封情况，也可以由招标人委托的公证机构检查并公证。

(6)开标。由工作人员当众拆封标书，评标委员会检验投标人提交的投标文件和资料，审查其完整性、文件的签署、投标保证金等，并宣读核查结果及有无撤标情况。

(7)唱标。读标人逐一宣读投标人名称、投标报价、投标保证金、附加条件、补充说明、优惠条件，以及开标一览表和投标文件要求的其他主要内容，对于工程招标，还应该记录总工期、主要材料用量等。

唱标情况应由记录人在预先准备好的表册上逐一登记，同时按报价金额排出标价顺序。登记表册由读标人、记录人和公证人签名后作为开标的正式记录，由招标单位保存。唱标顺序应按各投标人报送投标文件的时间先后逆顺序进行。

招标人在招标文件要求提交投标文件的截止时间前收到的所有投标文件，开标时都应当当众予以拆封、宣读。

(8)投标人说明。对于投标文件中含义不明确的地方，允许投标人作简要解释，但解释不能超过投标文件记载的范围，不能实质性地改变投标文件的内容。

(9)宣读评标期间的有关事项。

(10)宣读公证辞。

(11)宣布开标结束。

二、废标的认定

开标时如果发现有下列情况之一者，均应认其为废标(Rejection of Bids)：

(1)未密封或书写与标记不符合招标文件要求的标书。

(2)无法人公章或无投标授权人签字的标书。

(3)未按规定格式填写，内容不全或字迹不清无法辨认的标书。

(4)投标文件内容没有对招标文件实质性响应，或与招标文件有严重背离的标书。

(5)没有提交投标保证的投标。

(6)其他不符合招标文件要求的投标。

【想一想】 当遇到使用电报、传真等进行投标的情况时，你该怎么办？

有时，可以暂缓或推迟开标。如，在招标文件发售后，对原招标文件做了变更或修改；开标前，发现足以影响招标公正性的违法或不正当行为；招标方接到质疑或投诉；发生突发事故；变更或取消采购计划等。

7.5.2 评标

一、组建评标委员会

评标由招标人依法组建的评标委员会负责。

依法必须进行招标的项目，其评标委员会由招标人的代表和有关技术、经济等方面的专家组成，成员人数为五人以上单数，其中技术、经济等方面的专家不得少于成员总数的三分之二。

技术、经济专家由招标人从政府有关部门提供的专家名册或者招标代理机构的专家库内的相关专业的专家名单中确定；一般招标项目可以采取随机抽取方式，特殊招标项目可以由招标人直接确定。与投标人有利害关系的人不得进入相关项目的评标委员会；已经进入的应当更换。评标委员会成员的名单在中标结果确定前应当保密。

二、初步评标

初步评标的内容包括投标人的资格是否符合要求，投标文件是否完整，是否提交投标保证金，投标文件是否对招标文件作出实质性响应等。初评不合格的投标，不再参加正式评标。

对于初评合格的投标文件，要核准有没有计算或累加错误，如果有，应及时修正过来。投标文件的修正原则如下：

(1)开标一览表(报价表)内容与投标文件中明细表内容不一致的，以开标一览表(报价表)为准。

(2)大写金额与小写金额不一致的，以大写金额为准。

(3)总价金额与按单价金额不一致的，以单价金额计算为准。

(4)单价金额小数点有明显错位的，应以总价为准，并修改单价。

(5)对不同文字文本投标文件的解释发生异议的，以中文文本为准。

三、详细评标

评标委员会应当按照招标文件确定的评标标准和方法，对投标文件进行评审和比较；设有标底的，应当参考标底。

投标截止时间结束后参加投标的供应商不足三家的，应废除全部投标。视情采取竞争性谈判、询价或者单一来源方式采购。

四、编写评标报告

评标委员会完成评标后，应当向招标人提出书面评标报告，并推荐合格的中标候选人。

评标报告的内容包括：

(1)招标项目；

(2)招标公告或招标邀请书发布时间；

(3)投标情况；

(4)投标报价(包括修改的内容)；

(5)价格评比基础；

(6)评标的原则、标准和方法；

(7)评标结果；

(8)授标建议。

【友情提示】

如果没有进行资格预审，评标后应进行资格后审。资格后审的内容同资格预审基本一致。

7.5.3 决标

招标人根据评标委员会提出的书面评标报告和推荐的中标候选人确定中标人。招标人也可以授权评标委员会直接确定中标人。

中标人确定后，招标人应当向中标人发出中标通知书，并同时将招标结果通知所有未中标的投标人。

中标通知书对招标人和中标人具有法律效力。中标通知书发出后，招标人改变中标结果的，或者中标人放弃中标项目的，应当依法承担法律责任。

依法必须进行招标的项目，招标人应当自确定中标人之日起十五日内，向有关行政监督部门提交招标投标情况的书面报告。

【友情提示】

经评审，如果所有投标都不符合招标文件要求，可以否决所有投标。依法必须进行招标的项目的所有投标被否决的，招标人应当依照本法重新招标。

在确定中标人前，招标人不得与投标人就投标价格、投标方案等实质性内容进行谈判。

【小资料 7-5】

中标通知书

招标编号：08036

________________公司：

依据《中华人民共和国招标投标法》及有关法律法规和招标文件的规定，××××采购项目的________招标，经评标委员会推荐，确定贵方为中标人。请贵方接到本通知后，到________________，与招标人签订__________合同。

中标内容：__________________________。

中标价格：__________________________。

工作时间：__________________________。

质量标准：__________________________。

招标人：（盖章）　　　　招标代理人：（盖章）

_____年____月____日　　　　_____年____月____日

（招标人、招标代理人、中标人各留存一份）

7.5.4 退还投标保证金

决标后，对于未中标的投标人，应在中标通知发出后五个工作日内无息退还投标保证金；中标供应商的投标保证金，将在采购合同签订后五个工作日内无息退还。

有下列情况之一的投标人，应该没收其投标保证金：

(1)在投标有效期内修改投标文件或撤销投标；

(2)中标人在规定期限内未能签订合同的；

(3)中标人不能提供履约保函；

(4)提供虚假材料谋取中标。

7.5.5 签订合同

招标人和中标人应当自中标通知书发出之日起 30 日内，按照招标文件和中标人的投标文件订立书面合同。招标人和中标人不得再行订立背离合同实质性内容的其他协议。招标文件要求中标人提交履约保证金的，中标人应当提交。

对于按要求签订了采购合同的中标人，应及时退还其投标保证金。

中标人应当按照合同约定履行义务，完成中标项目，不得向他人转让中标项目，也不得将中标项目肢解后分别向他人转让。

招标人与中标人不按照招标文件和中标人的投标文件订立合同的，或者招标人、中标人订立背离合同实质性内容的协议的，责令改正；可以处中标项目金额千分之五以上千分之十以下的罚款。

J 技能训练

招标采购综合训练

一、训练目标

1. 使学生掌握招标采购的具体步骤。

2. 能够根据采购对象的特点，进行招标采购组织。

3. 学会编制招标文件。

二、训练准备

1. 内容选择：教师就学校所在城市学生熟悉的单位布置拟采购的物品种类、数量、金额、时间要求等。

2. 角色申报：要求学生就招标单位法人代表、招标项目负责人及工作人员、招标公司负责人及工作人员、投标单位法人代表及工作人员、专家、法律工作者等角色进行申报。

三、训练步骤

1. 学生讨论采购的主要步骤，教师总结确定。

2. 学生按照已经确定的采购步骤，依次编写招标、投标及相关文件。

3. 班级组织一次开标会议。

4. 完成评标、定标、签订合同、退还投标保证金等工作。

5. 教师总结。

四、注意事项

1. 采购步骤应完整。

2. 设训练的关键控制点，特别是进度控制。

3. 注意总结招标采购要点。

五、考核方法

总分：100 分。

1. 个人得分：30 分。

(1)申报积极性：10 分。

(2)角色重要程度：10 分。

(3)在小组中所起作用：10 分。

2. 小组得分：70 分。

(1)按时完成任务：10 分。

(2)文件质量：40 分。

(3)整体评价：20 分。

C 案例分析

大型网络系统招标采购

一项概算达 350 万元的大型网络系统招标采购项目，核心设备为服务器，15 家投标供应商参与了竞争，评标方法为综合评分法。评标委员会经过紧张评审，各投标商得分位次基本排定。因采购项目事关重大，采购人代表提出再仔细地审查核对一遍，结果评委们发现得分排在第一位的供应商所投服务器品牌为 A，其投标文件特别加注“A 服务器产地均为美国”，但比对招、投标文件发现，这是一个不大不小的问题。

采购人代表提醒专家，招标文件并未要求“标注产地”。专家们认为供应商此属画蛇添足之举，得分可不受影响。于是，采购人在接到评标报告书后很快确定排序第一位的供应商为中标供应商。

尽管如此，采购人对“产地美国”仍心存疑虑，中标供应商再次保证，“供正宗美国产的货绝对没问题”。采购人向 A 中国有限公司求证，答复是中国境内用户采购的服务器全部由设在中国境内的 A 公司生产。

采购人将上述答复通知中标供应商，供应商承认的确如此，并解释其投标文件上标注“产地美国”意指 A 是美国公司。这显然不能自圆其说。最终，采购人和中标供应商达成谅解,采购人要求必须是A公司的原装正宗产品,至于产地可以忽略。

但合同文本拟好后,采购人又忽然变卦,且态度异常坚决,一口咬定中标供应商投标文件标注的产地为美国,服务器就必须是在美国生产的,中国境内产的不行。中标供应商真是左右为难,欲罢不能,一方面无法按照自己投标文件承诺供货,另一方面又不舍得煮熟的鸭子就这样飞了。

无奈,该项目代理公司只得约请财政、监察、检察、公证等部门共同出面协调。采购人坚持要求中标供应商必须无条件兑现其投标文件的承诺,否则免谈。调解意见认为,采购人如果一味坚持"产地美国"没有任何意义,双方应尊重事实,服务器具体性能、规格和技术参数符合招标文件描述即可,该供应商的确有错,但并非实质性差错,因此双方不必纠缠在产地问题上,否则"此题无解";但采购人坚持己见。

最终,该供应商经不住长时间的相持,败下阵来。它认为,即使勉强签了约,采购人不"痛快",接下来的验收、付款肯定会有麻烦。"第一名"无奈出局。

(本案里选自陕经网 http://sei.gov.cn)

思考题

1. 评标时发现疑问该怎么办?
2. 你认为这次纠纷怎么解决才合理?
3. 本案例给我们哪些提示?

E 自测练习题

一、选择题

1. 下列对于招标采购说法错误的是(　　)。
   A. 三家以上供应商投标方得开标
   B. 原则上以报价最低的供应商得标
   C. 所有报价都大大高过标底时,采购人员有权宣布流标,或征得监办人员的同意,以议价方式办理
   D. 国内招标不允许国外企业投标
2. 下列不属于邀请招标特点的是(　　)。
   A. 使用招标公告　　B. 接受邀请的单位才是合格的投标人
   C. 投标人的数量有限　　D. 竞争受到限制
3. 下列投标方式中,可以用以开标的投标书是(　　)。
   A. 电传投标
   B. 电报投标
   C. 开标前对标书中含义不明确的地方作了简单说明的投标
   D. 没有缴纳投标保证金的投标

4. 下列投标不属于无效投标的是(　　)。

A. 投标文件未密封和/或技术文件未按规定加盖公章和签字

B. 投标文件中无投标保证金

C. 投标文件未按规定格式、内容填写和/或投标文件内容与招标文件有严重背离

D. 在投标文件的报价中文数据与数字数据不统一

5. 在招标中,不能没收投标保证金的情况是(　　)。

A. 在投标截止日期后、投标有效期内撤标

B. 在投标截止日期后对投标文件作实质性修改

C. 不按预中标时规定的技术方案、供货范围和价格等签订合同

D. 开标时,对投标文件作了说明

二、判断题

1. 在招标采购过程中,有时采购人员有权宣布流标,或征得监办人员的同意,以议价方式办理。

2. 招标采购必须有三家以上供应商投标方得开标。

3. 在招标采购中,投标文件的正本和副本的份数应依据招标文件的要求,并没有统一要求。

三、简答题

1. 招标采购的适用条件是什么?

2. 招标采购的程序有哪些?

3. 简述常见的评标方法。

4. 哪些情况下没收报标保证金?

第8章　采购质量管理

教学目的和要求

教学目的与要求：

1. 掌握采购质量管理的基本知识。
2. 强化质量管理的理念。
3. 熟悉采购商品质量控制的几个阶段。
4. 熟练选择采购商品质量认证的方式。
5. 选择采购商品检验的方法。

关键词

商品质量　货物标准　商品质量认证

引导案例

沃尔玛的采购

2007年，世界顶级零售企业沃尔玛直接或间接从中国采购商品180多亿美元。截至2008年4月沃尔玛在全球有7000多家商场，在中国大陆55个城市开设了104家商场。因此没有哪家供应商能够拒绝沃尔玛合同的诱惑。但是，沃尔玛给供应商设置的进入门槛很高，对供应商进行严格的挑选，而对供应商质量的管理甚至近乎苛刻。

试分析：是什么原因使得沃尔玛能够一直在超市行业中处于领头位置？

在经济全球化趋势和市场竞争愈演愈烈的严峻形势下，产品质量竞争已成为贸易竞争的重要因素，任何企业都不加强质量管理建立完善的质量管理体系，在市场竞争中就被淘汰的危险。产品质量是产品进入国际市场的“通行证”、“敲门砖”,是企业占领市场的有效武器,是企业生存和发展的关键。

8.1 采购商品质量

8.1.1 采购商品质量的内涵

随着社会经济、科学技术和生产技术的发展,对质量的认识也在不断的完善和深化。国际标准化组织发布的 ISO9000:2000《质量管理体系—基本原则和术语》标准,比较科学、严格地把质量定义为“一组固有特性满足要求的程度。”企业采购的商品也是产品,根据质量的定义,采购商品质量可概括为“采购产品的固有特性满足要求的程度”。其内涵包括以下几个方面:

【想一想】“海尔中国造”已经成为大家熟知的一句口头禅,而作为消费者,你选择海尔家电的主要原因是什么?

一、广义质量概念

“质量”不仅是指产品,而且是指实体,包括产品、过程、企业体系或人员,以及上述各项的任意组合,即广义的质量的概念。

定义中的“采购产品”(或商品)不仅是指有形产品,还包括无形产品。ISO9000:2000 标准从质量管理的角度,把产品划分为 4 种类别。

(1)硬件:具有特定形状的可分离的有形产品,一般由制造的、建造的或装配的零件、部件或组件组成,如机床、家用电器、水材等。硬件通常是有形产品并具有计数的特性。

(2)软件:通过承载媒体表达的信息组成的一种知识产物,如概念、知识、驾驶手册、计算机软件等。软件通常是无形产品并可以以方法、记录和程序的形式存在。

(3)流动性材料:通过将原材料转化某一预定状态所形成的有形产品,如燃料、润滑油、冷却液等。其状态可以是固体(粒状、块状、线状或板状材料)、液体或气体,并具有计量的特性。

(4)服务:为满足顾客的需要,供方和顾客之间接触的活动以从供方内部活动所产生的结果,如运输服务等。服务是一种无形产品,在提供服务的过程中,有形产品也常成为服务的组成部分。

值得注意的是许多产品由不同类别的产品构成,这种产品是服务、硬件、软件、流程性材料取决于其主导成分。例如,外供产品“汽车”是由硬件(如发动机)、流程性材料(如汽油、冷却液)、软件(如发动机控制软件、驾驶员手册)和服务(如销售人员所做的操作说明)所组成,该产品的主导成分是硬件,所以,常把其作为硬件产品。

二、采购商品的质量特性

定义中的"固有特性"是指客观存在于产品中的某些永久的特性,它反映产品满足要求的能力。每一类商品的质量特性不止一种,常有多种或几十种。每种质量特性对产品质量都有贡献,但其重要性不同,而且会由于用途不同而发生变化,同时,产品的类别不同具不同的质量特性,如对于硬件和流程性材料类别的产品,大致可归纳为以下方面的质量特性:

(1)性能:指产品能适应用户使用目的所具有的技术特性,它综合反映了顾客和社会的要求对产品所规定的功能,如载货汽车的载质量、速度、功率;金属切削刀具的硬度、强度、切削效率等。它一般包括使用性能和外观性能。

(2)可信性:是一个集合性术语,指与时间有关的质量特性。它用于反映产品的可用程度,具体表现为可用性、可靠性、维修性和维修保障性。

(3)安全性:反映产品在储存、流通和使用过程中不发生由于产品质量而导致的人员伤亡、财产损失和环境污染的能力。它是一个最具刚性的指标,一般要严格加以保证。

(4)适应性:反映产品适应外界环境变化的能力。

(5)经济性:反映产品合理的寿命周期费用。

(6)时间性:反映在规定时间内满足顾客财产对产品交货期和数量要求的能力,以及满足顾客要求随时间变化而变化的能力。

(7)可追溯性:追溯所考虑产品的历史、应用情况或所处场所的能力,一般可涉及原材料和零部件的来源;以及加工历史、产品交付后的分布和场所。

质量特性由过程来保证,即在设计、研制、采购、生产制造、销售服务等全过程中实现并得到保证。过程中的各种活动的质量决定质量特性,从而决定了产品质量,为此,在采购中,也必须明确这些质量特性,并要保证这些质量特性满足使用要求。

定义中的"要求"是指明示的、通常隐含的或必须履行的需求或期望。明示的要求是依照法规法律、文件或合同中阐明的要求,而通常隐含的要求是一般惯例或习惯的要求。要求可由不同的相关方提出,采购方可以根据需要提出自己的要求等。

明确了采购质量的内涵,就会抓住采购质量的本质,为企业更有效地开展采购质量管理与控制打下坚实的基础。

采购货物的用途不同,其对于货物的质量标准也不一样。

8.1.2 货物标准及种类

一、货物标准的概念

货物标准是指为保证货物适用性,对货物必须达到的某些或全部要求所制定的标准,包括品种、技术要求、试验方法、检验规则、包装、标示、运输和储存等。

货物标准是产品生产、质量验收、监督检验、贸易洽谈、储存运输等方面的依据和准则，也是对货物质量争议做出仲裁的依据。对保证和提高货物质量，提高生产、流通和使用的经济效益，维护消费者和用户的合法权益等都具有重要作用。

二、货物标准的种类

【想一想】 上海某服装厂与迪拜某服装公司达成采购意向，预出口一批针织T恤衫，请你为这个公司选择一种标准。

标准几乎涉及人类所有的实践活动，已形成一个庞大、复杂的系统。标准分类方法很多，也不统一。常用的分类体系有以下几种：

1. 按标准的等级分类

标准按照其适用领域和有效范围不同，可分为不同的层次、级别。其目的是为了适应不同技术水平、不同管理水平以及满足各种不同的经济要求。根据《标准化法》，我国的标准划分为国家标准、行业标准、地方标准和企业标准4级。从世界范围来说，标准通常被分为国际标准、区域标准、国家标准、行业标准或专业团体标准以及公司（企业）标准5级。

（1）国际标准

国际标准是指由国际标准化组织（ISO）和国际电工委员会（IEC）制定的标准，以及经国际标准化组织认可并收集到《国际标准题录索引》中加以公布的其他国际组织所制定的标准。他们已为大多数国家承认和不同程度的采用。

（2）区域标准

区域标准是指由世界某一区域标准化组织制定的标准。区域标准的目的在于促进区域性标准化组织成员进行贸易，便于该地区的技术合作和技术交流，协调该地区与国际化标准组织的关系。国际上较为重要的区域标准有，欧洲标准化委员会（CEN）制定的欧洲标准（EN）、欧洲电工标准化委员会（CENELEC）制定的标准、亚洲标准咨询委员会（ASAC）制定的标准、泛美技术标准委员会（COPANT）制定的标准、非洲地区标准化组织（ARSO）制定的标准等。

（3）国家标准

国家标准是指国家标准化主管机构批准发布，对国家经济、技术发展有重大意义，必须在全国范围内统一的标准。我国国家标准主要包括重要的工农业产品（商品）标准：基本原料、材料、燃料标准；通用的零件、部件、元件、器件和工具、量具标准；通用的试验和检验方法标准；商品质量分等标准；广泛使用的基础标准；有关安全、卫生、健康和环境保护标准；有关互配通用技术术语标准等。

（4）行业标准、专业团体标准

我国行业标准是指在没有国家标准的情况下，需要在行业范围内统一制定和实施的标准。行业标准包括行业范围内主要产品标准;通用的零件、配件表互尊;设备、工具和原材料标准;工艺规程标准;通用的术语、符号、规则、方法等基础标准。

(5)地方标准

我国地方标准是指在没有国家标准和行业标准的情况下,需要在地区内统一制定和使用的标准。地方标准的范围,主要控制在工业产品安全卫生要求和由地方特色的产品标准以及农业标准,不能扩大到工业产品标准。建立地方标准的目的主要是考虑到我国各地经济发展的不平衡并促进地方经济的发展,但不能形成市场分割和贸易保护。

(6)企业(公司)标准

我国企业标准是指由企业制定发布,在该企业范围内统一使用的标准。企业生产的产品没有国家标准和行业标准时,应当制定企业标准,作为企业组织生产、经营活动的依据。已有国家标准和行业标准的,企业也可以制定严于国家标准或行业标准的内控企业标准,以提高产品质量水平,保证产品质量超过国家或行业标准甚至国际标准的要求。

2.按货物标准的性质分类

按货物标准的性质可分为技术标准、管理标准和工作标准。

(1)技术标准

技术标准是对标准化领域中需要协调统一的技术事项所制定的标准。它是从事生产、建设工作以及商品流通的一种共同技术依据。凡是生产的工业产品,主要农产品,各类工程建设,环境保护,安全和卫生条件以及其他应当统一的技术要求,都必须制定技术标准。主要包括:基础标准、产品(商品)标准、方法标准、安全标准、卫生标准、环境保护标准。

(2)管理标准

管理标准是对标准化领域中需要协调统一的管理事项所制定的标准。一般包括技术管理标准、生产管理标准、经济管理标准、行政管理标准与业务管理标准等。

(3)工作标准

工作标准是指对标准化领域中需要协调统一的工作事项所制定的标准。通常包括基础工作、工作质量、工作程序和工作方法等方面的标准。在这三类标准中,数量最多的是技术标准。

3.按货物标准的实施方式分类

按货物标准的实施方式可分为强制性标准和推荐性标准。强制性标准是指由法规规定,要强制实行的标准,也称为法规性标准。推荐性标准是除强制性标准以外,自愿采用、自愿认证的标准,又称为自愿性标准。在实行市场经济的国家中大多是使用推荐性标准,国际标准也是推荐性标准。

我国《标准化法》规定,国家标准、行业标准分为强制性标准和推荐性标准。凡涉及保障人体健康、人身、财产安全的标准及法律、行政法规规定强制执行的标准均为强制性标准，其余标准是推荐性标准。强制性标准必须严格执行，凡不符合强制性标准的产品，禁止生产、销售和出口。国家采取优惠措施鼓励企业自愿采用推荐性标准。

三、货物标准的内容

货物标准一般由概述部分、正文部分和补充部分三部分构成。

我国货物标准的基本内容归纳为以下几方面：

1. 主题内容、适用范围和引用标准

在标准中，首先需要简要说明该项规定的主要内容、适用范围和应用领域以及不适用范围。其次应列出和注明该标准所引用的所有其他标准的代号、编号和名称。

2. 分类

分类是货物（商品、产品）标准技术内容的重要组成部分，一般是指货物（商品、产品）分类原则与分类表示方法。分类原则是货物（商品、产品）分类的依据，通常按其成分、性状、结构或其他特性进行分类。例如电子类商品按结构、适用特性分类；化工商品按化学分子式或结构分类。同一类商品在按尺寸、溶剂或其他成分划分成不同规格。分类的在于合理的规定商品品种、形式和规格，以便于用户选择和组织生产与经营。

3. 技术要求

技术要求是货物标准的中心内容，包括物理性能、化学性能、感官特性、稳定性、可靠性、能耗指标、材料要求、工艺要求、环境条件、有关质量保证、卫生、安全和环境保护方面的要求以及质量等级规定等。它是知道商品生产、流通、适用消费者以及进行质量检验和评价的主要指标。通过这些指标能够全面而准确的判定货物的质量等级。

4. 试验方法和检验规则

试验方法是为考核与判定货物质量是否符合标准要求，面对试验方法、程序手段以及试验结果分析处理等所做的具体规定。其内容包括：试验项目、各项质量指标的含义、试验原理和方法、试验用仪器设备、试样和试剂的制备、试验的环境条件、试验程序和操作方法、试验结果的计算与评定等。

检验规则是对出厂检验、验收检验以及监督检验所做的有关技术规定。主要包括：检验分类、检验项目、商品分批与抽样检验规则和复验规则等。

5. 包装、标志、运输和储存

在标准中必须明确规定商品的包装、标志、运输和储存要求，以保证货物质量从出场到交付使用的过程不受损失。对货物包装的要求，一般规定包装材料、包装技术和方式、每件包装中货物的数量及重量或体积、内包装物的技术要求、包装的试验方法、检验规则等。对货物标志和外包装标志，一般规定标志的位置、内容制作方法和质量要求等。商品标志的内容包括货物名称、生产厂家或公司名称、货物型号或标

记、质量等级或认证标志、商标、主要参数、适用说明、出厂日期、生产批号、有效期限等。外包装标志的内容包括制造厂商名称、货物名称、型号、数量、毛重、储运指示标志和危险品标志等。对运输要求，一般规定合理的运输方式(工具)、运输条件以及运输装卸中应注意的事项等。对储存要求，规定了储存场所、条件、方法和搬运、堆垛方法以及储存期限和抽查时间等。

8.1.3 商品质量控制阶段

供应商的质量控制必须包括产品质量的所有方面。设计要根据采购方的详细说明；产品要满足采购方所有的要求；检查产成品是否达到各项规定，能否安全地送到采购方的手中。在这些要求的基础上，控制包括设计、制造与物流三大环节，每个环节的具体内容在表格中加以阐述。

一、设计控制

在产品设计中质量控制可以帮助供应商在制造一个产品时达到几个设计目标(诸如产品的可靠程度，安全性及功能方面的特征)。在设计中实施质量控制可以帮助供应商制造一个没有隐患的产品。这些目标可由在产品设计和产品进入大规模生产欠的生产设计所作的质量控制体系达到。

1. 产品设计

在设计和研究开发阶段确定产品质量，以及在不同条件下确定产品特征变化的方法由三部组成：产品体系设计、产品参数设计以及产品允许误差设计。

产品允许误差设计是设计过程的最终阶段。仅当再参数设计阶段产品性能不可能接受时，才考虑产品允许误差设计。它确定了与目标规格多大的误差是允许的，同时考虑产品的性能和成本。在比较宽的区间偏差中表现卓越的构件数不易于在使用中发生问题，如果宽的区间是不可能达到的，那么将考虑构件优化，即哪个构件应有更高的质量(更昂贵)和哪个可以有较低的质量(更便宜)。

2. 生产设计

在产品设计完成之后，生产过程设计是以经济地提供同质的产品为目标。这个过程与产品设计过程一样有三个步骤：过程系统设计、过程参数设计和过程允许误差设计。

过程系统设计详细说明了生产过程和它们连接的系统。

过程参数设计包括减小生产过程中各种不可能因素的影响。例如：在一个烧瓦的流程中，烧瓦的范围并不是均匀的，因为在管道窑中不同地方的温度也不相同。实验显示在原始的混合物中增加5%的某种生石灰将使温度对瓦片的影响减小90%，这是唯一已知的不增加成本而提高产品质量的方法。

过程允许误差设计改进了设备，降低了错误产生的原因，然而完全消除这些原因是不经济的，因此在对产品和过程设计的参数设计中应减小对误差的敏感度。

二、制造过程控制

制造过程控制通过诊断问题和解决问题两个阶段与设计控制过程相关联，其目标是通过既定的规范化准则保证生产出同质的产品，这些目标能通过在生产过程中的诊断问题和解决问题来达到。诊断问题和解决问题构成了一种通过分析生产过程中的数据来实现流程控制的方法，它包括测定和改进产品及流程标准有效性的质量控制技术，如果流程能够在已有的标准下生产产品，那么生产过程将不作任何改进地持续下去。否则，另外的质量控制信息(诸如控制图表)，就需要用来诊断问题和解决问题。

(1)明确表示流程。流程图是表示生产过程的主要工具，它是流程的图像化表达，由按联系的顺序列出所有步骤和显示它们之间的联系得到，一旦流程被表示出来，实施分析就是为了发现与质量相关的问题。

(2)问题定义。质量控制强调在生产的不同阶段将问题定义作为供应商解决问题的首要步骤。所谓问题就是发生了与事先规定的标准不相符合的情况，如操作问题被定义为与设计要求或采购方的规定有偏差行为或事件。

(3)确定控制变量。确定关键的变量是诊断过程的必要部分，在这个阶段，要通过收集数据，画出流程控制图来确定哪些对质量或其他相关的生产规则有显著影响的变量。

(4)找出原因。一旦控制变量已经被确定，下一步即是找出造成质量问题的原因。把原因同一个生产过程中的控制变量相联系并不是简单的事情，要找出最有可能的原因，排除最不可能的原因。

(5)原因分析。分析每个可能的原因是基于收集来的数据，包括对数据的统计分析。

(6)得出结论。在前面叙述的步骤之后自然就是得出一个结论，但是结论仍然需要以其他信息为基础(诸如过去的经验、实验室试验以及群体智力决策)，任何做出的结论必须有前面步骤的分析所支持，并随着新的数据的出现而更新。

(7)制定并提高标准。任何一个结论如果导致做出改进的新决定，都必须以标准的形式详细的叙述，提高标准促使修改现行的程序，在采购方要求的基础上建立和控制新的标准成为必要。由采购方，设计工程师和质量控制管理者检查和认可之后，新标准被确定，新标准将导致更高的产品质量。

(8)实施行动。这是供应商过程控制中关键的一步。一旦一个关于提高的标准被认可之后，一份关于提高标准的报告会送至生产经理那儿，以利于监督实施。这种监督的主要目的是确保有效的信息在工作人员中的使用，以及在必要的时候采取纠正行动。

(9)分析目标。供应商应该根据质量的改进不断分析和提高改进的目标。追求质量改善远远不只是诊断问题和发现问题，还包括每个员工要出色地完成每项任务。

三、采购商品物流质量控制

采购商品物流质量控制的大部分业务由采购部门实施完成。

1. 供求双方关系对质量的影响

虽然产品质量通常是由供应商负责。但需要通过采购部门的努力，通过培训供应商提高他们产品的质量。培训取决于供应商的产品质量以及采购方和供应商之间的关系类型。

对供应商来说，理想的解决办法是建立一个方案，在供应方对设计、制造和运输各个阶段进行质量控制。这样可以取消采购方接受货物时的重复检验，还能提高质量水平，降低制造成本，以及在采购方和供应商之间建立起一种相互信任的关系。

2. 分销配送职责

供应商的质量责任还应包括：

(1)在物品送到分销配送中心之前进行检查，做出充分的质量担保，尽量找出任何存在的质量缺陷；

(2)在发送时检查有缺陷的产品百分比；

(3)核实发送的有缺陷的产品，送回至产生这个错误的地方或者以订单的形式返回；

(4)确保分销配送中的每一项配送任务按期完成，以准时发送物品为目标；

(5)检查包装是否充分，运输方式和产品的装卸是否合理。

3. 客户服务

消费者的质量控制有其自身的特定要求：

(1)确定产品说明书和服务手册信息是否充分；

(2)访问用户，回答产品技术上的问题；

(3)检测顾客的满意度；

(4)发现或者预测顾客不满意的地方；

(5)收集并分析关于有缺陷的或者被退回的产品的信息；

(6)利用消费者的信息进行产品的重新设计和质量完善。

经理人员、工程师、技术人员和质量控制人员在客户服务部中均扮演了极其重要的角色，不仅在决定供应商成功地满足采购方的需要方面是这样的，在保持高的产品安全标准方面也是这样。

8.2 采购商品质量认证

8.2.1 采购商品质量认证的概念及方法

采购商品质量检验在实际操作中通常被认为是商品质量认证，故以下就统称为采购商品质量认证。

一、基本概念

根据《中华人民共和国产品质量认证管理条例》，产品（商品）质量认证是依据产品（商品）标准和相应的技术要求，经认证机构确认并通过颁发认证证书和认证标志来证明某一产品（商品）符合相应标准和相应技术要求的活动。

理解上述定义时，应注意抓住以下几个基本要素：

(1)质量认证的对象是货物（商品、产品）或服务。

(2)质量认证的依据是特定的货物（产品、商品）标准以及补充的技术要求。

(3)质量认证机构应为独立的第三方。

(4)证明质量符合认证标准的标识是认证证书或认证标志。

(5)质量认证一般遵循自愿性原则。

二、采购商品质量认证的方式

目前，世界各国的货物质量认证方式有以下8种：

(1)形式试验。形式试验是按照规定的试验方法对产品的样品进行一次性试验，以证明样品是否符合指定的标准和技术要求。

(2)形式试验加上市场抽样检验。这是一种带有认证后监督措施的形式试验。监督的办法是从市场购买样品或从批发商、零售商的仓库中随机抽样进行检验，以证明认证货物的质量持续符合标准和技术要求。

(3)形式试验加上供方抽样检验。这种质量认证方式和第二种相似，只是监督的方式有所不同，不是从市场上抽样，而是从供方发货前的产品中随机抽样进行检验。

(4)形式试验加上市场抽样和供方检验。这种质量认证方式是上述第二、三两种认证方式的综合，监督检验所用的样品来自市场抽样和供方随机抽样。

(5)形式试验加上对供方质量管理体系的评估，再加上分别对供方和市场抽样检验。这种认证方式的显著特点是，在批准认证的资格条件中增加了对供方质量管理体系的检查和评定，在批准认证后的监督措施中也增加了对供方质量管理体系的复查。

(6)只对供方管理体系进行评定和认可。这种认证方式也称为质量保证能力认证，是对供方按既定标准或技术规范要求提供产品的质量保证能力进行评定和认可，而不是对最终产品进行认证。

(7)批量检验。根据规定的抽样方案，对一批货物进行抽样检验，并据此做出该批货物是否符合标准或技术规范的判断。

(8)百分之百检验。对每一件货物在出厂前都要依据标准经认可的独立检验机构进行检验。

8.2.2 采购商品质量认证的程序

采购商品质量认证的一般程序如下：

一、采购商品质量认证标准

(1)制定认证用的货物标准。这是开展认证的前提和依据。通常是制定采用国际标准的国家标准,其中应包括对实验设备的要求和检验程序,以便在同样的外部环境和条件下,对来自不同地方的货物做出是否符合标准的公平判断。

(2)申请。由制造商、批发商按认证机构的规定填写申请书,正式向认证机构提出申请,其内容在 ISO/EC 第 22 号、28 号技术工作指南中均有详细规定。

(3)现场检查。由认证检察机构或其委托机构派人到申请企业,根据申请书和认证要求进行现场检查(初始检查),并抽取样品进行形式试验。具体内容为:

①检查和评价企业的质量管理体系,以鉴定是否具有持续提供符合标准的商品(产品)或服务的质量保证能力。

②按照规定标准的全部要求,对样品进行形式试验,确定货物(产品、商品)或服务的质量状况,根据试验结果,做出最终评定。

(4)颁发证书。认证机构在上述工作完成后,经委员会审查和评议,如认为符合有关规定和技术标准,则有认证机构办法认证证书,允许使用相关认证标志。

(5)例行监督。颁发认证证书后,认证机构继续对企业的质量保证体系进行监督检查。在认证标志使用有效期内,认证机构可随时在工厂、市场或用户单位抽取样品进行监督检验。经对质量管理体系的复查和样品的监督检验,如发现不符合规定的要求时,认证机构可根据具体情况,做出停止使用认证标志、撤销认证的处理决定,以维护认证机构的信誉。

二、实验室认证

对商品质量认证时,一般是由认证管理部门直辖的检测机构进行货物质量检验,也可以委托其他实验室承担这项任务,如科研单位、大专院校以及生产企业和商业企业的实验室等。但接受承担货物质量检验的实验室,要由认证机构认可,其检验结果才能取得社会公认。实验室认证是指依据认可准则和一定的技术能力;实验室设备条件、管理水平、检验工作质量等,评定合格的由认证机构办法认证证书,给予注册公布,证明该实验室为认证机构认可的检测实验室。实验室认证也称为实验室认可,主要包括检测实验室认可、检验人员(检查人员或审核人员)及评审人员认可。

8.2.3 采购商品质量检验的常用方法

【想一想】 某家公司新投资一个面包生产厂,现欲采购相关的原材料以及生产设备,请你分别为它们的如下原材料选择相关的检验方法。

(1)烤面包机;(2)面粉;(3)白砂糖;(4)食用颜料。

一、感官检验法

感官检验，又称感官分析、感官检查或感官评价，它是用人的感觉器官作为检验器具，对货物的色、香、味、形、手感、音色等感官质量特性，在一定条件下做出判定或评价的检验方法。它简便易行、快速灵活、成本较低，特别适用于目前还不能用仪器定量评价其感官指标的货物和不具备组织昂贵、复杂仪器检验的企业、部门及消费者。感官检验涉及绝大多数商品，主要有食品、药品、纺织品及服装、化妆品、家用电器、化工商品等。

按照人的感觉器官的不同，感官检验分为视觉检验、嗅觉检验、味觉检验、触觉检验和听觉检验等。

1. 视觉检验

视觉检验是用视觉来检查物品的外形、结构、颜色、光泽以及表面状态、疵点等质量特性。光、物品体、眼睛和大脑是构成视觉的要素。光线的强弱、照射方向、背景对比以及检验人员的生理、心理和专业能力，都会影响视觉检验效果。为了提高视觉检验效果的可靠性，视觉检验必须在标准照明（非直射典型日光或标准人工光源）条件下和适宜的环境中进行，并且应对检验人员进行必要的挑选和专门的训练。

2. 嗅觉检验

嗅觉检验是通过嗅觉检查商品的气味，进而评价货物质量。嗅觉虽然重要，但对人类来说可能是属于较退化的一种感觉机能。通常，由商品体发散于空气中的物质微粒作用于鼻腔上部嗅觉细胞，产生兴奋，再传入大脑皮层引起嗅觉感觉。为了保证嗅觉检验的工作质量，必须对检验人员进行测试、严格选择和培训，再检验中还应避免检验人员的嗅觉器官长时间与强烈的挥发物质接触，并注意采取措施防止串味现象。

3. 味觉检验

味觉检验是利用人的味觉来检查由一定滋味要求的货物（如食品、药品等）。味觉是溶解于水或唾液中的化学物质作用于舌面和口腔黏膜上的味觉细胞（味蕾）产生的兴奋，再传入大脑皮层而引起的感觉。为了顺利地进行味觉检验，一方面要求检验人员必须具有辨别基本味觉特征的能力，并且被检样品的温度要与对照样品温度一致；另一方面要采用正确的检验方法，遵循一定的规程。如检验时不能吞咽物质，应使其在口中慢慢移动，每次检验前后都必须用水漱口。

4. 触觉检验

触觉检验是利用人的触觉感受器对于被检货物轻轻作用的反应——触觉来评价货物质量。触觉是皮肤收到机械刺激而引起的感觉，包括触压觉和触摸觉，是皮肤感觉的一种。触觉检验时，应注意环境条件的稳定和保持手指皮肤出于正常状态，并加强对检验人员的专门培训。

5. 听觉检验

听觉检验是凭借听觉来检查货物质量，如检查玻璃制品、瓷器、金属制品有无裂纹或其他内在的缺陷;评价以声音作为重要指标的乐器、收录音机、音响装置等以及要求无噪声的机电商品;评定食品的成熟度、新鲜度、冷冻程度等。听觉检验至今尚无法用仪器测定来替代,其重要原因之一就是人的耳朵灵敏度高且动作范围宽,如20岁左右的正常年轻人耳朵,其最小可听值为0dB,动作范围20dB。人的听觉因人、声音波长的不同而异。听觉检验与其他感官检验一样,也需要适宜的环境条件,力求安静,避免外界因素对听觉灵敏度的影响。

二、物理检验法

物理检验法因其检验商品的性质和要求不同,采用的测试仪器和具体方法也不相同,通常又分为一般物理检验法、光学检验法、力学检验法和电学检验法等。

1. 一般物理检验法

它是一种通过各种量具、量仪、天平、秤或专用仪器来测定商品的长度、细度、面积、体积、厚度、质量(物体中所含物质的多少)、密度、堆密度、粒度、表面粗糙度等一般物理特性的方法。

2. 光学检验法

它是一种利用光学仪器(光学显微镜、折光仪、旋光仪等)来检验货物的方法。光学显微镜主要是用来观察、测量商品的细微结构,并根据这些形态结构特性,进一步鉴定货物的种类和使用性能。折光仪用于测定液体的折光率,在中间产品的质量控制和成品的质量分析中有重要的作用,例如鉴定植物油的掺假或变质。旋光仪通过对旋光性物质(分子中含有不对称碳原子的有机物,如蔗糖、葡萄糖、薄荷脑等)的比旋光度进行测定,可鉴定旋光性物质的纯度。

3. 热学检验法

它是一种使用热学仪器测定商品的热学特性的方法。这些特性包括熔点、凝固点、沸点、耐热性等。玻璃和搪瓷制品、金属制品、化妆品、化工商品、塑料制品、橡胶制品以及皮革制品等,它们的热学性质都与货物的质量和品种有关。

4. 力学检验法

它是一种通过各种力学仪器测定货物的力学性能的检验方法。这些性能包括抗拉强度、抗压强度、抗剪强度或抗弯强度、抗冲击强度、抗疲劳强度、耐磨强度、硬度、弹(塑)性等。商品的力学性能与其耐用性密切相关。

5. 电学检验法

它是一种利用电学仪器测定货物的电学特性(电阻、电容、介电常数、电导率、静电电压半衰期等)的方法。通过商品的某些电学特性如电阻、电容等的测量,还可以间接测定货物的其他质量特性,如吸湿性、材质的不匀率等。

三、化学检验法

化学检验法是用化学试剂和仪器对货物的化学成分及其含量进行测定,进而判定货物是否合格的方法。按照具体操作方法,它可分为化学分析法和仪器分析法两类。

1. 化学分析法

它是一种根据已知的、能定量完成的化学反应进行分析的方法。依其所用的测定方法的不同，又分为重量分析法、容量分析法和气体分析法。

(1)重量分析法

重量分析法是一种较准确的分析方法，它选择某种试剂与被测定成分反应，生成一种难熔的沉淀物，再通过过滤、洗涤、干燥、灼烧等过程，使沉淀与其他成分分离，然后根据这种沉淀物的重量计算被测成分的含量。

(2)容量分析法

容量分析法使再被测定成分溶液中，滴加一种已知准确浓度的试剂(标准溶液)，根据它们反应完全使所消耗标准溶液的体积计算出被测成分的含量。容量分析法操作简便，并能达到一定的准确度，应用非常广泛。

(3)气体分析法

气体分析法是用适当的吸收剂吸收试样(混合气体)中的被测成分气体体积的变化，来确定被测成分的含量。

2. 仪器分析法

是一类通过检验试样的光学性质、电化学性质等而求出待测成分含量的化学检验法。它包括光学分析法和电化学分析法。

(1)光学分析法

光学分析法是通过被测成分吸收或发射电磁辐射的特性差异来进行化学鉴定的，具体有比色法、分光光度法(原子吸收光谱、可见光谱和紫外光谱、红外光谱)、核磁共振波普法、荧光光谱法、发射光谱法等。

(2)电化学分析法

电化学分析法是利用被测物的化学组成与电物理量(电极电位、电流、电量或电导等)之间的定量关系来确定被测物的组成和含量。它包括伏安法、极谱法、电位滴定法、电导滴定法、电解分析法等。仪器分析法适用于微量成分含量的分析，操作较简便、快捷，但对某些成分灵敏度较低，不如化学分析法准确，且前处理费时，仪器价格较贵，对操作人员要求较高，从而使应用有一定的局限性。

四、生物检验法

生物学检验法是食品类、医药类核日用工业品类等质量检验的常用方法之一，它包括微生物学检验法和生理学检验法。

1. 微生物学检验法

微生物学检验法利用显微镜观察法、培养法、分离法和形态观察法等，对商品有害微生物存在与否及其存在数量进行检验，并判定其是否超过允许限度。这些有害微生物包括大肠杆菌、致病性微生物、霉腐微生物等，它们直接危害人体健康或危及货物的安全储存。

2. 生理学检验法

生理学检验法用于检验食品的可消化率、发热量、维生素和矿物质对机体的作用以及食品中某些成分的毒性等。该法多用活体动物进行试验。只有经过无毒害性试验后，视情况需要并经有关部门批准后，才能在人体上进行试验。

8.3 采购商品质量管理的注意事项

采购商品质量是影响产品质量的重要因素之一，它影响着企业的兴衰和成败。因此，在采购的全过程中实行强而有力的质量管理与控制，构建全新的采购质量管理体系，是企业发展和振兴的永恒主题。

8.3.1 培植现代质量管理理念，强化采购质量意识

随着经济一体化的进程加快以及 ISO9000 族标准的普遍采用，质量管理领域发生观念上的变革，一些新的质量管理理念不断涌现。为此，企业应培植现代质量管理理念，强化采购质量意识。而要做到这点，就要求企业领导在组织商品生产经济活动时，企业采购人员、质量管理人员、质量检验人员在从事采购商品质量管理与控制活动中，都必须树立和强化“质量第一”。“预防为主”、“持续改进”、“协作精神”、“注重质量效益”、“顾客至上”等理念，增强关心采购质量和保护质量的自觉性。质量意识的形成和提高，是一个长期的过程。但可通过以下方法强化质量意识的形成。

一、强化采购员质量意识

通过学习、宣传，提高采购人员的质量意识。通过各种形式的学习、宣传，提高采购人员对采购商品质量重要性认识，提高学法守法的自觉性，严格按质量法规、质量标准做好有关工作，树立以质量为核心的职业道德，明确没有质量，企业就没有效益，个人就没有利益，从而不断增强质量意识。

二、强化领导层的质量意识

提高领导质量意识。提高全员质量意识、关键在于企业领导层的质量意识，只有领导决策层有强烈的质量意识，高度重视采购质量工作，把质量管理作为企业经营中心工作真抓实干，才能提高全员质量意识，形成强大的内在动力，不断提高采购质量。

8.3.2 加强采购的全过程质量管理

采购过程实际上是商流和物流活动的完整结合，在这个过程中，涉及供应商的选择、与供应商谈判及成交、对供应商进行质量管理与控制、对供应商商品质量进行验证、进货检验与验收等活动，可见，采购商品的质量是一个系统工程，必须对每一个环节进行控制，实行全过程质量管理，严格把好每一个环节质量关。

一、明确各部门的质量职责，建立相应的质量控制程序

采购质量并不仅是采购部门的事，还与设计技术、质量管理、检验以及企业上层管理等部门有关。因此，应结合企业实际情况，商讨、分析、明确质量职责.在此基础上进行分工。一般来说，采购部门负责制定采购计划，使是采购质量管理与控制程序，确保供应商评价、采购资料、采购商品验证等活动均处于受控状态并建立供应商档案。质量管理部门负责采购商品质量认证和供应商质量管理水平与质量保证能力的审核评定，以及采购商品的进货检验和合格供应商资格的定期复审工作。设计技术部门根据采购商品对产品质量的影响程度进行分类，提供检验，试验规范并负责合格供应商名单的批准。检验部门对送检的样品根据委托内容进行检验试验和鉴定并出具检测，鉴定报告。企业上层管理部门主要制定采购政策，和有关部门一起确定货源，制定不合格处理程序，对供应商进行评级等。上述各部门的职责和分工并不是要求独立的完成，事实上，各项事项的完成需要有关部门的配合与协作。

二、建立健全采购质量管理制度

为保证采购商品质量，必须制定严格的质量管理制度，来规范和约束与采购有关的人员行为，防止暗箱操作。对做出突出成绩的部门和人员应给予奖励，对个别有章不循、损公肥私、定人情货、采购质次价高甚至假冒伪劣商品给企业带来经济损失的人，应坚决处理，情节严重的应送司法机关处理，以保障采购质量管理工作有章可循，树立质量监督的权威性。

(1)实施“三统一分”制度。所有采购商品统一采购验收，统一审核结算、统一转账付款，费用分开控制。只有统一采购验收，才能保证质量，满足需求。

(2)实施“五到位一到底”制度。“五到位”就是采购的每批商品必须由采购人、验收人、证明人、批准人、财务审核人在凭证上签字才算手续齐全;“一到底”即是负责到底，谁采购谁负责到底，包括价格、质量、使用效果都记录在案并经得起检查。

(3)建立起较完善的供应商质量管理制度。对供应商的选择、评定、审核等工作均应建立完善程序，严格按要求和标准执行。

(4)建立采购商品质量档案制度。建立采购商品质量档案有利于全面、动态地掌握采购商品质量，便于及时向供应商进行信息反馈，不断改进和提高商品质量。为此，也可以根据自己情况，应有重点有选择地对大宗、关键、技术性强的采购商品建立相应的质量档案。质量档案的内容要全面，主要包括商品的合格证、试验报告、化验单、使用说明书、验收记录、保管保养记录、出库检验记录、使用中发现问题的处理意见等。要建立质量档案的管理制度，设置专人对质量档案进行管理，以供选择，优化供应商时参考。

(5)建立全过程、全方位质量管理制度。全过程质量监管是指从计划、审批、询价、招标、核算等所有环节都有监督，重点是制定采购计划，供应商选择供应商质量控制、质量验收 4 个环节的监管，以保证对供应商的选择和验收不降低标准，不弄虚作假。全方位监管是指行政监察、财务审计、制度考核三管齐下。

三、加强对供应商的动态管理

要提高采购商品质量，以保证在合格的供应商名单范围内采购，同时，应加强对供应商的管理。为此，企业应按照采购要求，对不同采购商品进行定期质量缺陷分级评定，据此对供应商进行等级评定。另外，也可以定期对供应商的质量稳定性、售后服务水平、供货及时性、供货量的保证能力进行综合评价。对优秀的供应商继续保留或提高等级，对不好的供应商进行降级处理或从供应商名单中剔除，实现供应商质量管理的良好循环。

四、严格把好质量检验关

(1)质量检验人员应熟知质量采购标准，试验方法质量评定规程，对于新标准，应认真宣传贯彻，弄清其技术原理。

(2)质量检验人员应按照采购标准中的取制样方法取制样，确保选取样品的代表性。

(3)质量检验人员应按照采购标准中试验方法标准的各项要求，对采购商品进行检验。

(4)检验人员应将检验结果与采购标准中技术指标进行比较，做出合格与否的判定，并根据检验结果签发合格证明。

(5)加强不合格品的控制。发现不合格品应及时记录，并采取标识、隔离、评审、处置、预防等措施。

8.3.3 努力做好采购商品质量管理的基础工作

一、做好基础工作

为保证采购商品质量，企业应做好采购商品质量管理的基础工作，制定采购商品的重要性分级。

企业在考虑采购质量控制方案时，首先要对采购商品进行重要性分级。商品质量重要性分级由产品的规格、性能和结构以及影响产品的适用性所决定，是设计传递给工艺、制造和检验等的技术要求和信息。分级的基本原则是采购商品对产品品质的影响程度，同时还应考虑对流动资金的占有量等因素：

(1)关键类(A类)产品：对产品质量有直接影响，对产品性能起决定作用。

(2)重要类(B类)产品：对产品质量有间接影响，对产品性能有一定影响。

(3)一般类(C类)产品：除以上两类以外的采购产品。

企业应根据采购商品的重要程度，制定分级管理办法，对供应商采取不同程度的控制。

二、做好信息处理工作

做好采购商品质量信息的搜集、加工、存储和传递工作。采购商品质量信息是进行采购质量决策的依据，是改进采购商品质量、改善采购各环节工作质量的最直接的原始数据，也是进行质量控制的基本依据。

1. 质量信息的搜集

质量信息的搜集是质量信息工作的重要环节。质量信息搜集的内容具体包括：质量方针、政策，质量法律、法规，质量标准、图纸、技术规范、合同中的质量条款、检验规程、检验记录、产品合格证、化验单、试验报告、检验和试验设备的控制与标准程序、使用中发现产品质量问题的记录等。

2. 质量信息的加工与存储

为使搜集的信息能被充分利用，充分发挥质量信息的作用，还必须对质量信息进行加工处理。经加工处理后的质量信息应存储备用；这就需要建立一个高效、灵敏的质量信息管理系统，随时都可以查询到所需的质量信息。

3. 质量信息的传递

为了将质量信息及时提供给有关部门和人员，就必须进行信息传递工作。信息传递有多种形式，为快捷、方便获得质量信息，可通过计算机信息网络进行信息传输。

三、提高采购人员的素质

采购商品的质量与采购人员的素质有一定的关系。采购工作是一项技术和业务性都比较强的工作，要求采购人员不但要有高度的事业心和责任感、遵纪守法、坚持原则、秉公办事，而且要熟悉采购业务，掌握一定的商品学、材料学方面的知识，具有一定的"识货"技能。对采购员的岗位应作为关键岗位来对待，对采购员要有明确、严格的要求。如政治思想表现、职业道德，业务能力、技术水平、文化程度、工作年限、社交能力等都应达到一定的要求。对采购员应进行岗位培训，经考核合格，方能上岗。对采购员的聘用应引入竞争机制和激励机制，能者上，庸者下。对采购中及时发现质量问题并妥善处理，避免造成重大经济损失的，应予以奖励，对由于不负责或内外勾结采购假冒伪劣商品者给予惩罚并解聘。

采购到符合质量要求的商品是实现采购工作的重要组成条件之一，是采购业务员应该重点掌握的知识。本章对于采购商品质量的介绍使得采购人员能够得到一个完整的认识。

本章篇首案例分析：

(1)看重产品，更看重供应商

对于沃尔玛这样的超级零售商，供应商的产品只是其中一个方面。沃尔玛首先看中的是企业，其次才是产品，它对供应商的选择高于对商品质量的选择。对于他们，选择了合适的供应商才有可能采购到合格的商品。没有好的供应商，一切都无从谈起。也就是说，产品的丰富性并不是沃尔玛考虑的重点。

(2)多重措施，确保采购质量

为了确保采购质量，沃尔玛主要采取了以下措施：

①沃尔玛和供应商之间还有一个不成文的规定：如果供应商提供的某商品在单店出现质量问题，供应商需赔偿5000元左右，如果是很多店，或者是造成重大损失，沃尔玛可能会通过诉诸法律的途径索赔。

②沃尔玛的供应商大都是经过筛选的长期合作商业伙伴，每增加一种新产品，除了采购部把关，法律部也将参加审核，包括审核该商品的商标注册证或者授权证书等文件，以确保商品的合法性，防止假冒产品。

③为了杜绝供应商和采购员"勾结"，避免采购人员对商品把关不严而造成损失，沃尔玛还有几个部门专门对供应商进行长期培训：防损部给供应商上课，告知他们如何拒绝采购员的索贿和如何投诉等内容，同时也要求供应商不得行贿、请客吃饭或者给沃尔玛员工家属提供便利；财务部会教沃尔玛的供应商如何快速结账；而采购部的商品行政部将负责培训供应商使用沃尔玛的网络电子工具等。

(3)对供应商的质量审核

其中对产品供应商的"关键问题"包括：年龄、平均收入、家庭规模、地理位置、人口规模及预期增长，要求供应商集齐所有的产品文献，包括产品目录、价格清单等，选择好样品进行提交。

供应商的申请一旦被沃尔玛审核通过，经过谈判双方就可以签订正式的"供应商协议"。

J 技能训练

采购质量管理

一、训练目标

熟悉商品的标准，了解采购商品的检验方式以及验收工作程序，能够独立设计出采购商品的检验程序，通过技能训练提高制定商品验收规则的能力。

二、训练准备

1. 将学生分成5～6人一组。

2. 查阅下列资料：

(1)《商品检验法》相关内容规定。

(2)《商品检验法实施条例》相关内容规定。

(3)商品检验的方法规定。

(4)ISO系列产品的质量说明书。

3. 设定若干案例背景，每个案例都有不同种类的商品，小组成员需要熟悉本组商品。

三、训练步骤

1. 根据查阅的资料，列出我国对商品检验中的相关规定。

2. 根据查阅的资料，可以找到针对于案例中出现的商品列出检验规则。

3. 根据案例中商品的特点，制定出可行的验收报告。

4. 针对于该检验规则，写出有关的检验、验收成本核算报告。

四、注意事项

1. 资料的查阅范围要广泛，内容要全面，在调查收集资料时要做到认真细致。

2. 制定检验规则时要结合实际情况。

五、考核方法

具体考核项目见表 8-1。

质量管理技能训练考核表表 表 8-1

被考评人				
考评地点				
考评内容	采购合同的拟定			
考评标准	内容	自我评价	教师评价	综合评价
	查阅的资料范围广泛性			
	检验的标准是否全面			
	检验方法是否合理			
	验收程序是否可行			
	检验、验收成本核算是否合理			
该项技能能级				

注：1. 综合评价：以教师评价为主，自我评价作为教师对学生初期能力参考条件。

2. 能级标准：

①1 级标准：在教师指导下，能部分完成某项实训作业或项目；

②2 级标准：在教师指导下，能全部完成某项实训作业或项目；

③3 级标准：能独立地完成某项实训作业或项目；

④4 级标准：能独立地又快又好地完成某项实训作业或项目；

⑤5 级标准：能独立地又快又好地完成某项实训作业或项目，并能指导其他人。

六、课外训练

1. 搜集生活中某些公司的采购质量管理中出现的问题。

2. 布置学生就搜集来的案例中出现的问题进行分析、总结并提交分析报告。

C 案例分析

供应商质量管理

由于竞争的日益加剧，Kodak 公司不得不时刻注重降低成本。而降低成本的重要途径之一就是精简供应商数量，即必须与更少的供应商保持更密切的合作，从而对这些供应商的供货质量的要求就更加严格。Kodak 公司下一步的工作就是确定供应商供货质量管理措施。

思考题

请你根据材料说明如何在建立与供应商合作伙伴关系中对供应商进行质量管理。

E 自测练习题

一、选择题

1. 商品质量控制的阶段有(　　)。

A. 设计控制　　B. 制造控制　　C. 物流控制　　D. 销售控制

2. 商品检验方法有(　　)。

A. 感官检验法　　B. 物理检验法　　C. 化学检验法　　D. 生物检验法

3. 感官检验的方法有(　　)。

A. 视觉检验　　B. 味觉检验　　C. 触觉检验　　D. 光学检验

4. 质量管理的三统一分制度有(　　)。

A. 统一审核　　B. 统一付款　　C. 统一验收　　D. 分开控制

二、判断题

1. 采购商品的经济性是反映产品合理的寿命周期费用。

2. 质量认证的对象是特定的货物(产品、商品)标准以及补充的技术要求。

3. 利用消费者的信息进行产品的重新设计和质量完善是客户服务质量的工作内容。

4. 试验方法是对出厂检验、验收检验以及监督检验所做的有关技术规定。

5. 检验规则是为考核与判定货物质量是否符合标准要求,面对试验方法、程序手段以及试验结果分析处理等所做的具体规定。

三、简答题

1. 简述全面质量管理的核心内涵。

2. 采购质量管理对于企业的作用主要体现在哪几个方面?

3. 为了实现采购质量管理的目标,采购部门的工作内容主要包括哪几个方面?

第9章　采购绩效评估与改进

教学目的和要求

1. 了解采购绩效评估的目的；
2. 熟悉采购绩效评估的组成与评估标准；
3. 了解采购绩效评估的方式与方法；
4. 熟悉如何设定采购绩效评估指标；
5. 掌握提高采购绩效的途径。

关键词汇

采购绩效　历史绩效　标准绩效　目标绩效　标杆管理　协同采购

引导案例

埃森哲公司的发现

埃森哲公司是全球最大的管理咨询公司和技术服务供应商。在为顾客提供供应链咨询服务的过程中和对《财富》500强企业的调查中，埃森哲公司发现采购绩效优异的公司，在以下4个方面有独到之处。

1. 建立统一的测评机制

在大多数企业中，CEO和负责采购的副总或其他高层主管，对采购业绩各有自己的评价标准。在某种程度上，这属于正常现象，因为企业的高层管理人员，总有一些与所担任的职位相联系的具体目标，而对不同的事情有不同的优先考虑顺序。很多公司都要应对这种采购评价标准的不连贯状况。在这方面走在前面的公司，CEO和采购主管使用同一个平衡记分卡来评估绩效，以便使每一个人都能够以大致同样的方式理解采购信息。遍及全公司的平衡记分卡帮助各个不同的业务部门调整它们处理业务轻重缓急的顺序，制定目标和期望，鼓励有利于业务开展的行为，明确个人和团队的责任，决定报酬和奖励，以及推动不间断的改进。

2. 积极的领导作用

有眼光的采购领导的第一个任务，也是最重要的一件任务，是确立全局的采购策略。一般而言，这个策略应该围绕企业如何采购物资和服务，如何提高绩效水平来规范业务实践、政策，以及优先考虑的事情和做事情的方法。其中最重要的一点，是要把采购和整个供应链管理结合起来。企业采购供应链管理是以采购产品为基础，通过规范的定点、定价和订货流程，建立企业产品需求方和供应商之间的业务关系，并逐步优化，最终形成一个优秀的供应商群体的方法。

3. 创造性地思考组织架构

采购业务做得好的公司，最常用的组织架构形式是根据同类物品划分组织。这种架构使公司可以在全局范围内集合采购量，并且有利于集中供应基地。按同类物品划分的组织架构也有利于采购人员深入学习行业、产品和供应商方面的知识，并且学会在与供应商的对话中统一口径。但是，这种方式也有不足之处。例如，因为要与公司内跨不同事业部的内部客户打交道，协调和合作可能比较困难。地处一隅的客户可能会觉得自己离供应商的选择和管理流程太遥远，因而可能会禁不住想独自与外界的供应商发展和保持关系。为了应付这种挑战，有些公司尝试集中学习采购知识，如招标、合同、谈判、服务等，使这些知识成为采购优化中心。在公司内部，这些知识能帮助提高地方用户的接受程度，降低发展关键技能所花的时间和资源，并且有助于在分散的采购环境中培养合乎法律和道德规范的行为。

4. 全企业范围内的整合

为了让有效率的、从企业出发的采购理念取得优势地位，绩效优异的公司常常依靠覆盖全企业范围的采购团队。这些团队的成员包括采购、工程和产品开发的代表，有时也会有财务、销售、分销和 IT 部门的人员参与。这些团队一起决定策略采购优先考虑的事项，设计物料占有成本模式，发展品种策略，并设计供应商选择标准。对于大多数的公司来说，在采购方面要取得好的业绩，需要有改变采购能力的意愿。在这方面作出改进，其效益是明显的。例如据《市场报》报道，河南正龙食品有限公司的采购部门实施了零配件采购公示制度，每周对零配件供应商的名称、采购数量、价格公布一次，让实际使用这些零配件的管理人员、技术部门和工人对不同供应商的产品进行比较，并将意见反馈到采购部门。仅这一项措施就使设备维修费从每月 8 000 元降为 4 000 元。

（资料来源：http://info.service.hc360.com）

9.1 采购绩效评估概述

采购绩效主要是用来衡量采购部门的目标达成情况以及采购部门的工作表现。商品采购工作在一系列的作业程序完成之后，是否达到了预期的目标，企业对采购的商品是否满意，是需要经过考核评估后才能下结论的。商品采购绩效评估就是建立一套科学的评估指标体系，用来全面反映和检查采购部门工作实绩、工作效率和效益。采购绩效评估的对象包括整个采购部门以及单个采购人员。

那么，我们为什么要进行采购绩效评估呢？

9.1.1 评估的目的

采购绩效评估的目的包括以下 6 点。

一、确保采购目标之实现

各企业的采购目标互有不同，例如政府采购的采购单位偏重“防弊”，采购作业以“如期”、“如质”、“如量”为目标。而民营企业的采购单位则注重“兴利”，采购工作除了维持正常的产销活动外，非常注重产销成本的降低。因此，各企业可以针对采购单位所应追求的主要目标加以评估，并督促它的实现。

二、提供改进绩效之依据

绩效评估制度，可以提供客观的标准，来衡量采购目标是否达成，也可以确定采购部门目前的工作表现如何。正确的绩效评估，有助于指陈采购作业的缺失所在，而据以拟订改善措施，而收到“检讨过去、策励将来”之效。

三、作为个人或部门奖惩之参考

良好的绩效评估方法，能将采购部门的绩效独立于其他部门而凸显出来，并反映采购人员的个人表现，作为各种人事考核的参考资料。依据客观的绩效评估，达成公正的奖惩，当能鼓舞采购人员择善固执，而使整个部门发挥合作效能。

四、协助人员甄选与训练

根据绩效评估之结果，可针对现有采购人员工作能力之缺陷，拟订改进的计划，例如安排参加专业性的教育训练；若发现整个部门缺乏某种特殊人才，则可另行由公司内部甄选或向外界招募，例如成本分析员或机械制图人员等。

五、促进部门关系

采购部门之绩效，受其他部门能否配合的影响很大。故采购部门之职责是否明确，表单、流程是否简单、合理，付款条件及交货方式是否符合公司的管理制度，各部门之目标是否一致等等，均可透过绩效评估而予以判定，并可以改善部门间的合作关系，增进企业整体的运作效率。

六、提高人员的士气

有效且公平的绩效评估制度，能使采购人员的努力成果获得适当回馈与认定。采购人员透过绩效评估，将与业务人员和财务人员一样，对公司的利润贡献具有客观的衡量尺度，成为受到肯定的工作伙伴，对其士气之提升大有帮助。

9.1.2 评估小组的组成

对评估人员的选择与评估的目标有着密切的联系，要选择最了解此项工作情况的人员、与评估目标实现联系最密切的部门参与评估。一般选择以下几类部门和人员参与评估。

一、采购部门主管

采购部门主管是对所管辖的采购人员实施绩效评估的第一人，因为采购主管最熟悉采购人员的工作任务，而且所有采购工作任务的指派或工作绩效的优劣，都在他们的直接监督之下，所以，由采购主管负责评估，可以更全面、公正、客观地评价每个采购人员的工作绩效。但是，也要注意到这样一个问题，就是采购部门主管进行评估可能会包含一些个人感情因素，会使评估结果出现偏差，影响评估的客观性。

二、财务部门

采购过程伴随着资金的流动，而且，一个企业的采购金额占企业之处比例非常高。在传统制造业中，采购成本一般占产品总成本的50%～70%。采购成本的节约，对于企业利润的贡献相当大。财务部门掌握着企业产销成本的全部数据，掌控着资金的流入流出，因此能够从采购成本的节约对企业利润的贡献以及资金周转方面对采购部门的工作绩效进行评价。

三、销售部门

当采购项目的品质和数量对企业最终产成品质量和销售影响重大时，应该由销售部门参与采购绩效的评估。

四、生产主管部门或工程部门

对于设备采购、原材料和零配件采购及项目采购等，采购货物的质量、数量、时间对企业生产的顺利进行、最终产品的品质都有影响，因而生产主管部门或工程部门也能够从采购是否办证生产和项目建设的顺利进行方面对采购部门的工作绩效进行评估。

五、供应商

供应商是采购过程中与企业采购部门合作最多、最频繁的一方，对于采购部门的运作方式、工作状态自然有较为真实、详细的了解。因而，有的企业通过正式或非正式渠道，向供应商探寻其对于采购部门或人员的意见，以了解采购部门或人员的工作情况，间接地评价采购绩效。

六、专家顾问

为了是评估结果更为客观、权威、公正，避免企业各部门之间的本位主义或门户之见，可以聘请相关的采购专家或管理顾问，对本企业的采购制度、组织形式、人员及工作绩效等作出客观的分析和建议。

采购绩效评估的对象包括整个采购部门以及单个采购人员。对采购人员的绩效评估可以由采购部门主管来操作，也可以间接地由供应商处了解情况；对于采购部门的绩效评估则可以由企业高层管理者组织相关各部门及外部专家进行评估工作。

9.1.3 评估标准

在采购绩效评估中，经常要决定采用何种标准与目前实际绩效比较。一般常见的标准有几种：

一、历史绩效标准

选择公司历史绩效标准作为评估目前绩效的基础，是相当可行、有效的办法。但是只有当公司的采购部门，无论是组织、职责还是人员等，均没有重大变动的情况下，才适合使用此项标准。

二、预算或标准绩效

如果历史绩效难以取得或采购业务变化比较大，可以使用预算或标准绩效作为衡量的基础。标准绩效的设定要符合以下三种原则：

(1)固定性：预算或标准绩效一旦设立，就不能再有所变动。

(2)挑战性：标准的实现要具有一定的难度，采购部门和人员必须经过努力才能完成。

(3)可实现性：设立的标准应在现有内外环境和条件下经过努力，确实应该可以达到的水平，通常依据当前的绩效加以衡量设定。

三、行业平均绩效标准

如果其他同行业公司在采购组织、职责以及人员等方面与本企业相似，则可与其绩效进行比较，以辨别彼此在采购工作成就上的优劣。数据资料既可以使用个别公司的相关采购结果，也可以应用整个行业绩效的平均水准。

四、目标绩效标准

预算或标准绩效是代表在现在的情况下，应该可以达成的工作绩效；而目标绩效则是在现在的情况下，非经过一番特别的努力，否则无法完成的较高境界。目标绩效代表公司管理当局对工作人员追求最佳绩效的期望值。

9.1.4 评估的方式和方法

一、采购绩效评估的方式

采购绩效评估的方式可分为定期评价及不定期评价。

1.定期评价

定期评价主要是和公司年度人事考核同步进行的对采购人员工作情况的评估,一般而言,以工作人员的工作表现作为考核内容,包括工作态度、合作精神、工作、学习能力、忠诚度、积极性等,但对采购人员的激励及工作绩效之提升,并无太大作用。若能以目标管理的方式,即从各种工作绩效指标当中,选择当年重要性比较高的项目作为目标,年终按实际达成程度加以考核,则必能提升个人或部门的采购绩效。使用这种方法可以摒除“人”的抽象因素,以“事”的具体成就为考核重点,因此,比较客观公正。由于使用这种方法时,人们会特意追求考核目标的提高而忽略其他方面,因此对目标选择的要求比较高,要求目标选择全面。

2.不定期评价

不定期的评价是跟踪特定的采购项目,由项目执行人自己根据具体情况的变化而随时进行的评估。一项采购任务完成以后,采购人员本身就要对该项采购任务的完成情况有一个总结和评估。同时,不定期的绩效评估以特定的项目方式进行,例如,公司要求某项产品的采购成本降低8%,当设定的期限一到,即评估实际的成果是否高于或低于8%,并一次为依据给予采购人员适当的奖惩。这种评估方式,特别适用于新产品开发计划、资本之处预算、成本降低专项方案等。

二、采购绩效评估的方法

采购绩效评估方法直接影响评估计划的成效和评估结果的正确与否。常用的评估方法有:

(1)排序法。在直接排序法中,主管按绩效表现从好到坏的顺序一次给员工排序,这种绩效表现既可以是整体绩效,也可以是某项特定工作的绩效。

(2)两两比较法。两两比较法指在某一绩效标准的基础之上把每一个员工都与其他员工相比较来判断谁“更好”,记录每一个员工和任何其他员工比较时被认为“更好”的次数,根据次数的高低给员工排序。

(3)等级分配法。等级分配法能够克服上述两种方法的弊端。这种方法由评估小组或主管先拟定有关的评估项目,按评估项目对员工的绩效作出粗略的排序。

9.1.5 评估的策略

如何才能正确实施采购绩效评估呢?下面介绍几个成功实施采购绩效评估的策略。

一、制度化

制度化是采购绩效评估持续、规范、有效进行的重要保证。只有将采购绩效评估的目的、原则、组织、方式、方法、步骤、内容、时机及指标体系等以规章制度的形式进行明确的规定,评价活动才有可靠的依据,才能实现评价的规范性,也才能在持续的评价中通过激励、监督等手段,有效地促进采购机构提高物资采购绩效,实现物资采购的整体目标。

二、专业化

采购绩效评估是一项专业性很强的工作，要求必须有具备专业知识的评价人员、专业的评价队伍和专业的评价组织。只有建立了明确、规范、科学的专业化评价组织，培养起既懂物资采购又掌握绩效评估原理的专业化评价人员，形成结构合理、组合科学、专业全面的专业化评价队伍，物资采购绩效评估才能规范、有序、顺畅、高效地进行，绩效评估活动才能具有权威性和严肃性，物资采购绩效评估的作用才能真正发挥出来。

三、公开化

采购绩效评估的目的之一，就是通过比较评估，达到激励先进，督促后进，共同促进采购事业的发展。只有实行了公开化，才能有效地保证评价结论的公正合理，也才能使参与采购的有关各方透明地知道评价结果，从而使采购部门产生向上的压力和动力，通过有效的激励更好地达到绩效评估的目的。

9.2 采购绩效评估指标

9.2.1 评估指标设定的内容和前提

采购绩效评估中非常重要的一点是正确设定采购绩效评估指标。

一、采购绩效评估指标设定的内容

采购绩效评估指标的设定是采购绩效评估的重要内容。一个有效的采购绩效评估方案，绩效指标的确定是一个重要的环节。采购绩效指标设定包括3个方面的内容：一是要选择合适的指标；二是绩效指标的目标值要充分考虑；三是确定绩效指标要符合有关的原则。

二、采购绩效评估指标设定的前提

在确定采购绩效评估指标目标值时要考虑以下前提：

(1)内部顾客的要求，即满足生产部门、品质管理等的需要。原则上，供货商的平均质量、交货等综合表现应该高于本公司内部质量与生产计划要求，只有这样供货商才不至于影响本公司的内部生产与质量。

(2)所选择的目标及绩效指标要同公司的大目标一致。

(3)具体设定目标时既要实事求是、客观可行，又要具有挑战性。

因此，采购绩效评估指标的确定是一项具有挑战性的工作。它是评估采购工作成果的尺度和标准，是准确、客观、全面、科学地进行采购绩效评估地前提和基础。而一项评价指标往往只能从某个侧面反映采购绩效的某个特征。因此，要想全面、综合、准确地考察和评估采购部门在一定时期内的采购工作绩效，就必须把一系列相互联系、互为因果的指标进行系统地组合，形成相应的评估指标体系。

9.2.2 评估指标的设定

采购人员在其工作职责上，必须达成适时、适量、适质、适价及适地等基本任务，因此，其绩效评估自应以此“五适”为中心，并以数量化的指标作为衡量绩效的尺度。

一、品质绩效

采购的品质绩效可由验收记录及生产记录来判断。前者系指供应商交货时，为公司所接受(或拒收)的采购项目数量或百分比；后者则是交货后，在生产过程中发现品质不合的项目数量或百分比。

它们的验收指标的计算公式分别是：

(1)进料验收指标＝合格(或拒收)数量/检验数量

(2)在制品验收指标＝可用(或拒用)数量/使用数量

若进料品质管制采用抽样检验的方式，则在制品品质管制发现品质不良的比率，将比进料品质管制采用全数检验的方式为高。拒收或拒用比率越高，显示采购人员的品质绩效越差，因为未能找到理想的供应商。

二、数量绩效

当采购人员为争取数量折扣，以达到降低价格的目的时，却可能导致存货过多，甚至发生呆料、废料的情况。

(1)费用指标：现有存货占用资金利息及保管费用与正常存货水准资金利息及保管利息费用之差额。

(2)呆料、废料处理损失指标：处理呆料、废料的收入与其取得成本的差额。

存货积压占用资金利息及保管费用越大，呆料、废料处理的损失越高，显示采购人员的数量绩效越差。不过此项数量绩效，有时受到公司营业状况、物料管理绩效、生产技术变更或投机采购之影响，故并不一定完全归咎采购人员。

三、时间绩效

这项指标是用以衡量采购人员处理订单的效率，及对于供应商交货时间的控制。延迟交货，固然可能形成缺货现象，但是提早交货，也可能导致买方负担不必要的存货成本或提前付款的利息费用。

(1)紧急采购费用指标：紧急运输方式(如空运)的费用与正常运输方式的差额。

(2)停工断料损失指标：停工期间的所有损失，包括作业人员薪资损失。

事实上，除了上述指标所显示的直接费用或损失外，尚有许多间接的损失。例如经常停工断料、造成顾客订单流失、作业员离职，以及恢复正常作业的机器必须做的各项调整(包括温度、压力等)。紧急采购会使得购入的价格偏高品质欠佳，连带也会产生赶工时间必须支付额外的加班费用。这些费用与损失，通常都未加以估算在此项绩效指标内。必要的话，也可以将这些间接的费用和损失也量化为一定的指标，使绩效衡量更加全面、准确。

四、价格绩效

价格绩效是企业最重视及最常见的衡量标准。透过价格指标，可以衡量采购人员议价的能力以及供需双方势力的消长情形。

价格绩效指标包括参考性指标和控制性指标。参考性指标主要有：年采购额、各采购人员年采购额、供应商年平均采购额、各采购物品年度采购基价、几年平均采购基价等。这些指标一般是作为计算采购相关指标的基础，也是表示采购规模、了解采购人员及供应商负荷的参考依据，是进行采购过程控制的依据和出发点。控制性指标是反映采购改进过程及其成果的指标，包括：平均付款周期、采购降价、本地化采购率等。下面介绍几个主要的价格绩效指标：

1. 年采购额

年采购额包括：生产性物料与零部件采购总额、非生产性采购总额（设备、备件、生产辅料、软件、服务等）、物料采购总额占产品总成本的比例等。也可以按采购付款的币种分为：人民币采购额及其比例、不同外币采购额及其比例。此外，采购额指标还可以分解到各采购员及供应商，计算出每个采购人员的年采购额、各供应商年采购额、供应商年平均采购额等。

2. 采购价格

采购价格包括：各种物料的年度基价、所有物料的年平均采购基价、各物料的目标价格、所有物料的年平均目标价格、各物料的降价幅度及平均降价幅度、降价总金额、各供应商的降价幅度、实际价格与标准价格的差额、实际价格与过去平均价格的差额、使用时的价格与采购的价格差额、本地化采购率、与伙伴工厂联合采购额及比例、联合采购的降价幅度等。

3. 付款方式

付款方式包括：平均付款周期、目标付款期等。

五、采购效率（活动）指标

以下列各项指标可衡量在达成采购目标的过程中，各项活动的水准或效率。采购金额、采购金额占销货收入的百分比、订购单的件数、采购人员的人数、采购部门的费用、新供应商开发个数、采购完成率、错误采购次数、订单处理的时间。

其中新供应商开发个数指标的意义在于为使供应来源充裕，对单一来源的物料，通常要求采购人员必须在期限内扩增供应商家数。此一绩效指标，亦可以用单一来源物料，占所有A类物料的比率来衡量。

采购完成率指标为衡量采购人员努力的程度，其计算公式为：

完成率指标＝本月累计完成件数/本月累计请购件数完成件数

它有两种计算标准，第一种标准是，采购人员签发订购单即计算，另一种标准则必须等供应商交货验收完成才计算。不过，采购人员若为提高完成率，使议价流于形式，则将得不偿失；因此，若无停工断料之虞，完成率稍低亦无妨。

错误采购次数系指未依有关的请购或采购作业程序处理的采购业务。譬如错误的请购单、没有预算的资本支出请购案、未经请购单位主管核准的采购业务、未经采购单位主管核准的订购单等。此等错误次数，应要求将至零。

订单处理时间指标是指企业采购人员处理采购订单的过程所需要的平均时间，它是用来衡量采购人员的工作效率的指标。

通过采购效率(活动)指标，可以衡量出采购活动水准上升或下降，由此不难了解采购人员工作的压力与能力，这对于改善或调整采购部门之组织与人员，将有很大的参考价值。

【小资料 9-1】 **亚星公司物资采购绩效考核案例**

最近几年来，亚星公司以年度经营为主线，将目标层层分解落实，辐射到企业的方方面面，做到人人肩上有指标，千斤重担有人挑，保证了企业整体经营目标的实现，并保持了企业较强的增长势头。

对主要原材料及辅料价格，亚星公司采用通过分析成本倒推的价格和上年实际采购平均价格以及上年最后一个月的平均价格而定。例如某种物资年平均采购价格为每吨 248 万元，当年年末平均价格为 238 万元，而生产该种产品的成本倒推最高限价不能突破 250 万元，经分析为确保该种产品的销售目标，确定最高采购价为 230 万元。

对供应部门的承包，亚星公司采取年度承包、分月考核、年终统算的方式，规定完成年度承包目标，负责人年收入为公司职工收入的 2～5 倍，部门人员的奖金收入为一线生产人员的 2 倍。年度考核的主要指标是对主要原材料及辅料按每月规定的最高控制价格，以节约额比例提奖，采购质量作为否决项。公司供应处年采购成本下降了 9.5%，大大超过了下降 2%的承包目标，但由于在采购质量上出现过三次不合格，而被否决了 40%的奖金。对于在备品备件采购和设备招标方面，为公司节约资金，取得明显经济效益的，实行单项奖励，但必须是在经审计确认之后。对承包修理费用目标，按节约额的 4%给予提取。对于市场价格信息，及时了解向公司建议后带来明显经济效益的给予单项奖励。对采购环节的验收、检验、入库等，各部门按各自在“购销比价”体系中的职责考核，对非法私自收受回扣损公肥私的、高价采购物品的、泄露采购物品控制价格机密的，给予通报批评、调离岗位、罚款、记过、除名等处分。

1. 责任目标

(1)采购费用比去年下降 2%，采购价格控制在公司下达的最高限价之内。

(2)无采购原因影响生产事故发生。

(3)部门全年费用 7 万元(办公费、通讯费、差旅费)。

2. 年度考核

对责任目标实行全年统一考核。采购费用下降2%，负责人年总收入以公司职工平均收入的2～5倍计算。因管理不善，造成在采购质量、价格、供货时间等方面出现重大问题的，除否决奖励外，随时解聘职务。

3. 月度考核

(1)采购平均价格低于公司定价部分，按节约额的3%比例提取，高出部分同步扣罚。

(2)原材料及辅料的采购质量不合格，每次每项扣除奖金总额的5%，严重的可否决全部奖金。

(3)采购物品路耗超出定额部分，承担全部损失。

(4)费用定额每月0.58万元，节约部分按20%比例提取，超出部分全额扣除。

4. 工作要求

(1)按计划采购，满足生产需要，确保采购质量。

(2)必须用比价管理办法进行原材料及辅料采购。

(3)按ISO9002质量体系要求，在合格分承包方处采购物品，开辟新供应点要按合格分承包方程序进行。

9.3 采购绩效的改进

具有丰富经营知识和经营经验的专家，深入到经营现场和采购人员密切配合，运用科学方法，根据一定指标体系，对采购绩效作出定量评价或确有论据的定性分析，以便企业对采购活动进行改进。但是，提升企业的采购绩效是一项复杂的工作，在理论和实践中都没有一套完全成熟的体系和方法。这里简单介绍几个改善采购绩效的措施。

9.3.1 营造绩效改进的工作氛围

如果采购组织内部存在严重的矛盾，采购人员与供应商之间互相不信任，缺乏合作诚意，采购人员的首先感觉是“如履薄冰，处处小心行事”，本来全部精力应放在“刀刃”上，但事实上确实分散了注意力。

因此，任何采购组织，包括供应商，融洽、和谐、流畅的工作气氛是搞好各项工作的基础。采购组织的管理职能部门，应定期将采购人员的业绩、供应商的业绩进行测量，并进行排名，再配以相应的奖惩制度，使采购业务不断改善。

9.3.2 使用标杆管理方法

标杆管理，又叫基准化管理，它的核心是比较和以提高为目的的学习，通过以外部绩效高的公司为标准，比较和分析这些标准及其实践经验来改善自己的工作过程，使自己慢慢接近甚至超过标准。将标杆管理作为进行采购工作绩效改进的工具，通过资料收集、分析比较、跟踪学习、机制改造等一系列过程，将企业的实际情况与基准化企业的指标进行量化的比较，分析这些基准化企业达到最优绩效的途径和原因，明确本企业在行业中所处的地位，并在此基础上改进自己的采购策略，从而有效地促进采购绩效的提高。

标杆法包括5个基本步骤：

(1)选择采用标杆管理的领域。在采购中，几乎所有能被评估的活动都可以使用标杆法。例如，未完成交货量、退货率、生产中断次数以及未支付价格指数等。

(2)选择基准点。这个步骤解决的问题是应该以谁为标杆。标杆的对象可以使多种多样的，以企业内部某绩效高的部门为标杆，还可以以竞争对手为标杆，以某个行业的领先者或有着类似成长过程的优秀企业为标杆。有一个显而易见的方法可以确定最佳做法，那就是向供应商打听谁是他们的良好的合作伙伴，一些工业观察家或专业机构也可以提供正确的建议。

(3)如何获得信息。大部分有用的信息都可以从公共信息领域获得。管理杂志和贸易出版社也出版了大量有关信息。此外，一些成功的经理或行业协会也很乐意与他人分享信息。如果竞争对手对标杆法感兴趣则更好，信息交流对双方都有好处。

(4)如何分析数据。标杆法并不是为了信息本身而关注信息的，因此不仅要收集所需要的信息，还要充分地对信息进行分析比较。通常，统计数据、比率以及其他一些“硬”信息要比看法或奇闻之类的信息更具有价值。同时，通过分析，要了解标杆企业是采用怎样的方法达到这一绩效水平的，包括工作过程的组建、信息系统支持、培训、企业文化、经营模式等方面的内容，从而可以寻找出与本企业的差距在哪儿，为企业找到改进的方向和方法。

(5)如何利用信息。一般来说，如果发现有人在某个活动领域中的表现优于自己，就应该着手去赶上或超过他们，制定出自己的绩效标准，并设计出适当的方法来达到这些标准。当然，这样做也意味着要使用大量的资源，这也就要求高层管理者积极支持标杆法，不能把标杆法仅作为另一种重要的采购管理方法来运用。如果不把标杆法作为企业的一项政策，标杆法就不能发挥它应有的作用。

实施标杆管理方法是一个循序渐进的过程，需要付出长期的努力，无论是本企业还是标杆企业的发展信息都是动态的，因而不能忽视一项重要的后续工作，即检查和审视改造的过程，并不断调整标杆管理的目标，使目标切实可行又不乏挑战，这样才能符合本企业提升绩效的实际需求。

9.3.3 控制采购成本

目前的企业都致力于生产质优价廉、适销对路的产品，其中价格是个很重要的原因，如何保持价格的竞争力而不损害企业自身的利益是每个企业都要考虑的问题，而最便捷、最有效的方法就是降低所采购物料的成本。当然，随着竞争的加剧，通过单纯降低采购物料价格的办法得到的效果已经越来越不明显，因此，许多企业都开始从不同方面找寻降低成本的方法，或者从企业内部着手挖掘，或者搭建有竞争力的供应链，这些方法都力求通过信息快速传递和减少和优化相关环节等方面降低成本。

根据统计全美 Fortune200 公司所使用的成本降低手法，最有效果的几项如下：

一、价值分析和价值工程

针对产品和服务的功能加以研究，以最低的生命周期成本，透过剔除、简化、变更、替代等方法，来达到降低成本的目的。价值分析是使用于新产品工程设计阶段。而价值工程则是针对现有产品的功能和成本，做系统化的研究与分析，但现今价值分析与价值工程已被视为统一概念使用。

二、谈判

谈判是采购人员应具备的最基本能力。谈判并不只限于价格方面，也适用于某些特定需求时，使用谈判的方式，通常所能期望达到价格降低的幅度约为 3%～5%。如果希望达成更大的降幅，则需运用价格成本分析。

三、目标成本法

管理学大师彼得·杜拉克在《企业的五大致命过失》一文中提到，企业的第三个致命过失是，定价受成本的驱动。很多公司都是以成本加利润来制定产品的价格。然而，他们刚把产品推向市场，便不得不降低价格，重新设计那些花费太大的产品，并承担损失，而且，他们常常因为价格不正确，而不得不放弃一种很好的产品。产品的研发应以市场乐于支付的价格为前提，因此必须假设竞争者产品的上市价，然后再来制定公司产品的价格。以此为基础，决定采购物料的价格。

四、早期供应商参与

这是在产品设计初期，选择让具有伙伴关系的供应商参与新产品开发小组。经由早期供应商参与的方式，新产品开发小组对供应商提出性能规格的要求，借助供应商的专业知识来达到降低成本的目的。

五、集中采购和联合采购

集中采购是将企业内部各事业单位或不同部门的采购需求集中起来，扩大采购量，增加议价空间，避免各自采购，造成组织内不同事业单位向同一供应商采购相同零件，价格却不同，丧失节约采购成本的机会。联合采购是指经由统合各不同采购组织的需求量，以获得较好的数量折扣。

六、价格与成本分析

这是专业采购的基本工具，了解成本结构的基本要素，对采购者是非常重要的，如果采购不了解所买物品的成本结构，就不能算是了解所买的物品是否为公平合理的价格，同时也会失去许多降低采购成本的机会。

七、标准化

实施规格的标准化，为不同的产品项目、夹持具或零件使用共通的设计、规格，或降低定制项目的数目，以规模经济量达到降低制造成本的目的。但这只是标准化的其中一环，组织应扩大标准化的范围至作业程序及制作程序上，以获得更大的效益。

降低采购成本的策略使用可以根据产品生命周期的不同而不同。在产品导入期，可以采用供应商早期参与、价值分析以及目标成本法；在产品成长期，采购可以利用需求量大幅上升的优势，采用集中采购获得成效；在产品的成熟期，价值工程、标准化的动作可以进一步找出不必要的成本，并做到节省成本的目的；而在产品的衰退期，需求量已在减缩之中，此时再大张旗鼓降低采购成本已无多大意义。

9.3.4　进行协同采购

进行协同采购需要强调的两个部分，即企业内部协同和企业外部协同。

一、企业内部协同

企业进行高效的采购行为，需要企业内部各部门的协同合作。

采购的内容包括：正确的物料、合适的数量、正确的交付（交付的时间和交付的地点）、合适的货源和合适的价格。正确的物料、合适的数量和正确的交付信息的获得需要来自于销售部门、生产部门、设计部门、采购部门的信息。

此外，随着新产品急剧增加，需要采购的新零部件的数量也大大增加。为达到物料数据的一致性协同，各部门需要及时维护相关数据、如物料单数据、供应商数据、采购价格数据等。该项基础工作将保证企业能够长期动态地保持业务流程的稳定性。

二、企业外部协同

企业外部协同是指企业和供应商在共享库存、需求等方面的信息基础上，企业根据供应链的供应情况实时在线地调整自己的计划和执行交付的过程。同时，供应商根据企业实时的库存、计划等信息实时调整自己的计划，可以在不牺牲服务水平的基础上降低库存。

在整个供应链的供应网络中，有很多不能够精确确定的因素，如采购提前期、供应商的生产能力等情况。如果企业不能够及时了解这些情况，会影响整个供应链的供需关系，导致不能够按时满足客户的需求。实时协同使得双方实时沟通，快速地发现和解决问题。

互联网出现前，人们也认识到协同合作的重要性，但是没有有效的工具帮助企业实时进行信息共享和协同。现在，企业则可以充分利用基于互联网上的企业管理软件进行采购的协同，其中包括：

(1)预测协同：企业把对最终产品的中长期预测和期望的客户以及服务水平传达给相关供应链上的供应商，供应商根据自己的能力将自己所能做的承诺反映给企业，使得企业采购组织能够对自己供应链上的企业有一个非常清晰的了解。

(2)库存信息协同：企业将自己部分物料的库存情况和供应商形成共享，使得供应商对其合作方有很好的可视性，提高交货的准确性和速度。

(3)采购计划协同：企业将自己近期的采购计划定期下达给供应链上的上游供应商，供应商可以根据该采购计划进行供应商自己生产计划的安排和备货，提高了交货的速度。

(4)采购订单的执行协同：企业通过互联网下达采购订单给供应商，供应商将采购订单的执行情况及时转达，使企业对采购订单的执行情况有明确的了解，及时做出调整。

(5)产品的设计协同：客户或企业内部研发部门设计个性化的产品同时，将新产品的零部件及时与供应链上的供应商共享，供应商也可以争取在第一时间进行产品开发。

【小资料 9-2】 “3-3-3”推进活动

日产汽车的重新崛起，离不开有力的成本削减，跨部门跨企业采购组织的应用被认为对于日产汽车大幅度减低成本具有重要贡献。在实施“日产复兴计划”的 3 年间，采购、研发和零部件厂商三位一体，开展“3-3-3 推进活动”，在亚洲、美国、欧洲三大地区的生产基地大力开展降成本活动，目标是降低成本 6000 亿日元。为全面协调该项活动，还专门成立了负责该项活动的“3-3-3 推进室”，“3-3-3 推进室”的职责是从技术、采购等公司内部相关部门和零部件厂商处收集信息。研究降低综合采购成本的方案人员由 280 名来自全公司的技术和管理人员组成，包括产品设计、试制、生产工艺和采购等各类专业人员，办公地点设在位于神奈川县厚木市的日产技术中心内，并按电子、内饰等系统分为 6 大商品群。技术人员与采购人员的办公桌并排在一起，这种现象不但在全球汽车厂商中十分罕见，而且还改变了日产技术中心多年来的闭门造车、轻视成本控制的新车研发作风。

(资料来源：王国文，赵海然，佟文立. 供应链管理。北京：企业管理出版社，2006. 6)

J 技能训练一

采购评价表、采购绩效表的编制

一、训练目的

掌握采购评价表和采购控制表的具体内容。

二、训练准备

熟悉采购评价表和采购控制表的编写程序和方法。

三、训练步骤

1. 将学生分为若干小组，7 个人左右为一组，每组指定一名负责人。

2. 教师指导学生按步骤编制表格。

(1)确立明确详细的量化指标和权重

确定明确详细的量化指标和相应的权重，这是编写采购评价表和采购控制表的关键。这就需要确定的量化指标要全面，具有代表性，能够充分反映采购评价和控制的实际情况，确定的权重也要准确、合理，只有这样才能起到评价和控制的作用。

(2)选择适合企业特点的表格形式

采购评价表和采购控制表虽然具有一定的基本形式，但各个企业也可以根据自己的实际情况，适当调整某些量化指标要素或权重比例，甚至更换企业实际的表格形式，以便于本企业采购工作的评价和控制。

采购评价表和采购控制表范例如表 9-1 和表 9-2 所示。

采 购 评 价 表　　　　表 9-1

姓名：　　　　年　月　日　　　　表号：

<table>
<tr><td rowspan="2">任务号：</td><td colspan="4">品名：　规格：　数量：　使用单位：</td></tr>
<tr><td colspan="4">特别说明：</td></tr>
<tr><td rowspan="2">实际供应商</td><td>计划单位</td><td colspan="3"></td></tr>
<tr><td>变更理由</td><td colspan="3">质量符合要求、价格更低
老关系
运费最低
其他</td></tr>
<tr><td>实际价格</td><td></td><td>比计划价格</td><td>增加：　元
减少：　元</td><td>市场最低价格</td></tr>
<tr><td rowspan="2">进货方式</td><td rowspan="2">火车
汽车
自提</td><td>实际进货天数：　天</td><td colspan="2">实际进货费用：　元</td></tr>
<tr><td>比计划提前/推迟：　天</td><td colspan="2">比计划增加/减少：　元</td></tr>
<tr><td colspan="2">实际订货费用：　元</td><td rowspan="2">其中：
差旅费：
通信费：
手续费：
其他：</td><td colspan="2" rowspan="2">订货天数：　天
比计划多/少：　天</td></tr>
<tr><td colspan="2">比计划费用增加/减少：　元</td></tr>
</table>

采 购 控 制 表　　　　表 9-2

订货单号	料号	品名	订购日期	厂商	项目	计划入库	实际入库	备注
					日期			
					数量			
					累计			

主管：　　　　制表：

四、注意事项

老师应向学生讲明采购评价表和采购控制表的作用以及应包含的内容。

五、考核方法

根据学生评价表和控制表给出成绩。

J 技能训练二

采购绩效评价

一、训练目的

掌握采购绩效评价的步骤和方法,以及绩效评价的标准和指标体系。

二、训练准备

熟悉采购绩效评价的工作流程。

三、训练步骤

1. 按教学班级将学生分成数个小组,每个小组人数以6～8人为宜,小组中要合理分工。

2. 在教师统一指导下,对有关采购部门进行调查,了解采购绩效方面的相关资料。

3. 以小组为单位组织讨论、分析。

分析的内容:

(1)分析与采购相关人员以及物料采购绩效方面的内容,了解企业采购部门如何进行采购绩效的评价。

(2)对所收集的采购绩效评价方面的资料进行分析、讨论,并能依据各种指标对所调查采购部门的绩效情况进行恰当的评价,最后观察能否进一步改进采购。

4. 在各小组充分讨论的基础上,形成小组的课题报告。

四、注意事项

注意在调查过程中,尽量与被调查采购部门的需要不冲突,教师可予以指导、调控。

五、考核方法

根据学生调查中的表现以及小组课题报告给出成绩。

C 案例分析

IBM的提高采购绩效之道

一、"土办法"采购的问题

IBM公司过去也是采用"土办法"采购:员工填单子、领导审批、投入采购收集箱、采购部定期取单子。企业的管理层惊讶地发现,这是一个巨大的漏洞——繁琐的环节,不确定的流程,质量和速度都无法衡量、无法提高,非业务前线的采购环节已经完全失控了，甚至要降低成本都不知如何下手！

摆在IBM公司面前的问题是：如何减小运营成本？可能降低哪部分成本？经过IBM公司全球各机构的统计调查和研究分析，在采购、人力资源、广告宣传等各项运营开支中，采购成本凸显了出来。

管理层不得不反思IBM公司到底是如何采购的？那时IBM不同地区的分公司、不同的业务部门的采购大多各自为政，采购的主题分散，重复采购现象普遍。以生产资料为例，键盘、鼠标、显示器甚至包装材料，大同小异，但采购流程自成体系，权限、环节各不相同，合同形式也五花八门。

二、采购变革

在深入挖掘采购存在的问题后，IBM公司随即开始了变革行为，目标就是电子采购。从后来IBM公司总结的经验看，组织结构、流程和数据这3个要素是改革成功的根本。

1.成立全球采购部

变革首先发生在组织结构。IBM公司成立了全球采购部门，其内部结构按照国家和地区划分，设立了CPO(全球首席采购官)的职位。全球采购部集中了全球范围内生产和非生产采购的权力，负责制定全球统一的采购流程，是订单的唯一出口，并负责统一订单形式。

经过仔细研究，全球采购专家把IBM公司全部采购物资按照不同的性质分类，生产型的分为17个大类，非生产型的分为12个大类。每一类成立了一个专家组，由工程师组成。他们精通该类产品的情况，了解该类物资的最新产品、价格波动、相应的供应商资信和服务。在具体运作中，全球采购部统一全球的需求，形成大订单，寻找最好的供应商，谈判、压价并形成统一的合同条款。以后的采购只需按照合同照章办事就可以了。这种集中采购的本质就是由专家做专业的事。

2.梳理采购流程

IBM公司的采购变革不在于订单的介质从纸张变为电子数据、由人工传输数据变为网络传输数据，而在于梳理采购流程。制定流程首先遇到的一个问题是采购物资如何分类，才能形成一张完整而清晰的查询目录。通过调查反馈，IBM公司汇总全球各地所有采购物资，共有上万种。采购工程师们一起进行了长时间的细致工作，形成了采购的详细目录，这一步工作的目标是使来自不同地区、具有不同习惯、使用不同语言的员工方便、快捷地查找到所需要地“产品”。

工程师们讨论过后，律师们也要碰头：如何统一合同？统一全球流程？从法律角度审查，怎样设计流程更可靠而且合法？怎样制定合同才能最大限度地保护IBM公司的利益，又对供应商公平，同时还要对不同国家的法律和税收制度留有足够的空间，以适应本地化的工作？之后，全球的财务总监还要商议采购的审批权限如何分割、业务流程与采购流程如何衔接等问题。

3. 推行电子采购系统

目前IBM公司电子采购主要由四大系统构成，即采购订单申请系统、订单中心系统、订单传送系统（与供应商网上沟通）和询价系统，加上一个相对完善的中央采购系统。但系统在推广过程中并不是一帆风顺的。推广的困难在于地区和部门之间的协调、制定的订单新标准与老系统之间的冲突。在新旧系统更替过程中，传统势力很顽固，因为他们毕竟面临新的采购系统与原有生产系统衔接的问题。公司认为，提供过渡方案并帮助解决具体问题，才能平稳地过渡。

三、采购成本下降

有了一系列措施之后，效果立竿见影，采购成本大幅度降低。简化业务流程方案实施后，在5年的时间里，IBM公司总共节约了资金超过90亿美元，其中40亿美元得益于采购流程方案的重新设计。大概有近2万家IBM供应商通过网络来满足IBM公司的电子采购需要。基于电子采购，IBM公司降低了采购的复杂程度，采购订单的处理时间已经降低到1天，合同的平均长度减少到6页，内部员工的满意度提升了45%。

与此同时，供应商最大的感受之一是更容易与IBM做生意了。统一的流程、标准的单据意味着更公平的竞争。集中化的采购方式更便于发展战略性的、作为合作伙伴的商业关系，这一点对于生产型采购尤为重要。从电子采购系统的推广角度而言，供应商更欢迎简便快捷的网络方式与IBM公司进行商业往来，分享电子采购的优越性，从而达到一同降低成本、一同增加竞争力的双赢战略效果。

现在，IBM公司全球的采购都集中在该中央系统中，而该部门只有300人。IBM公司采购部人员总体成本降低了，员工出现分流：负责供应商管理、合同谈判的高级员工增多，而采购的具体执行工作逐渐电子化、集中化。新的采购需求不断出现，改革也将持续下去。

思考题

从IBM的做法中你能总结处几条提高采购绩效的途径吗？

E 自测练习题

一、名词解释

1. 目标绩效。
2. 标准绩效。
3. 标杆管理。

二、简答题

1. 设立采购绩效标准有几种类型？分别适用于何种企业状况？
2. 如何组成采购绩效评估小组？
3. 采购绩效评估指标的设定包括哪几个方面？
4. 提高采购绩效的途径有哪些？

第10章　采购管理的发展趋势

教学目的和要求

1. 了解几种新型采购管理形式及意义。
2. 熟悉 JIT 采购的实施方法。
3. “牛鞭效应”产生的原因及减小的方法。
4. 理解电子采购的几种方式及其优势。
5. 了解国际采购的风险，掌握国际采购的方式。
6. 理解战略采购的意义，熟悉战略采购的几种方式。
7. 了解 MRP、MRPII、ERP、POS、EOS 对于采购的意义。

关键词汇

准时化(JIT)　牛鞭效应(bullwhip effect)　电子化采购(e-procuement)　全球采购(global rescorcing)　物料需求计划(MRP)　制造需求计划(MRPII)　企业资源计划(ERP)　销售时点信息系统(POS)　电子自动订货系统(EOS)

引导案例

JIT 管理的起源

第二次世界大战结束不久，汽车工业中统治世界的生产模式是以美国福特制为代表的生产方式，这种生产方式以流水线为形式，少品种、大批量生产产品。在当时，大批量生产方式即代表了先进的管理思想与方法，专用设备、专业化地大生产是减低成本、提高生产率的主要方式。丰田汽车公司从成立到 1950 年的十几年间，总产量甚至不及福特公司 1950 年一天的产量。丰田汽车公司在参观美国的几大汽车厂之后发现，采用大批量生产方式降低成本仍有进一步改进的余地。日本企业面临需求不足与技术落后等严重困难，加上战后日本国内资金严重不足，也难有大量的资金保证日本的汽车生产达到有竞争力的规模，因此他们认为在日本进行大批量、少品种的生产方式是不可取的，而应该考虑一种更能适应日本市场需求的生产组织策略，于是他们找到了一种生产方式：JIT 及时生产方式，又称看板生产方式。后来丰田公司的崛起，西方企业家普遍认为其取胜的基础就是在生产中采用了 JIT 管理思想。JIT 管理思想已应用于很多领域，除 JIT 生产外，还有 JIT 采购、JIT 运输、JIT 储存等。

10.1 JIT 采购

10.1.1 JIT 简介

一、JIT 的概念

JIT(Just In Time，简称 JIT)汉语译为准时化，也可称之为及时化，是一种产生于日本丰田汽车公司的管理方法，最早应用于生产领域，是由日本丰田汽车公司在 20 世纪 60 年代实行的一种生产方式。1973 年以后，这种方式对丰田公司渡过第一次能源危机起到了突出的作用，后引起其它国家生产企业的重视，并逐渐在欧洲和美国的日资企业及当地企业中推行开来，现在这一方式与源自日本的其他生产、流通方式一起被西方企业称为日本化模式，其中，日本生产、流通企业的物流模式对欧美的物流产生了重要影响，近年来，JIT 不仅作为一种生产方式，也作为一种物流模式在欧美物流界得到推行。

在 JIT 生产方式倡导以前，世界汽车生产企业包括丰田公司均采取福特式的总动员生产方式，即一半时间人员和设备、流水线等待零件，另一半时间等零件一运到，全体人员总动员，紧急生产产品。这种方式造成了生产过程中的物流不合理现象，尤以库存积压和短缺为特征，生产线要么不开机，要么一开机就大量生产，这种模式导致了严重的资源浪费。丰田公司的 JIT 在这种情况下就问世了，它采取的是多品种少批量、短周期的生产方式，大大消除了库存，优化了生产物流，减少了浪费。JIT 指的是，将必要的零件以必要的数量在必要的时间送到生产线，并且只将所需要的零件、只以所需要的数量、只在正好需要的时间送到生产。它的核心思想是彻底杜绝浪费。这是为适应 20 世纪 60 年代消费需要变得多样化、个性化而建立的一种生产体系及为此生产体系服务的物流体系。这种生产方式的核心是追求一种无库存生产系统，或是库存达到最小的生产系统。

丰田公司的 JIT 生产方式又叫做“看板方式”。具体操作方法如下：即把当前所需装配的零组件必要量视为一个单位，从而在盛装这个单位的箱子上面贴以明信片大小的传票，传票上记载何时生产、生产多少、运往何处等作业指示。装配工厂在将零组件用尽时，空箱送往零组件工厂。零组件工厂则根据看板上的指示，生产和装入给定的品种、给定的数量、在给定的时间送到给定的地点。丰田汽车公司采用这种作业方式，使库存下降到通常的 1/5。实施看板方式最关键的是要使生产有秩序不零乱。从协作工厂运来的零组件材料由丰田的各个制造工厂予以加工，最后用来装配汽车。因此要求装配生产线作业平稳化，新产品要川流不息地领走，否则协作工厂的生产计划无法进行。看板方式的经营，不是生产过多，而是按计划生产所需要的东西，各现场自我约束，要什么东西自动索取。这是一种逆管理。丰田汽车的装配工作，不是一种预测生产，而是由销售公司订货多少，就生产多少。以这个为前提，每一道工序按照看板的指示向先行工序依次索取零组件，然后向后续工序送达。因此，可以说，JIT 系统是一个拉动系统，即首先由供应链最终端的需求“拉动”产品进入市场，然后再由这些产品的需求决定零部件的需求和生产流程。

二、JIT 的意义

库存管理是准时化管理方式的核心，其基本信念就是库存即浪费，消除库存就是消除浪费，所以，JIT 管理方式往往称为零库存管理方式。实际上，在实践中，绝对的零库存往往是不可能的，但是，JIT 管理方式所采用的拉动概念具有重大的意义，它强调准时服务、过硬品质，通过消除浪费使库存减少到尽可能低的水平。

JIT 管理方式认为库存掩盖了企业存在的问题。打一个比喻，把企业库存比作一个湖泊，湖泊底部的岩石就代表企业存在的问题，如不确定的需求、不准确的预测、不可靠的供应商、质量问题、生产能力不足等，当库存很高时，即湖水很深时，船长在航行时并不担心会碰到这些岩石，所以说库存掩盖了企业存在的问题。既然库存是浪费，就必须减少库存，随着库存水平的逐渐下降，原先被掩盖的问题将浮现出来，企业管理者就必须面对和解决这些问题，因此，JIT 管理方式的运作程序是逐渐减少库存以发现问题，在问题解决之后再进一步减少库存以发现新的问题，并设法加以解决的过程，如此不断循环往复。

【想一想】 准时化生产对采购和配送提出了什么要求？

10.1.2 JIT 采购的原理和特点

一、JIT 采购的原理

近年来，JIT 管理思想已应用于很多领域，除 JIT 生产外，还有 JIT 采购、JIT 运输、JIT 储存等。要进行准时化生产必须要有准时的供应，因此准时化采购是准时化生产管理模式的必然要求。JIT 采购就是由 JIT 生产的管理思想演变而来的，是目前一种先进的采购模式。它的基本思想是：在恰当的时间、恰当的地点，以恰当的数量、恰当的质量提供恰当的物品。JIT 采购是为了消除库存和不必要的浪费而进行持续性改进。这是一种面向需求的采购模式。它的基本原理就是：

(1)用户需要什么就送什么；

(2)用户需要什么质量就送什么质量；

(3)用户需要多少就送多少；

(4)用户什么时候需要就什么时候送货；

(5)用户在什么地点需要，就送到什么地点。

二、JIT 采购的特点

正因为 JIT 采购是一种面向需求的采购模式，相对于传统的采购模式，准时化采购有一些新的特点：

1. 从为库存而采购到为订单而采购的转变

传统的采购中，采购回来的物料就是作为库存备用，准时化采购是以订单驱动方式进行的，用户的需求产生了制造订单，然后制造订单驱动采购订单，采购订单再驱动供应商，这种准时化的订单驱动模式，可以大大降低库存成本，提高了物流的速度和库存周转率，也准时响应了顾客的需求。

2. 从传统的大批量采购到小批量的采购策略

小批量采购是准时化采购的一个基本特征。JIT 系统是一个拉动系统，即首先由供应链最终端的需求"拉动"产品进入市场，然后再由这些产品的需求决定零部件的需求和生产流程。在这种为了满足需求而生产的模式下，生产批量与传统生产方式相比必定不大。而 JIT 采购是为了满足 JIT 生产方式的需求，为了保证准时、按时按量供应所需的原材料和外构件，采购必然是小批量的。当然，小批量采购自然增加运输次数和成本，对供应商来说，这是很为难的事情，特别是供应商在国外等远距离的情形下，实施准时化采购的难度就更大。解决的办法可以通过混合运输、代理运输等方式，或尽量使供应商靠近用户等。

3. 采用较少的供应商，甚至单源供应

传统的采购模式一般是多头采购，供应商的数目相对较多。从理论上讲，采用单供应源比多供应源好，一方面，管理供应商比较方便，也有利于降低采购成本；另一方面，有利于供需之间建立长期稳定的合作关系，质量上比较保证。但是，采用单一的供应源也有风险，比如供应商可能因意外原因中断交货，以及供应商缺乏竞争意识等。在实际工作中，许多企业也不是很愿意成为单一供应商的。原因很简单，一方面供应商是具有独立性较强的商业竞争者，不愿意把自己的成本数据披露给用户；另一个原因是供应商不愿意成为用户的一个产品库存点。实施准时化采购，需要减少库存，但库存成本原先是在用户一边，现在转移到了供应商。因此用户必须意识到供应商的这种忧虑。

4. 选择供应商的标准发生变化

在传统的采购模式中，供应商是通过价格竞争而选择的，供应商与用户的关系是短期的合作关系，当发现供应商不合适时，可以通过市场竞标的方式重新选择供应商。但在准时化采购模式中，由于供应商和用户是长期的合作关系，供应商的合作能力将影响企业的长期经济利益，因此对供应商的要求就比较高。在选择供应商时，需要对供应商进行综合的评估，在评价供应商时价格不是主要的因素，质量是最重要的标准，这种质量不单指产品的质量，还包括工作质量、交货质量、技术质量等多方面内容。高质量的供应商有利于建立长期的合作关系。

5. 对交货准时性的要求提高

准时采购的一个重要特点是要求交货准时，这是实施准时化生产的前提条件。交货准时取决于供应商的生产与运输条件。作为供应商来说，要使交货准时，可从以下几个方面着手：一是不断改进企业的生产条件，提高生产的可靠性和稳定性，减少延迟交货或误点现象。作为准时化供应链管理的一部分，供应商同样应该采用准时化的生产管理模式，以提高生产过程的准时性。另一方面，为了提高交货准时性，运输问题不可忽视。在物流管理中，运输问题是一个很重要的问题，它决定准时交货的可能性。特别是全球的供应链系统，运输过程长，而且可能要先后经过不同的运输工具，需要中转运输等，因此要进行有效的运输计划与管理，使运输过程准确无误。

6. 对信息交流的需求加强

准时化采购要求供应与需求双方信息高度共享，保证供应与需求信息的准确性和实时性。由于双方的战略合作关系，企业在生产计划、库存、质量等各方面的信息都可以及时进行交流，以便出现问题时能够及时处理。只有供需双方进行可靠而迅速的双向信息交流，才能保证所需的原材料和外购件的准时供应，同时充分的信息交流可以增强供应商的应变能力。而现代信息技术的发展，如EDI、电子商务等，为有效的信息交换提供了强有力的支持使供应与需求双方信息高度共享，供应与需求信息传递的准确性和实时性成为现实。

10.1.3 JIT采购的价值

如前所述，准时采购模式建立在供需双方互利合作的战略伙伴关系的基础上，当需求商对原材料或半成品的需求产生时，有能力适时地从供应商处得到质量可靠的所需物料。它的价值表现在：

一、大量减少库存

“库存为万恶之源”，准时化采购可以大量减少原材料和外购件库存。根据国外一些咨询机构的测算，采用该方法，可以使原材料和外购件的库存降低40%～80%。库存的降低，也可导致流动资金的减少，加速流动资金的周转，同时也有利于节省原材料和外购件库存占用的空间，从而降低库存成本。美国著名的惠普公司在实施JIT采购模式1年后其库存降低了40%，施乐欧洲公司仓库库存从3个月的供给下降到半个月。而据国外专业机构测算40%的降幅只是一般水平，有些企业的降幅甚至达到58%。

二、提高采购件的质量

当企业采用准时化采购时，由于库存很少甚至没有库存，一旦采购回来的物料质量出现问题，会影响生产的顺利进行。为了保障企业生产经营的顺利进行，采购物资的质量必须从根源上抓起。也就是说，购买的原材料和外构件的质量保证，由供应商负责，而不是企业的物资采购部门。准时化采购就是从根源上保证采购质量，把质量责任返回给供应商。为从根源上保障采购质量，供应商参与到制造商的产品设计与制造过程。这样，供应商就可以在原材料和零部件的性能和功能方面提供有关信息，为实施产品开发创造条件，从而提高采购物品的质量。制造商也应帮助供应商提高技术能力和管理水平。美国IBM公司企业战略中的重要一环就是帮助供应商建立供应体系，以实现真正的本地化采购供应。这不仅对供应商有利，对IBM也很有帮助。为此，IBM建立一个开放、兼容的信息平台，在此基础上，IBM可以详细地了解供应商的生产流程，介入产品设计、生产、质量控制等过程，为其产品线找出竞争优势。由于IBM本身具有一流的技术能力，合作伙伴与之保持同样的发展方向就自然增加了自身的竞争能力。

三、有利于降低原材料和外购件的采购价格

由于供应商和制造商的密切合作以及规模经济效应，加之消除了采购过程中的一些浪费(如订货手续、装卸环节、检验手续等)，使得原材料和外购件的采购价格得以降低。例如生产感光化学制品的美国柯达公司，通过实施准时采购战略，使其采购物资的价格下降了20%以上。此外，推行准时采购战略，不仅缩短了交货时间，节省了采购过程中人力财力、物力的消耗，而且提高了企业的劳动生产率，增强了企业的适应能力。

四、资源的节约和效益的提高

供应商同采购方建立了战略合作伙伴关系，双方基于以前签订的长期协议进行订单的下达和跟踪，不需要进行再次询价报价的过程。而且，由于信息沟通的加强，制造计划、采购计划、供应计划能够同步进行，缩短了用户响应时间。采购物资直接进入制造部门，减少了采购部门的库存占用和相关费用。

10.1.4 JIT采购模式实施方法

JIT采购模式相比于传统采购模式，有很多优势。但如果没有一个好的实施方法，JIT采购的价值也实现不了。从经验上来看，企业在实施JIT采购时，大体可以遵从下面具体步骤：

一、制订计划，确保JIT采购有计划、有步骤地实施

企业要有针对性的制定采购策略，制定出具体的分阶段改进当前传统采购的措施，包括减少供应商的数量、供应商的评价、向供应商发放签证等内容。在这个过程中，企业要与供应商一起商定JIT采购的目标和有关措施，保持经常性的信息沟通。供应商的前期参与是保证JIT采购模式有效实施的前提条件，双方意识的一致有利于消除合作中的障碍从而减少采购的阻力。

二、创建JIT采购班组

专业化的高素质采购队伍对实施准时化采购至关重要，一流企业的专业采购人员有3项责任：寻找货源，商定价格，发展与供应商的协作关系并不断改进。JIT采购班组的作用，就是全面处理JIT有关事宜，制订JIT采购的操作规程，协调企业内部各有关部门的运作，协调企业与供应商之间的运作。准时化采购班组除了企业采购供应部门有关人员之外，还要有本企业以及供应商企业的生产管理人员、技术人员、搬运人员等共同组成，为此应成立两个小组：一个是专门处理供应商事务的组织。该组织的任务是认定和评估供应商的信誉、能力，或与供应商谈判签订准时化订货合同，向供应商发放免检签证等，同时要负责供应商的培训与教育。另一个班组是专门协调本企业各个部门的JIT采购操作，制定作业流程、指导和培训操作人员、进行操作检验、监督和评估，专门从事消除采购过程中的浪费现象。这些班组人员对JIT采购的方法应有充分的了解和认识，必要时要进行培训。

三、精选少数供应商，建立伙伴关系

采用较少的供应商，甚至单源供应是JIT采购的重要特点，精选少数供应商，建立利益一致的战略联盟是供应商管理的主要任务。供应商和企业之间互利的伙伴关系，意味着双方充满了一种紧密合作、主动交流、相互信赖的和谐气氛，共同承担长期协作的义务。在这种关系的基础上，发展共同的目标，并分享共同的利益。企业可以选择少数几个最佳供应商作为工作对象，抓住一切机会加强与他们之间的业务关系。

选择供应商应从这几个方面考虑：产品质量、供货情况、应变能力、地理位置、企业规模、财务状况、技术能力、价格以及与其他供应商的可替代性等。

四、进行试点工作

风险存在于任何时候，它永远无法回避，这是市场经济的一个特点。但它是可以化解的，甚至将其降到最低。为降低JIT采购实施的风险，企业可以先从某种产品、某条生产线或是某些特定原材料的试点开始，进行采购的试点工作。在试点过程中，取得企业各个部门的支持是很重要的，特别是生产部门的支持。通过试点总结经验，为正式的JIT采购实施打下基础。

例如早在1998年初，神龙公司相关部门决定施行部分外协件的JIT采购，第一个被选为批量采购试点的外协件为汽车座椅。这是因为座椅供应商产品质量稳定，服务也较好。双方通过协商谈判，开始了JIT采购的运作。通过实施座椅采购，使座

椅的平均库存水平同比降低40%,减少了库存资金占用。在此基础上,神龙公司开始逐步扩大JIT采购物资的范围,取得了明显的经济效益。

五、搞好供应商的培训,确定共同目标

准时化采购是供需双方共同的业务活动,单靠采购部门的努力是不够的,需要供应商的配合。只有供应商也对准时化采购的策略和运作方法有了认识和理解,才能获得供应商的支持和配合,因此需要对供应商进行教育培训。通过培训,大家取得一致的目标,相互之间就能够很好地协调做好采购的准时化工作。

六、向供应商颁发产品免检合格证书

准时化采购和传统的采购方式的不同之处在于买方不需要对采购产品进行比较多的检验手续。在实施JIT采购策略时,核发免检证书是非常关键的一步。颁发免检证书的前提是供应商的产品的合格。为此,核发免检证书时,要求供应商提供最新的、正确的、完整的产品质量文件,包括设计蓝图、规格、检验程序以及其他必要的关键内容。经长期检验达到目标后,所有采购的物资就可以从卸货点直接运至生产线使用。

七、实现配合准时化生产的交货方式

实现配合节拍进度的交货方式,其目标是要实现这样的交货方式:当生产线正好需要某种物资时,该物资就到货并运至生产线,生产线拉动它所需的物资,并在制造产品时使用该物资。准时化采购是一个不断完善和改进的过程,需要在实施过程中不断总结经验教训,从降低运输成本、提高交货的准确性和产品的质量、降低供应商库存等各个方面进行改进,不断提高准时化采购的运作绩效。

总之,准时化采购和准时化生产一样,它不但能够最好地满足用户需要,而且可以极大地消除库存、最大限度地消除浪费,从而极大地降低企业的采购成本和经营成本,提高企业的竞争力。正是因为JIT采购对于提高企业经济效益有着显著的效果,20世纪80年代以来,西方经济发达国家非常重视对JIT采购的研究与应用。据资料统计,到目前为止绝大多数的美国企业已经开始全部或局部应用JIT采购方法,并取得了良好的应用效果。由于实施JIT采购对企业的基础工作、人员素质、管理水平等要求较高,在我国实施JIT采购方法的企业数量还不太多,主要集中在汽车、电子等行业,应用水平也有待于进一步提高。作为一种先进的物资采购模式和管理方法,JIT采购在我国的应用可以说也是大势所趋。因此,有必要在意识上了解JIT采购的战略价值并结合企业的实际情况实施JIT采购,从而提升企业核心竞争能力和参与全球化竞争的能力。

10.2 供应链采购

供应链管理模式实际上包含“供”与“需”两方面,物流从供方开始沿着各个环节向需方移动。每一个环节都存在“需方”与“供方”的对应关系,形成一条首尾相连的供应链。实际上，供应链作为一条纽带将企业和供应商紧紧地联结在一起，构成了一个双赢系统。而显然采购是发生在上下游企业间的必有活动，加强采购管理，降低供应链上节点企业的成本，对于降低整个供应链管理总成本是极为重要的。因此供应链管理首先就是与采购关联在一起的，借助于采购来实现企业的价值，创造供应链体系的价值。在传统的采购中，企业总是基于自身的角度来决定采购策略，而在供应链管理环境中，采购不再是企业本身的事情，而应该从整个供应链的角度来控制采购成本，解决采购中存在的问题。在供应链上，常常存在着如预测不准确、需求不明确，供给不稳定，企业间合作性与协调性差、造成了供应缺乏，生产与运输作业不均衡、库存居高不下，成本过高等现象。引起这些问题的根源有许多，但主要原因之一是牛鞭效应(bullwhip effect)。

10.2.1 牛鞭效应的概念及产生的原因

一、牛鞭效应的概念

惠普公司在一个主要零售商那里检查打印机销售情况时发现这个零售商的销售随着时间波动，而当他们检查这个零售商的订单时发现订单的波动幅度比其销售的波动幅度还要大。更让他们吃惊的是，公司打印机生产部向物料供应部提供的订单的波动比前两者的波动都大。这就是所谓的“牛鞭效应”。牛鞭效应是供应链上的一种需求变异放大现象，是信息流从最终客户端向原始供应商端传递时，无法有效地实现信息的共享，使得信息扭曲而逐级放大，导致了需求信息出现越来越大的波动。比如惠普公司零售商一个星期的销售波动可能只有10%，但零售商为了防止市场发生更大的波动，在向惠普公司订货时可能订单量的波动达到20%，而惠普公司打印机生产部由于没有直接接触市场，仅凭零售商的订单来安排生产任务，当看到零售商的订单量大幅提高时，会得到一个扭曲的信息，认为市场销售非常好，为了满足市场需求，生产部门会进一步提高生产量，比原有生产量提高30%，这样，市场需求只有10%的增长，传递到生产部门后，会导致生产量提高30%，比市场需求多余的这部分就变成了供应链上的库存，而且供应链的结点越多，整个库存就会越大。这种信息扭曲的放大作用在图形显示上很像很一根甩起的赶牛鞭，因此被形象地称为牛鞭效应。最下游的客户端相当于鞭子的根部，而最上游的供应商端相当于鞭子的梢部，在根部的一端只要有一个轻微的抖动，传递到末梢端就会出现很大的波动。在供应链上，这种效应越往上游，变化就越大，距终端客户越远，影响就越大。这种信息扭曲如果和企业制造过程中的不确定因素叠加在一起，将会导致巨大经济损失。

有关研究表明在整个供应链中，从产品离开制造商的生产线至其到达零售商的货架，产品的平均库存时间超过100天。被扭曲的需求信息使供应链中的每个个体都相应增加库存。有关报告估计，在美国就有300多亿美元沉积在食品供应链中，其他行业的情况也不相伯仲。牛鞭效应还导致企业生产预测差。由于无法及时处理积压订单，增加了生产计划的不确定性，如过多地修订计划，增加补救措施的费用、加班费用和加快运输费用等。

二、牛鞭效应产生的原因

产生牛鞭效应的原因主要来自几个方面：

（1）需求预测修正。供应链上成员采用不同的预测模型作各自的预测，所采用的数据仅限于下游客户的直接订单，因而常在预测值上加上一个修正增量作为订货数量，产生了需求的虚增。

（2）价格波动。零售商和分销商面对价格波动剧烈、促销与打折活动、供不应求、通货膨胀、自然灾害等情况，往往会采取加大库存量的做法，使订货量远远大于实际的需求量。

（3）订货批量。企业订货常采用最大库存策略，在一个周期或者汇总到一定数量后再向供应商整批订货，这使其上游供应商看到的是一个不真实的需求量。

（4）短缺博弈。当市场上某些产品的需求增大时，使零售商和分销商会怀疑这些商品将短缺情况，这引发他们扩大订货量。但当需求降温或短缺结束后，大的订货量又突然消失，造成了需求预测和判断的失误，导致了牛鞭效应。

（5）库存失衡。传统的营销一般是由供应商将商品送交销售商，其库存责任仍然归供应商，待销售完成后再进行结算，但商品却由分销商掌握和调度。这就导致了销售商普遍倾向于加大订货量掌握库存控制权，因而加剧了订货需求加大，导致了牛鞭效应。

（6）缺少协作。由于缺少信息交流和共享，企业无法掌握下游的真正需求和上游的供货能力，只好自行多储货物。同时，供应链上无法实现存货互通有无和转运调拨，只能各自持有高额库存，这也会导致牛鞭效应。

（7）提前期。需求的变动随提前期的增长而增大，且提前期越长，需求变动引起的订货量就越大，企业由于对交货的准确时间心中无数，往往希望对交货日期留有一定的余地，因而持有较长的提前期，因此逐级的提前期拉长也造成了牛鞭效应。

10.2.2 消除牛鞭效应的措施

了解牛鞭效应产生的原因能帮助经理人员制定有效的策略来减少它的影响。

一、避免使用多种方法更新需求预测

避免重复处理供应链上的有关数据的一个方法是使上游企业可以获得其下游企业的需求信息。这样，上下游企业都可以根据相同的原始资料来更新他们的预测。例如，计算机制造商会要求分销商将零售商中央仓库里产品的出库情况反馈回去。虽然这些数据没有零售商销售点的数据那么全面，但这总比把货物发送出去以后就失去对货物的信息要好得多。现在 IBM、惠普和苹果等公司在合同中都会要求其零售商将这些数据反馈回去。

另一种方法是绕过下游企业来获得有关信息。例如，戴尔计算机就绕过传统的分销渠道，直接面向消费者销售其计算机，这样戴尔公司就可以直接了解其产品的需求模式。最后，正如前面所提到的，供应时间过长也会夸大牛鞭效应。因此，提高经营效率能够大大降低由于更新多种预测数据所导致的需求变动幅度。

二、打破批量订购

由于批量订购会产生牛鞭效应，因此企业应调整其订购策略，实行小批量、多次订购的采购或供应模式。企业偏好大批量、低频率采购策略的原因是采购成本、运输成本高昂。事实上，即使通过 EDI 可以使订购成本大大下降，但订购的效率仍会受满负荷与否所限制。现在，很多制造商都鼓励其分销商同时订购多种不同的产品。这样货车一次就可从同一制造商那里满载多品种的产品，而不是满载同一品种。这样对每一产品来说其订购的频率大了，发送的频率不变，但仍可获得运输的规模经济性。例如宝洁公司对愿意进行混合订购的顾客给予折扣优惠。使用第三方的物流公司也可使小批订购实现规模经济。企业可以通过把临近供应商的货物联合运输来实现规模经济，而无须从同一个供应商那里一次大批订购。虽然这样会增加额外的处理费用和管理费用，但只要所节省的费用比额外的费用大，联合运输还是值得的。

三、稳定价格

控制由于提前购买或转换而引起的牛鞭效应的最好方法是减少对批发商的折扣频率和幅度。制造商可通过制定稳定的价格策略以减少对提前购买的激励。当企业进行地区性促销时，某些零售商会在该地区进行大量采购，然后再把这些产品转移到其他地区。基于活动的成本核算系统能精确计算库存、特殊处理和运输等成本，因此，这种系统能帮助企业实行天天低价的价格策略。

四、消除短缺情况下的博弈行为

面临供应不足时，供应商可以根据顾客以前的销售记录来进行限额供应，而不是根据订购的数量，这样就可以防止顾客为了获得更多的供应而夸大订购量。通用汽车长期以来都是这样做的，现在很多大公司，如惠普等也开始采用这种方法。在供不应求时，客户对制造商的供应情况缺乏了解，博弈行为就很容易出现。与顾客共享生产能力和库存状况的有关信息能减轻顾客的忧虑，从而减少他们参与博弈。但是，共享这些信息并不能完全解决问题。某些制造商会在销售旺季来临之前帮助顾客做好订购工作，这样他们就能更好地设计生产能力和安排生产进度以满足产品的需求。此外，制造商给零售商的退货政策也会鼓励博弈行为。缺乏惩罚约束，零售商会不断夸大他们的需求，在供给过剩的时候再退货或取消订单。

五、实现信息共享

这是减小牛鞭效应最有效的措施之一。总体来说，信息技术是可用于消除牛鞭效应的，如在企业内部采用 ERP 和 APS 系统，在企业间采用供应链管理 SCM 系统，运用 Internet/EDI 技术，开展电子商务，对各信息系统进行集成，实现企业间的业务数据集成和信息共享,应用供应链协同技术使供应链上下游企业间业务流程的整合,共同协作开展业务,都能有效地消除牛鞭效应。例如:

(1)采用 SCM 系统中的联合预测、协同计划、预测与补货 CPFR、供应商管理库存库存 VMI 和 JIT II 等技术,就能实时地获得下游的真实需求信息,及时准确地进行订货,消除预测不准和批量订货等造成的牛鞭效应;

(2)采用 Internet/EDI、电子商务和企业应用集成 EAI 等技术,能实现业务信息的及时传递与共享、上下游间业务过程的整合与紧密衔接,能有效消除由价格补货、环境变异和短缺博弈等造成的牛鞭效应;

(3)运用供应链协同、分销商一体化 DI 和 VMI 等技术,能够减少库存失衡和企业间实现库存共享与转运调拨,使它们无需再各自持有高额库存;

(4)运用 APS 管理系统、第三方物流 3PL 和第四方物流 4PL 技术,通过计划的优化与准确性或业务外包来缩短采购的提前期,消除牛鞭效应;等等。由此可见,信息技术对消除牛鞭效应起到了不可替代的作用。

然而,任何先进的系统都是按照人的指令去运行的,任何先进的技术也是为人服务的,如果没有正确的方针策略,只有先进的技术和系统,也无法真正消除牛鞭效应。因此,消除牛鞭效应最重要的因素是上下游企的业间建立紧密的伙伴关系,只有在供需双方相互信任,利益共享和风险共担的基础上,才能公开各自的业务数据,共享信息和业务过程,也只有在企业达成这种伙伴关系的前提下,利用先进的信息技术和信息管理系统,才能有效地解决各种因素的影响,真正地消除牛鞭效应。

【小资料 10-1】 **雀巢公司与家乐福公司的合作**

雀巢公司与家乐福公司在确立了亲密伙伴关系的基础上,采用各种信息技术,由雀巢为家乐福管理它所生产产品的库存(供应商管理库存 VMI,Vender Management Inventory)。雀巢为此专门引进了一套 VMI 信息管理系统,家乐福也及时为雀巢提供其产品销售的 POS 数据和库存情况,通过集成双方的管理信息系统,经由 Internet/EDI 交换信息,就能及时掌握客户的真实需求。为此,家乐福的订货业务情况为:每天 9:30 以前,家乐福把货物售出与现有库存的信息用电子形式传送给雀巢公司;在 9:30～10:30,雀巢公司将收到的数据合并至供应链管理 SCM 系统中,并产生预估的订货需求,系统将此需求量传输到后端的 APS/ERP 系统中,依实际库存量计算出可行的订货量,产生建议订单;在 10:30,雀巢公司再将该建议订单用电子形式传送给家乐福;然后在 10:30 和 11:00,家乐福公司确认订单并对数量与产品项目进行必要的修改之后回传至雀巢公司;最后在 11:00～11:30:,雀巢公司依照确认后的订单进行拣货与出货,并按照订单规定的时间交货。这样,由于及时地共享了信息,上游供应商对下游客户的需求了如指掌，无需再放大订货量，有效地消除了牛鞭效应。

（资料来源：http://www.itpub.net）

【想一想】 雀巢公司与家乐福公司采用什么措施减小了牛鞭效应？

六、合理分担库存

供应商、分销商和零售商采用联合库存的方式合理地分担库存，一旦某处出现库存短缺，可立即从其他地点调拨转运来保证供货。这既防止了需求变异的放大，又现了共担风险，降低了整体库存，有效地抑制了牛鞭效应。

七、缩短提前期

一般来说，订货提前期越短，订量越准确。根据沃尔玛的调查，如果提前26周进货，需求预测误差为40%；提前16周进货，需求预测的误差为20%，而在销售时节开始时进货，则需求预测的误差为10%。因此，缩短提前期能够显著地减小牛鞭效应。

八、建立伙伴关系

通过实施供应链战略伙伴关系可以消除牛鞭效应。供需双方在战略联盟中相互信任，公开业务数据，共享信息和业务集成。这样，相互都了解对方的供需情况和能力，避免了短缺情况下的博弈行为，从而降低了产生牛鞭效应的机会。

10.3 电子化采购

10.3.1 电子化采购的含义和流程

一、电子化采购的含义

网络技术的飞速发展以及市场竞争的日益激烈对企业的采购方式产生了深刻的影响，电子化采购已成为一种新的采购趋势。电子化采购（e-procuement）即使用因特网、电子数据互换或电子文件传输来进行的企业间采购行为。电子化采购从采购要求的提出、订单的产生、商品运输以及存货管理等方面都有了重大的改变。网络的介入使采购流程得到优化，并在降低成本、提高效率、增加采购透明度等方面都可使采购企业和供应商双方受益，实现“双赢”。

二、电子化采购的流程

企业的电子化采购一般是通过应用相关的软件来实现的，不同的软件提供了不同的解决方案。这些解决方案各有其特点，但基本都包括如下过程：

(1)填写订购单。采购部门的员工或采购申请部门通过软件提供的界面提出要求并填写订购单。

(2)审核订购单。一般通过管理软件自动进行审核,当订单要求超过限额或一些特殊的订单要提交企业主管进行审核。

(3)联系供应商。订单批准后,就通过网络联系供应商,供应商根据企业的采购要求,通过网络提供相应的商品或服务的信息。

(4)选择供应商。采购企业根据供应商提供的各种资料信息进行比较选择,择优选定一家或数家供应商。

(5)采购结算。通过相应软件进行采购货款的结算,借助银行的参与实现货款的支付转移。

从上可见,在电子化采购的整个流程中,人工参与因素越来越少,信息的传递基本依赖网络进行,保证了采购过程的公正、高效,对克服采购过程中的"黑箱操作"十分有效。

10.3.2 电子化采购的优势与类型

一、电子化采购的优势

1.显著降低采购成本

在传统的采购方式中,一般性的工业企业物资采购的成本占到企业生产总成本的60%以上,从事采购工作的员工的数量和日常支出也极为可观。因此,企业的采购成本水平对企业产品的总成本有直接的影响,并进而影响企业产品的市场竞争力和企业的盈利水平。据美国全国采购管理协会称,使用电子化采购系统可以节省大量成本:采用传统方式每生成一份订单所需要的平均费用为150美元,使用电子化采购可以将这一费用降低到30美元。早在数年前,IBM公司就已开始了由传统采购方式向电子化采购方式的转变。电子化采购使IBM的运营成本不断降低,自1995年以来,平均每年节约采购成本约20亿美元。

2.有效提高采购效率

传统的采购方式下,企业采购的周期较为冗长,主要有两个原因:一是企业在采购过程中选择合适的商品及其供应商极其不易,如果要到企业实地考察,更要花费较长的时间;二是企业采购是一项跨部门和组织的工作,每一个环节都有复杂的处理程序,要保证采购的物资按时到位,必须要求物资使用部门提前较长时间申报采购计划。而且由于各业务部门"各自为政",导致采购信息在企业内部不能得到及时顺畅的流转,影响采购效率的提高。三是传统的采购活动是建立在大量的纸面文件的基础之上的,从生产部门采购需求的提出,到采购部门与供应商的各种联系,再到交货及资金的结算,整个过程产生了大量的纸质凭证,如领导的批示文件、合同、汇票、收货单等,这些单证的制作、填写、保存牵涉到各部门员工大量的精力,常常会因某一单据的错误或遗漏而影响整个采购工作的进行。繁杂的采购文档,加之复杂的采购程序,势必导致采购活动的低效率。

电子化采购使得以前漫长而艰难的信息收集、认证、商务谈判、资金结算等工作流程大大简化,采购人员可在很短的时间内得到比以前更广泛、更全面、更准确的采购资料,而且电子化采购是无纸化交易,提高了传输和保管文件的效率和准确性,采购工作的效率必将会大大提高。

【小资料 10-2】 现在 IBM 已经在使用电子化采购,在 IBM 网站上有一个供应入口,这是所有联系的统一入口,是与供应商的专用的交易平台,其业务可以是简单的开发票或下订单,也可以是复杂的产品推介功能。通过电子化采购,IBM 的采购成本大幅度下降,节省下的开支为 42 亿美元。其几项指标对比如表 10-1 所示。

表 10-1

指标＼时间	过去	现在
订购单处理流程	30 天	1 天
合约周期时间	6～12 个月	30 天
合约平均长度	40 页以上	6 页
通过互联网交易的供应商	0	27 000
内部满意度——采购	40%	超过 85%

不仅如此,IBM 全球服务部门的采购副总裁 Schaefer 说:“自动化采购带来的最基本价值在于:我们可以从耗费大量时间的事务性工作中脱身。以前,采购人员每天花 5 个小时在电话里回答别人的问题:他们的订单在哪里,为什么还没有发货。而如今采购不再是一个服务性的部门。”

3. 优化采购管理

在传统的采购方式中,与外部供应商沟通的时候,采购部门一般处于主要地位,生产、研发部门很少有机会与供应商直接接触,对缺乏经验的采购人员或有较高技术要求的采购物资来说,经常会产生所采购物资与实际需要不符,既造成资源浪费,又可能耽误生产经营的正常进行。在消费者需求越来越追求多样化和个性化的今天,如果有过多的库存成品,就必然加大销售的风险。过高的原材料、零部件的库存同样也会给企业增加经营负担,产生较高的存货成本,进而提高产成品的成本。电子化采购对加强、优化企业的采购管理具有重要意义。可以从两方面来理解:一是便于对采购业务进行集中管理;二是提高企业存货管理水平。电子化采购可以逐渐使企业从高库存生产向低库存生产、微库存生产过渡,直至实现零库存生产。

4. 保证采购质量

采购品的质量高低直接影响产成品的质量,因此,质量能否保证是采购成功与否的关键因素。在传统的采购活动中,因为有人情、回扣等因素影响,并且采购的范围相对较小，只能“货比三家、五家”，采购中出现质量问题是极为常见的，企业采购到的往往是“价不廉、物不美的”商品，影响企业的生产经营。电子化采购中采购商可以在很大范围内选择供应商，可以做到“货比百家、千家”，尽可能找到质量和价格最为理想的合作伙伴。如对对方的供货信息有疑问，还可进行实地考察，防止质量事故的发生。对原来通过中间商采购的企业来说，可以直接通过网络与生产商联系，防止假货的骚扰。比如，一家经营名烟、名酒的经销商，过去因为生产厂家远在千里之外，无法与其直接沟通，只能直接从中间商那里进货，但很难断定中间商销售的商品是真是假。如果通过电子化采购，经销商只要直接登录到生产厂家的站点，选择所需要的商品品种，再在网上支付一定数量的预订金，当厂家确认订单后，即可为经销商安排货源，通过物流配送部门或设在经销商当地的生产厂家的分支机构送货上门，使经销商采购到“正宗”的商品，并且价格更为合理。微软公司也已经把其软件销售的重点转移到网上，让全球各地的用户直接在网上通过注册购买到正版软件，杜绝盗版软件的销售。应该说，电子化采购的不断普及，对保证产品质量，打击假冒伪劣能起到很好的促进作用。

5. 增加交易的透明度

在传统的采购活动中，交易透明度常常因为采购信息的不充分受到影响，有的交易是由人为原因造成的“黑箱操作”，不仅给企业造成损失，也使不少人犯了错误。电子化采购对提高交易的透明度，减少“黑箱操作”将起到重要的作用。电子化采购可提高供应商的透明度，提高采购商品的透明度。提高采购价格的透明度。

二、电子化采购的类型

电子化采购依照管理者和参与者的角色可以划分为三种类型：

第一种是产业领导厂商透过因特网联结本身的供货商，进行在线采购原料，借此节省成本、文书作业与处理时间。这种类型适合行业的领导者，实力雄厚，有足够的能力整合供应商。例如 IBM 的电子化采购方式就属于这一种类型。

第二种是由第三者主持的独立在线交易市集，也称为电子市场(electronic market)。这些独立的公司负责把买方与卖方集合起来，让双方在网络上接触。这种类型的电子化采购对于采购方而言，可以接触到很多供应商，这种方式适合于产业集中程度低、买卖双方数量都很庞大而零散，缺乏主导力量的采购方。

第三种是产业的领导厂商联合起来成立的在线交易市集，也称为产业平台(industry platform)。建立产业平台是电子化采购方式的又一大创新。一个个产业平台就是一个个网站，将拥有相同产品种类的、不同供应商的产品目录在线整合在一起。通用汽车、福特汽车、戴姆勒·克莱斯勒和丰田汽车就成立了一个这样的平台，进行联合在线采购。这几家公司每年总计花费在零部件和原材料上的采购金额多达3000 多亿美元，通过合作，他们可以增强自身的采购能力，有望从供应商处得到价格让步，并减少 10%的支出。

10.3.3 电子化采购的策略

电子化采购的解决方案已成为众多计算机软、硬件厂商开发的新热点，目前成熟的产品也已较为常见，这些方案对电子化采购的各个方面进行了设计，使得采购工作程序化、自动化。一些解决方案已得到了企业的认可，如 BBP(B-to-B Procurement)电子采购系统已在青岛海尔集团得到实施。但是，企业开展电子化采购并不是选用某一公司的软件就万事大吉了，实际上电子化采购并不光影响企业的采购流程，还深入到整个企业的业务运作之中，将从根本上改变企业的运营方式。企业只有内外结合、“软硬兼施”，才能建立一套运行良好的电子化采购体系，才能充分发挥电子化采购的优势。

一、逐步实现企业内部的信息化

电子化采购的开展必须要有内部信息系统作支持，只有企业内部实现了信息化，才能使电子化采购发挥出更好的优势。当前，我国有一些企业把电子化采购只当作一种尝试，偶一为之。究其原因，一方面对电子化采购的发展趋势还持怀疑态度，另一方面，因为没有企业内部信息化的配套，其作用很难发挥。因此，加快企业内部信息化建设已成为当务之急，通过建设企业内联网，应用 ERP(企业资源计划)管理系统，把企业进货、销货、存货、生产以及财务、计划等各个环节通过网络连接起来，再把网络延伸到企业外部，与电子化采购系统对接，这样才能成为电子化采购的真正受益者。

二、采用符合自身特点的电子化采购软件

企业开展电子化采购，要求把采购请求形成、请购单填写、采购审批、订单下达等各项采购工作都可通过网络并借助计算机软件来实现，因此，电子化采购软件的作用显得十分重要。目前市场上这类软件十分丰富，但不同的软件其侧重点和出发点有所不同，不同的软件各有自己的优势和劣势，这就要求企业需要根据自身的采购规模、周期等来选用最符合自身需要的软件，不要盲目追求功能强大，也不应片面采用国外大公司的产品，必须坚持“最合适的才是最好的”原则，避免产生“花大钱办不成事”的结局。一般来说，电子化采购软件必须建立在 Internet 基础上，包括 CA 认证、咨询和支付等功能；根据需要还应提供商业伙伴目录、定价服务以及集成功能；要能与 ERP 和办公自动化等后台系统集成。另外，采购管理人员的工作界面必须友好，简单明了，易操作。当然，除购成品软件外，企业也可委托软件公司或企业计算机专业人员专门开发，真正设计出符合企业需要的采购软件，为企业更好地开展采购业务服务。

三、加强人员培训

电子化采购的有效实施离不开高素质的管理人员，既要求他们掌握专业的采购管理知识，同时还必须有较高的计算机和网络应用的知识，懂得电子商务的运作，能够充分利用网络这一先进工具为企业的生产经营活动服务。这样的人才，在国内的传统企业中是十分缺乏的。因此，加强人员培训，提高现有管理人员的素质是一项十分重要的任务。当然，企业领导人的重视并身体力行，对推动企业信息化建设和员工素质的提高都有十分重要的影响。随着电子化采购的深入实施，单纯意义上的采购员将不复存在，采购工作将会涉及企业整个生产经营的全过程，几乎与每一位员工都有直接或间接的联系，有必要对关系较为密切的部门的员工进行电子化采购的培训，让他们更好地了解企业内部的采购要求和规定，对企业的运作流程有一个系统的认识，提高他们参与电子化采购过程的积极性、主动性和创造性。

10.4 全球采购

随着全球经济一体化，企业之间的竞争日趋激烈。激烈的市场竞争要求企业必须全面提高 T、Q、C、S 水平，即不断缩短产品开发时间(Time)、提高产品质量(Quality)、降低成本(Cost)、提高服务(Service)，才能在激烈的市场竞争中立于不败之地。全球采购已经成为国内企业参与国际市场竞争的战略选择。

10.4.1 全球采购的含义和特点

一、全球采购的含义

所谓全球采购(global rescorcing)就是指在全球范围内寻找供应商，寻找质量最好、价格最合理的产品。就拿汽车制造厂也来说，一辆车的发动机可能是德国本土造的，而电气设备是马来西亚产的，轮胎是日本产的，汽车的座椅是台湾产的，等等，这就是全球采购。

二、全球采购的特点

与国内采购相比，全球采购具有以下特点：

1. 全球范围内采购

采购范围扩展到全球，不再局限于一个国家一个地区，可以在世界范围内配置自己资源。因此，要充分和善于利用国际市场、国际资源，尤其是在物流随着经济全球化进入到全球物流时代，国内物流是国际物流上的一个环节，要从国际物流角度来处理物流具体活动。

2. 风险性增大增强

国际采购通常集中批量采购，采购项目和品种集中、采购数量和规模较大，牵涉的资金比较多，而且跨越国境、手续复杂、环节较多，存在许多潜在的风险。

3. 采购价格相对较低

因为可以在全球配置资源，可以通过比较成本方式，找寻价廉物美产品。

4. 选择客户的条件严格

因为全球采购，供应商来源广，所处环境复杂。因此，制定严格标准和条件去挑选和鉴别供应商尤其重要。

10.4.2 全球采购的原因

全球采购商品和服务的原因有很多，随着对特定商品需求的不同而不同。但使得国际供应商受欢迎的具体原因还是具有一定的共性。这里主要介绍如下原因：

一、与采购相关联的成本不断下降

首先，现代技术的发展降低了电子通信的成本，实现了快速低成本的数据传输；其次，关税在不断降低和取消，虽然大规模的地区贸易壁垒，如欧洲一体化市场还存在，但在局部范围内已经使降低关税和放宽政府的管制成为可能；还有，由于政府解除管制，与所有运输方式（海洋、航空和陆地）相关联的成本不断下降。

采购价格上的优势是导致全球采购的主要原因。产生这种价格优势的原因有以下几种：

1. 劳动力成本

发展中国家的劳动力成本要比发达国家低很多，亚洲许多生产厂家属于这种情况。这也是许多发达国家公司在那里开设工厂的主要原因。公司寻求低劳动成本，哪里的工资较低，工厂就迁往哪里。

【小资料 10-3】 加工贸易的发展

不知道大家有没有注意到，我们平时穿的衣服、鞋子，用的电子产品，还有小孩玩的玩具等等，不管品牌是国内的还是国外的，都有相当一部分产地在广东，曾经是中国对外开放桥头堡的珠三角地区，加工贸易占了全国的四成，最近在珠江三角洲地区一些劳动密集型加工制造业企业的日子越来越难过，纷纷北上内陆省份或南下东南亚国家。

根据亚洲鞋业协会的统计，广东的鞋业企业中，目前有25％左右到东南亚如越南、印度、缅甸等国家设厂，有50％左右到中国内陆省份如湖南、江西、广西、河南等地设厂，只有25％左右的企业目前还处于观望状态。

为什么会出现这种情况呢？是因为沿海地区的劳动力成本已大幅上升，加大了这些加工制造企业的负担，甚至导致亏损。辽宁大学经济学院院长林木西说：“也就是说它是梯次转移，像美国最初向日本转移，然后日本又开始向四小龙转移，四小龙转移之后它又向中国大陆、向俄罗斯这样一些国家转移一样，当这个珠三角劳动力出现了问题，劳动力成本提高以后，加工制造业开始向国内边远地区转移，同时外商企业开始向国外的其他地区转移，这是一个普遍的趋势，也是符合经济规律的。”

2. 汇率

由于汇率的影响，许多公司购买国外产品更为有利。汇率对全球性采购的影响力很大。比如，如果人民币不断升值，我们就可以从国外采购中获得更多收益。

【想一想】 为什么说人民币升值，我们就可以从国外采购中获得更多收益呢？试举例说明。

3. 效率

国外供应商在某些方面所采用的设备和工艺比国内厂家的效率要高，发达国家具有技术领先的优势，其生产的产品或在性能上或在价格上往往优于发展中国家。比如说由于生产设备与工艺的差异，美国的农产品的价格就低于国内，所以国内的很多农产品都依赖进口。

4. 垄断

国际上有些原材料供应商将生产集中在某些商品上，为了扩大销量实施垄断，而将出口商品定位在一个相对较低的价位上以扩大出口量，尽管有反垄断和反不正当竞争法，但是对其中的控制却是复杂的，而且效果也不明显。

二、产品的质量

在某些产品上，国外供应商的产品质量更稳定，比如说以色列的滴水灌溉设备等。更好的产品质量也是导致全球采购的主要原因之一。

三、资源稀缺

某些原材料，特别是自然资源，国内没有储备，只能大量从国外进口。例如日本，作为一个小小的岛国，本身的自然资源十分稀缺，只能选择进口，别无他法。

四、实力优势

在设备和生产能力方面，某些国外供应商比国内供应商的实力更雄厚，他们甚至在世界各地都有产品库存，他们在交货的速度方面就会比国内供应商更快；有实力的供应商为了防止缺货风险可能会备有大量库存，从而能够保持供应的连续性。

五、作为一种营销工具

为了能从其他国家出售本国生产的产品，可能会答应向那些国家的供应商采购一定金额的货物，数量由双方协定决定。这在国际贸易中是司空见惯的事情。

六、出于竞争的考虑

引进国外供应商，使之与国内供应商竞争，目的是使国内供应商感到压力，从而不断提高自己的生产效率和产品质量，使其保持国际先进水平；同时，采购者还可利用国外和国内供应商的竞争，获得价格优惠或其他方面的让步。

10.4.3 全球采购的风险

一、成本控制的风险

全球采购周期长、环节多，路途遥远，如果对运输费用、保管费用、关税、产品过时、库存、机会成本、市场保护等因素加以考虑时，总成本可能比预计的要多得多，从而影响到净收益的增长。而且由于长距离的关系，可能存在质量和执行方面的问题。另外，产品在运抵目的地的过程中，要经过参与各方的多次交接，当中的不确定因素很可能导致服务水平降低，产生更大的成本负担。采购者在选择国外供应商之前，必须考虑到其所可能发生的成本。

二、选择供应商的风险

有效采购的关键应该是选择信誉好的供应厂商。由于得到评估所需的数据既昂贵又耗时间，做到这一点有时比较困难。当供应商远在千里之遥时，这一问题就突出地表现出来。选择信誉好的供应商是一个很重要的过程，而且充满风险。采购方在异地他乡，人生地不熟，很容易上当受骗，而且供应商为了自己的利益会使出各种方法诱惑前去调查的采购人员，使他们不知不觉落入供应商的圈套。

三、采购提前期确定不恰当风险

采购者首次进行全球采购时通常需要开立信用证，这一般需要几个星期的时间；其次，虽然交通运输有了很大发展，但路途遥远，中途很容易发生意外情况而不得不耽误数日，而且货物在港口存放的时间取决于在港口等待的卸载的船只的数量，而且，船只的卸载只有在规定工作时间内才可进行，这些都给提前期的确定增添了不确定因素。

四、价格波动风险

全球市场上，商品价格会受到比国内更多的因素干扰，波动频率和幅度会比国内市场更多和更大，而且全球采购多为大宗买卖，价格波动使采购方面临的风险很大。贸易双方签好合同后，卖方交货前，货物价格下跌则会使采购方蒙受很大损失。

五、外汇汇率波动风险

在签订采购协议时会就付款采用采购方国家的货币还是供应方国家的货币作出选择。一般来讲，如果交款时间较短，就不会出现汇率波动问题，选用哪种货币都无关紧要。但是，如果交款时间为几个月，汇率就会又较大的波动，此时的价格会随着货币的不同而产生较大的出入。所以在签订合用时，采购者应该预测从当前到付款这段时间内汇率如何变动。

六、合同风险

在全球采购中，签订合同的时候应小心谨慎，对于其中的各项条款应反复推敲，争取能对我方有利。比如说付款方式是合同中的关键条款。我方应尽量争取货到后付款，或者采用信用证等方式支付。如果采购方对运输时间要求严格，那么就应该设有防止延期运送而设置的罚金或辅助消除延期风险的条款。对于货物质量在合同中也应有明确的规定，防止双方对质量标准的认可不一而发生纠纷。发生纠纷时，解决争议的条款也非常重要，由于起诉费用昂贵且浪费时间，越来越多的采购方由国际仲裁机构来解决贸易争端引发的各种问题。

【小资料 10-4】 某地一进出口公司向巴西出口一批非食用玉米。合同规定：品质为适销品质，以 98%的纯度为标准，杂质小于 2%，运输方式为海运，支付方式采用远期汇票承兑交单，以给予买方一定的资金融通。合同生效后两个月货到买方，买方以当地的检验证书证明货物质量比原订规定低，黄曲霉菌数超标为由，拒收货物。经查实，原货物品质不妨碍其销售，买方违约主要是由于当时市场价格下跌。后经多次商谈，我方以降价 30%完成合同。

【想一想】 我方应从中吸取什么教训呢？

七、政治问题

受供应商所在国政府问题的影响，供应中断的风险可能会很大，例如供应商所在国发生战乱或者暴动等，采购者必须对风险作出估计，如果风险过高，购买者必须采取一些措施监视事态的发展，以便及时对不利事态作出反应并寻找替代方法。

八、商业习惯带来的风险

每个地区的商业习惯会因为地区不同而有所变化。国家之间的某些商业习惯变化更大，所以采购者若要和供应商更有效地进行商谈，就要使自己尽可能地去了解和适应那些习惯。

10.4.4 全球采购的方式

目前全球采购活动中主要有以下几个方式：

第一种方式，以那些制造企业为核心的全球的采购活动，比如说通用电气、通用汽车等一些技术密集型或者品牌非常响亮，具有国际品牌的，或者是具有很大资金优势的跨国公司，他们作为采购龙头来主导采购体系和采购市场。对于中国企业来讲，很多是为这些企业提供一些配套性的产品，比如说汽车配件，这是一个非常重要的采购方式。

第二种比较重要的采购方式，是以贸易企业为核心的全球采购体系，在国际上很多大的企业或者是有竞争力的企业，在采购活动过程当中，由于要把自身的资源集中在一些核心的领域里，所以这些企业很多的采购活动目前都采取了外包的方式，承担这种采购外包的市场主体，往往是那些在国际市场上非常活跃的贸易企业。

第三种是以大型零售集团为核心的采购活动，这些大型的跨国零售巨头近几年来在中国市场上的表现是非常引人注目的，他们采购的商品更关注的是国内非常有优势的快速消费品和劳动密集型的各种产品，比如服装、鞋帽、食品等商品。这些商品通过跨国零售巨头进入国际市场的主流渠道，特别是主流的零售渠道中去，这个对中国出口是有非常重要影响的。过去中国很多的产品出口依托原来传统的国有的贸易企业，或者是企业的自行出口往往不能进入一些主流的渠道，只能进入一些街边市场或者是其他的市场，而这些跨国零售巨头使中国很多企业的商品进入到这些正规的渠道中去。

第四种方式是以专业采购组织和经纪人为核心的跨国采购体系，中小企业为了获得最佳商品的供应和最佳零售品供应，委托一些经纪人或者是一些专业的采购组织来为他们服务。目前，这些经纪人和采购组织，在国际上更为流行的运作方式是通过网上采购，特别是集合众多中小企业的采购要求，到中国或者是到一些低成本的国家进行采购。

10.5 战略采购

10.5.1 企业的采购难题

大多数的企业都面临一个共性的难题——采购控制。理想的境界是“花最少的钱买到最好的东西”，同时“有效遏制采购腐败”。但理想毕竟是理想，一个不争的事实是任何企业的采购总是会发生这样那样的问题。总的来说，目前在企业的采购管理中最常见问题可以归纳为：

一、没有明确的采购计划，缺乏对采购需求的分析和对供应商的培养

采购上随意性很大，经常是这个部门刚采购了一台打印机，第二天又有那个部门申购同样的东西，采购上没有最基本的计划，并且缺乏部门间必要的沟通与衔接，所有的采购都是急性的，其结果就是采购部门在疲于奔命地买东西，根本没有时间做详细的市场调查，企业管理者却弄不清采购部门整天忙忙碌碌的在干什么。

二、不注重长期供应商的关系管理

采购中只注重谈判、比价、压价，缺乏从关注谈判向建立战略合作伙伴关系转变，更没有从一味压价向建立双赢机制转变。采购就是“一次性”交易，一手交钱一手交货，货款两清各自走人，这种采购很像散兵游勇，难以成为正规军，其后果是售后服务没有保障不说，一旦发现问题，人都找不到，同时在市场经济条件下一味追求单赢，只想着让自己合适，长此以往，把自己的名声搞坏了，寻找合作伙伴的路越来越窄。

三、没有把采购管理上升到事关公司存亡的战略性高度来考虑

不重视采购管理，没有把采购策略和合作伙伴（第三方服务供应商）的选择评估标准应作为企业整体战略中的一部分。很多企业的管理者单纯地认为采购只要钱花得少就是好，公司还有其他诸如市场、销售、研发等等重要的工作来做，公司的低成本扩张和谋求更大发展空间才是最重要的，采购只是后勤部门的小事，不会影响发展大局。

四、集团企业的分散采购忽略了整体利益的最大化

在一些大的企业集团中，最初的模式是由专职采购部门执行统一的采购，公司集团壮大了，许多子公司开始自行组织采购，特别是在实行了全面经营核算的集团公司里，子公司不满意统一采购而自行采购的情况非常普遍。管理者以为是相互间有制约是件好事，但实际上分散了采购量带来的价格和售后优势，忽略了整体利益的最大化。其表象下的实质是公司内部权力争夺，企业的管理者如果不在最初就予以严厉制止，其后果是不仅是资源的浪费和人工成本的增加，还会给企业文化带来不利影响。

五、企业缺乏有效的工具和信息平台进行采购跟踪、评估、分析和科学决策

究竟什么样的采购才是符合企业利益的？到底采购价格为多少才是合理的？在普遍存在采购阴影的大环境中怎样实施有效的监督检查？怎样才能事前控制而不是亡羊补牢？等等问题每天都在困惑着管理者。

10.5.2 战略采购的定义

实现战略采购可以逐步解决上述的企业中存在的采购难题。战略采购是一种有别于常规采购的思考方法，它与普遍意义上的采购区别是前者注重要素是“最低总成本”而后者注重要素是“单一最低采购价格”。简单地说，战略采购是以最低总成本建立服务供给渠道的过程，一般采购是以最低采购价格获得当前所需资源的简单交易。

战略采购的好处就在于充分平衡企业内外部优势，以降低整体成本为宗旨，涵盖整个采购流程，实现从需求描述直至付款的全程管理。战略采购包括以下几个重要原则：

一、总体拥有成本考虑

这是战略采购的基本出发点。成本最优往往被许多企业误解为价格最低，这是错误的。采购的决策影响着后续的原料运输、调配、维护、调换，乃至长期产品的更新换代，因此必须有总体成本考虑的远见，必须对整个采购流程中所设计的关键成本环节和其他相关的长期潜在成本进行评估，例如，由于特定采购原料或设备带来的配套原料和设备的获取、安装、维护、运作和清理成本等。在进行总体成本评估时，不妨尝试先用以下这个简化的方法考虑：总体拥有成本＝价格＋使用成本＋管理成本。

二、建立坚实谈判基础——事实和数据信息

谈判不是一味压价，而是基于对市场和自身的充分了解和长远预期的协商。总体成本分析、供应商评估、市场评估等为谈判提供了有力的事实和数据信息，帮助企业认识自身的议价优势，从而掌握整个谈判的进程和主动权。

三、战略合作关系——互赢

互赢理念在战略采购中也是不可或缺的因素。许多先进的国际企业都建立了供应商评估、激励机制，与供应商建立长期的合作关系，确立互赢的合作基准。例如帮助供应商优化运输计划，承诺最低采购量和价格保护等。

四、权力制衡

企业和供应商都有其议价优势，如果对供应商所处的行业、供应商业务战略、运作、竞争优势、能力等有充分的认识，就可以帮助企业发现机会改善其目前的权力制衡地位。越来越多的企业在关注自己所在行业的发展同时，开始关注延伸供应链上相关行业的前景，考虑如何利用供应商的技能来增强自己的市场竞争力。

10.5.3 战略采购实施的几种方式

一、集中采购

通过采购量的集中来提高议价能力，降低单位采购成本是一种基本的战略采购方式。目前虽有企业建立了集中采购部门进行集中采购规划和管理，以期减少采购物品的差异性，提高采购服务的标准化，减少后期管理的工作量，但很多企业在发展初期因采购量和种类较少而进行集中采购，随着企业的集团化发展，在采购上就出现分公司各自为政的现象，很大程度上影响了采购优势。因此，坚持集中采购方式是企业经营的根本原则之一。

二、寻找上游供应商

通过扩大供应商选择范围引入更多的竞争、寻找上游供应商等来降低采购成本是非常有效的战略采购方法，它不仅可以帮助企业寻找到最优的资源，还能保证资源的最大化利用，提升企业的水准。

三、优化采购流程

制定明确的采购流程有助于企业实现对采购的控制，通过控制环节（要素）避免漏洞，实现战略采购的目的，流程可采用的要素有：货比三家引入竞争，发挥公开招标中供应商间的博弈机制，选择最符合自身成本和利益需求的供应商；通过电子商务方式降低采购处理成本（交通、通讯、运输等费用）；通过批量计算合理安排采购频率和批量，降低采购费用和仓储成本；对供应商提供的服务和产品进行“菜单式”购买。需要注意的是：供应商提供的任何服务都是有价格的，只不过是通过直接或间接的形式包含在价格中。企业可以通过“菜单”选择所需的产品及服务，往往这种办法更能有效降低整体采购成本。

四、产品、服务的统一

在采购时就充分考虑未来储运、维护、消耗品补充、产品更新换代等环节的运作成本，致力于提高产品和服务的统一程度，减少差异性带来的后续成本。这是技术含量更高的一种战略采购，是整体采购优化的充分体现。采购产品差异性所造成的无形成本往往为企业所忽略，这需要企业决策者的战略规划以及采购部门的执行连贯性。

战略采购是企业采购的发展方向和必然趋势。在企业创业之初由于采购量和种类的限制，战略采购的优势并不明显，但在企业向更高层次和更大规模发展的过程中优势会日益明显，有远见的企业应该在发展之初就有组织地构建战略采购框架，实施战略采购。

10.6 信息系统与采购

10.6.1 MRP、MRPII、ERP与采购

一、MRP基本原理与编制程序

MRP即物料需求计划(Material Requirement Planning)的简称。MRP是一种将采购和库存管理和生产进度计划结合为一体的计算机辅助生产计划管理系统。它以减少库存量为目标，统筹地为制造业管理者提供满足生产计划需要的物资供应手段。

早期的物料库存控制通常采用订货点法，订货点库存水平是根据安全库存量和订货提前期(或生产提前期)来确定的，即：

订货点＝订货提前期×平均每天需用量＋安全库存量

在需求稳定的情况下，订货点法是可行的。但需求处于不稳定状态下，这种方法可能会出现缺货，而为了防止缺货，就需要设置较多的安全库存量，使平均库存水平大大提高。出现这种现象的根本原因在于订货点法没有按照物料真正需要的时间来确定订货日期，因此往往造成物料库存大量积压。于是，人们提出了这样的问题：“怎样才能在规定的时间，按照规定的数量采购真正需用的物料?”换句话说，就是采购和库存管理怎样才能和生产计划完全吻合?

20世纪60年代中期，美国生产与库存管理学会的一批专家发现，在工业企业，特别是机械、电子等产品制造业中，为进行产品生产需用的物料具有如下的特点：

(1)各种物料在消耗使用上彼此之间存在着先后主从的依存关系。即后续工序的用料及其用量和用时由其前道工序的主项目(parent item)决定，所以其需求类型具有非独立性质，称为非独立需求(dependent demand)。与非独立需求相对应，企业生产的最终产品(包括外销零部件)的需求，主要由外界市场决定，称为独立需求(independent demand)。

(2)非独立需求的原材料、零部件等库存项目并不是每日连续均衡消耗，而是按照产品生产进度定期、分阶段、成批投入生产使用。

(3)非独立需求的物料，其需用消耗量一般可按确定性处理，根据确定的最终产品生产数量，分阶段、分层次展开核算。

上述特点表明，对于非独立需求的物料，不适于采用传统的订货点法等库存管理方法，而适于采用 MRP 库存与生产管理系统。其核心思想是，对生产所需的非独立需求物料，按其与产成品的相互关系，在必要的时候，订购或生产必要的数量，从而最大限度地降低这些原材料、外购零部件及中间产品的库存水平。

MRPII 即制造资源计划。它的基础——MRP 即物料需求计划的思想早在 20 世纪 40～50 年代就已产生，只是到了 60～70 年代，随着计算机技术的发展才逐步走向应用。70 年代末，一些企业提出，希望 MRP 系统能同时反映财务信息，如，产品销售计划用金额来表示，说明销售收入；对物料以货币计价，以计算成本，方便定价；采购计划以金额来表示，以用以预算；库存以金额表示，以反映库存资金占用情况，此外，货币信息还必须符合企业长远经营目标，满足销售和利润要求，就是说，在系统的执行过程中，要反映出发生的成本，又把企业的经营规划和销售与生产规划作为系统的宏观层。这样 MRP 进一步发展，将经营，财务与生产管理子系统相结合，形成了制造资源计划即 MRPII。由于 MRPII 将经营、财务与生产系统相结合，涵盖了进行生产制造活动的设备、物料、资金等多种资源，并且有模拟功能，因此，它不仅能对生产过程进行有效的管理和控制，还能对整个企业计划的经济效益进行模拟，这对辅助企业高级管理人员进行决策有重大意义。

MRP 计划编制程序如下：

1. 编制主生产进度计划(master production schedule，MPS)

在生产总体计划的基础上，根据已接受的顾客订单和销售预测，确定在一定计划期间需要生产的最终产品(即独立需求的产品)的生产数量和完成日期，即编制主生产进度计划。主生产进度计划的计划期应根据最终产品的完工日期、加工时间以及所需各种原材料、零部件等的提前时间等因素确定。计划期的时间单位一般可按周或天计算，称为时间段。

2. 根据主生产进度计划和物料清单(bill of material，BOM)核算各阶层物料需用量

所谓物料清单，是指最终产品的用料结构。

3. 建立各物料项目动态信息

每种最终产品及其所需各种物料项目，应分别设立卡片，记录和提供它们每时段(天或周)的补充订货、收入、发出和结存数量的动态信息。

4. 确定采购和加工装配的提前期

对于外购零部件、材料的提前期，是指从发生订单到收到物料并能投入生产使用的时间；企业自制零部件的提前期则指从发出生产计划单到该物料送到生产线投入生产使用的时间。根据物料清单只能获得物料需用量信息，而什么时候需要则取决于主生产进度计划及提前期。

5.编制 MRP 计划表

根据物料毛需用量、期初库存量、提前期等信息编制各阶层的 MRP 计划表，并在 MRP 家华表基础上，生成明细采购计划和明细加工计划，由企业生产、物流、销售等部门协作完成 MRP 计划。

二、MRPII 的基本原理

MRPII 即制造资源计划（manufacturing resource planning，MRPII）是在 MRP 计划的基础上，将企业的生产、营销、采购、工艺技术和财务等业务活动纳入统一的计划管理体系而形成的管理信息系统。现代的 MRPII 系统完善于 20 世纪 80 年代，一般分为生产控制（计划、制造），物流管理、（分销、采购、库存管理）、财务管理（账务、成本、资金）三大子系统。生产控制子系统将按照预测的销售前景，并考虑销售单的实际情况来编制生产大纲；再按主生产计划的排程，编制物料需求计划，据此采购原材料并安排部件生产，以期在制品、原材料及成品控制在最优水平上。此外，根据物料需求计划的结果来核算能力，调整主生产计划，尽量维持生产平衡。生产线（车间管理或重复生产）的信息反馈也可以与财务系统、物流管理系统集成。物流管理系统将向供销部门和库房管理部门提供灵活的日常业务处理功能，并能自动将信息转达到财务部门和其他有关部门。财务管理系统除对各往来账目和日常发生的货币支付账目进行处理外，根据销售部门的销售单/发票、采购单、库存资金还能够向管理人员提供目前库存资金占用情况和企业运营情况。

MRP 生成的物料需求计划，只是一种建议性计划，是否能实现，还要考虑企业的能力。因此，需求计划只有同能力计划结合起来，反复运算，经过平衡后才有可能执行。能力计划并不是用已有的能力去限制需求，而是对能力进行规划与调整，使之尽可能地满足物料的需求。在 MRP 的基础之上增加能力计划和执行计划的功能，就成为闭环 MRP。在闭环 MRP 的基础上，进一步集成资金流及成本管理，即为 MRPII。MRPII 可以使企业产生如下效益：

(1)可以改善企业经营决策，提高企业应变能力及所处的竞争地位。企业领导可以随时了解企业生、销售、库存等运作情况和财务状况。

(2)实行规范管理，促进企业工作与生产效率的提高。

(3)降低库存。据国外有关资料统计，在实施 MRPII 为企业中，库存资金的占用一般可降低 15%～40%，资金的周转次数可提高 50%～200%。

(4)合理利用资源。缩短生产周期，提高劳动生产率，进一步降低成本，增加利润。

(5)由于与财务系统的集成，可以大大减少对财务收支上的差错与延误，减少经济损失。同时还可以及时了解生产成本，辅助财务管理业务的运行。

【小资料 10-5】 MRPII 在中国的应用并非一帆风顺,中国最早的 MRPII 用户是沈阳一家大型企业。以后上海飞机制造厂、北京内燃机总厂、沈阳第一机床厂、上海冶金矿山机器厂等几十家企业先后引进了 MRPII 系统,据不完全统计,至 1995 年,国内企业购买 MRPII 软件一百多套,20 余种。我国企业实施 MRPII 主要以引进为主,自行开发为辅,应用情况差异很大。有一些企业成功了,如广东科龙电器股份有限公司,于 1995 年通过国际权威机械的全面考核,成为中国第一家应用 MRPII 的 A 级企业。但大多数企业仅在局部范围内实施应用,并未达到应有的实施效果。也有不成功的情况发生,应用不成功的原因出自以下两个方面,第一,MRPII 系统未能被很好地实施。成功不仅仅是引入现成的 MRPII 软件就可以实现的,只有通过企业多个部门,全体人员的多方面努力,才能获得。第二,公司的生产经营环境没有给 MRPII 提供一个明显的超越其他系统的重视程度。MRPII 是主要运用于制造业企业的先进的管理思想与信息系统,是根据企业管理的需要而生产发展起来的,其管理模式适合于制造业企业的一般管理要求,同样也适合于中国企业的普遍管理模式和要求。为了成功实施 MRPII,企业必须把重点放在基础信息的健全和管理业务的规范化上,而不仅仅是引进现成的软件。

近几年来,随着改革开放的发展,许多企业对管理提出了较高的要求,MRPII 的应用又进入了一个新的发展阶段,应用的范围也从原来的以机械制造业为主,扩展到化工、烟草、制药等行业,其中,合资企业的应用发展较快,并获得了较好的效益。

三、ERP 的基本原理

在 20 世纪 90 年代,产生了体现企业管理整体资源的管理思想 ERP(Enterprise Resource Planning),其主要宗旨是:对企业所拥有的人力、资金、材料、设备、方法(生产技术)、信息、时间等 7 项资源进行综合平衡和优化管理,面向全球市场,协调企业各管理部门围绕市场导向开展业务活动,使得企业的能力在激烈的市场竞争中得到全方位地充分发挥从而取得最好的经济效益。

ERP 系统是在 MRPII 基础之上产生的,除了包括制造、财务和销售功能之外,还增加了分销管理、人力资源管理、运输管理、项目管理、设备维护、供应商管理、客户管理、仓库管理、质量管理、设备管理、决策支持等功能。

ERP 系统中库存管理的内在数据处理逻辑和过程与 MRP 基本一致,但前者的先进之处主要体现在以下几个方面:

(1)通过计算机、网络和数据库将企业的产品设计、加工制造、经营管理等方面的所有活动信息有效地集成起来,确保信息及时、准确地交换以及数据的一致性。这既使得在以客户需求为中心的战略指导下的库存管理可以从系统中获取实时、准确的信息以对客户需求做出快速反应,也使得业务流程中各个环节共同参与库存管理并从中获取实时信息成为可能。

(2)其库存管理的核心是主生产计划的制定与调整。主生产计划是连接企业战略规划与计划执行的桥梁,是平衡市场需求与企业生产能力以及供应商的供货能力的支点。它使得以客户为中心的供应链上的各环,即从企业外部的客户、企业内部的生产部门、销售部门、资金管理部门、工程技术研发部门、采购部门、仓库管理部门至企业外部的供应商彼此关注,突破以追求自身利益最大化为目标的局限,按整体业务流程行事,使得企业整体合作的意识和能力加强,这对于企业库存管理目标的实现是至关重要的。

(3)以供应链管理的思想进行流程设计,将供应商和分销商、零售商和客户置于企业供应链中参与库存管理。通过供应链管理将供应商、分销商等联结起来,从而使生产计划不再局限于企业内部资源,而根据供应链中所有可用资源与能力进行计划的平衡。为此,要求建立功能强大的销售网络管理系统,使信息在供应链中是共享的,使供应商和分销商可以了解企业生产规划和库存状态并能应客户需求敏捷地做出反映,从而降低整体库存量。

(4)以集成的思想设计业务流程,不仅避免了许多不必要的重复工作,而且有助于提供实时准确全面的信息。ERP 的物料采购业务流程就体现了物流、资金流与信息流的集成。具体描述如下:在生产部门按物料需求计划向采购部门发出采购订单时,系统自动会对此笔订单进行预算检查。检查通过后系统还会按该笔订单更新资金流动性预测。采购部门按采购订单与选定的供应商订立采购合同。货到由仓库验收后会向系统录入收货单信息,收到供货商的发票后,系统会自动进行发票校验,将采购订单、收货单和发票三单进行核对。在发票校验后,系统会再次自动进行预算检查,然后由会计部门按合同规定进行货款结算,系统按生成的凭证自动记账,同时会对资金流动性预测值进行修正。

(5)工程技术研发工作是整个库存管理业务流程中极其重要的一环,它关系着产品开发周期的长短,关系着产品质量和成本,对企业的生产和库存管理有重要的指导作用。其对库存管理的作用在系统中通过对物料清单和工艺路线信息的输入和调整得以实现。

(6)融合了全面质量管理的思想。按客户需求设计产品质量标准,同样按物料清单和工艺路线对其加以分解,从生产部门到采购部门直至供应商,都应了解这些质量标准,使质量管理深入到各个环节,并进行严格的检查和控制,对物料和产品不符合质量标准的信息应通过系统及时反馈,以达到减少不合格物料和产品占用企业资源的目的,这对于企业库存管理是具有重要意义的。

10.6.2 销售时点信息系统(POS)

销售时点信息(Point of Sale)系统是指通过自动读取设备(如收银机)在销售商品时直接读取商品销售信息(如商品名、单价、销售数量、销售时间、销售店铺、购买顾客等),并通过通信网络和计算机系统传送至有关部门进行分析加工,以此控制库存,制定采购计划,提高经营系统效率的系统。POS 系统最早应用于零售行业,以后逐渐扩展至其他如金融、旅馆等服务型行业,利用 POS 信息的范围也从企业内部扩展到整个供应链。下面以零售行业为例,对 POS 系统进行说明。

一、POS 系统的功能

POS 系统主要具有以下功能。

(1)对商品实行单品管理。这是 POS 系统的基本功能。基本的过程包括:商品的验收进货入库→由仓库到销售现场的商品传输→销售出货。在这一过程的任何商品的一切资料均纳入计算机管理,没有重复与遗漏,这是商业 POS 系统使用成功的基础。

(2)采购管理。POS 系统通过对安全库存的控制,提供商品采购比价和历史销售信息,使商品采购决定的更加合理,从而能有效的控制进货与库存的成本。

(3)进货验收。利用采购单逐笔进行对所采购的商品验收,并在 POS 系统的终端计算机上将采购单修正为进货单,并直接由后台计算机修正总库存量及打印会计传票等。

(4)库存及销售现场管理。所采购的商品验收后,可依计算机指示位置入库,也可根据每日销售报表将适当数量的商品从仓库补充到销售现场的陈列位置,即避免商场缺货又不使商品的陈列太多。

(5)销售管理。由电子收银机提供商品销售单价,也可随时按需进行变价、折扣、赠送等促销处理,并将有关的数据随时输入计算机。

(6)盘点作业。利用 POS 系统的盘点机可以随时对商品进行盘点。

(7)厂商管理。通过 POS 系统对厂商进行管理。

(8)会计作业。利用 POS 系统进行会计作业。

(9)销售分析报表。通过 POS 系统的报表生成模块生成所需报表,随时掌握商场的状态,例如商品销售明细,会员消费明细等。

(10)商店员工管理。POS 系统的附加功能,可以对商店的员工进行日常的管理。

二、POS 系统的运行步骤

POS 系统的运行由以下 5 个步骤组成。

(1)店内销售商品都贴有表示该商品信息的条形码或光学识别(OCR)标签。

(2)在顾客购买商品结账时,收银员使用扫描读数仪自动读取商品条形码标签或 OCR 标签上的信息,通过店铺内的微型计算机确认商品的单价,计算顾客购买总金额等,同时返回给收银机,打印出顾客购买清单和付款总金额。

(3)各个店铺的销售时点信息通过 VAN 以在线联结方式即时传送给总部或物流中心。

(4)在总部,物流中心和店铺利用销售时点信息来进行库存调整、配送管理、商品订货等作业。通过对销售时点信息进行加工分析来掌握消费者购买动向,找出畅销商品和滞销商品,并以此为基础,进行商品品种配置、商品陈列、价格设置等方面的作业。

(5)在零售商与供应链的上游企业(批发商、生产厂家、物流业者等)结成协作伙伴关系(也称为战略关系)的条件下,零售商利用 VAN 在线联结的方式把销售时点信息即时传送给上游企业。这样上游企业可以利用销售现场的最及时准确的销售信息制定经营计划,进行决策。例如,生产厂家利用销售时点信息进行销售预测,掌握消费者购买动向,找出畅销商品和滞销商品,把销售时点信息(POS 信息)和订货信息(EOS 信息)进行比较分析来把握零售商的库存水平,以此为基础制订生产计划和零售商库存连续补充计划(Continuous Replenishment Program,CRP)。

10.6.3 电子自动订货系统(EOS)

EOS 是指企业间利用通信网络(VAN 或互联网)和终端设备以在线联结(ON-LINE)方式进行订货作业和订货信息交换的系统。EOS 按应用范围可分为企业内的 EOS,零售商和批发商之间的 EOS 系统以及零售商、批发商和生产商之间的 EOS 系统,EOS 的基本框架如图 10-1 所示。

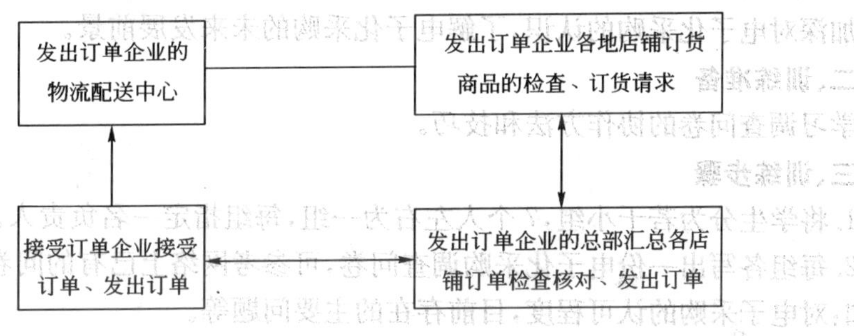

图 10-1 EOS 系统框架

一、EOS 系统的作用

EOS 系统能及时准确地交换订货信息,它在企业采购管理中的作用如下:

(1)对于传统的订货方式,如上门订货、邮寄订货、电话、传真订货等,EOS 系统可以缩短从接到订单到发出订货的时间,缩短订货商品的交货期,减少商品订单的出错率,节省人工费。

(2)有利于减少企业库存水平,提高库存管理效率,同时也能防止商品缺货现象的出现。

(3)对于生产厂家和批发商来说,通过分析零售商的商品订货信息,能准确判断畅销商品和滞销商品,有利于企业调整商品生产和销售计划。

(4)有利于提高企业物流信息系统的效率,使各个业务信息子系统之间的数据交换更加便利和迅速,丰富企业的经营信息。

二、企业在应用 EOS 系统时应注意的问题

(1)订货业务作业的标准化,这是有效利用 EOS 系统的前提条件。

(2)商品代码的设计是应用 EOS 系统的基础条件。在零售行业的单品管理方式中,每一个商品品种对应一个独立的商品代码,商品代码一般采用国家统一规定的标准。对于统一标准中没有规定的商品则采用本企业自己规定的商品代码。

(3)订货商品目录账册(Order Book)的设计和更新。订货商品目录账册的设计和运用是 EOS 系统成功的重要保证。

(4)计算机以及订货信息输入和输出终端设备的添置和 EOS 系统设计是应用 EOS 系统的基础条件。

(5)需要制定 EOS 系统应用手册并协调部门间、企业间的经营活动。

J 技能训练一

电子化采购调查报告

一、训练目的

加深对电子化采购的认识,了解电子化采购的未来发展前景。

二、训练准备

学习调查问卷的协作方法和技巧。

三、训练步骤

1. 将学生分为若干小组,7 个人左右为一组,每组指定一名负责人。

2. 每组各写出一份电子化采购调查问卷,可参考网络上已有的问卷,设计相关指标,如:对电子采购的认可程度,目前存在的主要问题等。

3. 在老师、学生以及企业、社会人员中进行问卷调查。

4. 根据问卷调查结果写出调查报告。

四、注意事项

老师需认真审核学生写的问卷调查表,适当作出补充,修改其中不足之处。

五、考核方法

根据学生提供的调查报告及学生编写的问卷表给出成绩。

J 技能训练二

MRP 计划编制

一、训练目的

掌握 MRP 的基本原理,对 MRP 采购有深刻的认识。

二、训练准备

学习物料结构文件图的画法。

三、训练步骤

1. 教师给出数据和问题：某制造企业生产主产品甲，根据用户订单，要求在第五周和第十周分别交货甲 100 件，即主生产进度计划为在第五周和第十周各需产品甲 100 件，根据 MRP 计划制定程序生成采购计划和加工计划。主产品甲的物料结构文件图见图 10-2。

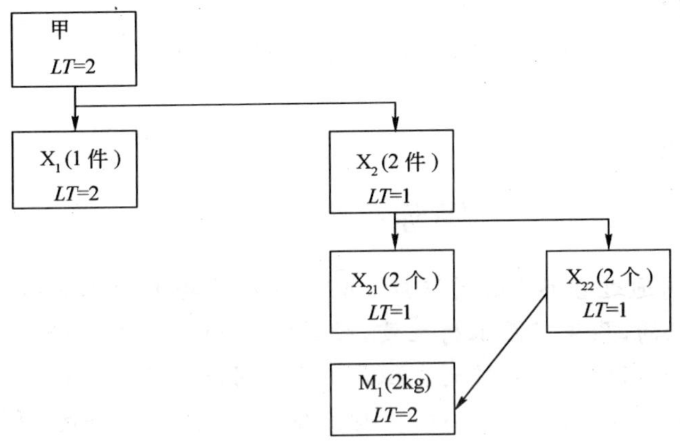

图 10-2 主产品甲的物料结构文件图

主产品及各零部件的库存量及提前期见表 10-2。

主产品及各零部件的库存量及提前期 表 10-2

物料项目名称	计划期初库存量(件)	提前期(周)	附 注
产品甲	45	2	
部件 X_1	15	2	
部件 X_2	30	1	
零件 X_{21}	60	1	
零件 X_{22}	40	1	
材料 M_1	0kg	2	在上一期期末前 2 周已发出订单采购 130kg

2. 指导学生分阶层编制 MRP 计划表。以阶层 0 为例，以后每阶层计划表格式均见表 10-3。

MRP 各阶层计划表 表 10-3

阶层 0：产品甲(提前期 2 周)											
时间段(第 L 周)	0	1	2	3	4	5	6	7	8	9	10
毛需求量						100					100
预定到货数量						55					100
库存数量	45	45	45	45	45	0	0	0	0	0	0
计划补充订购数量				55					100		

3. MRP 表计算完毕后，据此生成明细采购计划和明细加工计划。

四、注意事项

教师可逐步进行讲解，再指导学生动手计算。

五、考核方式

根据学生的计算表以及最后生成的采购计划和加工计划的正确度给予评分。

六、课外训练

思考 MRP 系统的安全设置问题，可多方查阅资料。

C 案例分析

国际采购的风险

大陆 G 公司通过香港 J 公司进口 100 万美元的马来西亚原木，香港 J 公司是通过朋友介绍认识的，原先不做木材生意，经了解，J 公司是家小公司，注册资金仅 100 万港币，G 公司感到贸易风险较大。但是由于当时原木货源紧张，G 公司原有的新加坡和香港客户无法供货，只有 J 公司声称能供货，而且价格合适，才决定和其签定购买合同，合同条款规定：

(1)付款采用信用证方式；

(2)仲裁机构选择北京的中国国际经济贸易仲裁委员会；

(3)一些议付单据的规定。

合同签订后 G 公司如期开出信用证，J 公司发来货物装船通知后不久，开证行收到全套议付单据，经过认真审核，发现有几点不符。J 公司不断来电话和传真催促 G 公司付款，否则将转售给当地的另一家木材公司。G 公司内部对是否拒付意见不一，赞成拒付的人认为：公司冒风险和 J 公司第一次交易，现单据出现不符，货物质量有问题的可能性极大，理应拒付；另一种意见认为：公司已收到国内买家的货物定金，如果拒付，假如货物质量问题不大，而 J 公司真的将货物转售他人，G 公司对下家交不了货，就要赔偿双倍定金；加上开信用证的保证金以及贷款利息等各种费用，损失巨大。正在此时，G 公司获悉货物两天后到港，于是决定等船到货后再说。两天后货物到港，经 G 公司派人查看，该批木材无论是规格还是品质明显和合同要求不符，于是决定拒付。G 公司和 J 公司多次就该批货物的处理方案协商未果，遂提交仲裁，要求 J 公司赔偿损失。仲裁委员会最终支持 G 公司大部分主张，裁决 J 公司赔偿 16 万美元。仲裁结果出来后，J 公司就杳无音信，于是 G 公司委托香港一家知名的律师行向香港法院申请执行。

思考题

1. 此次国际采购的风险是由什么原因造成的？

2. 你从此案例中得到什么启发？

E 自测练习题

一、选择题

1. 准时化采购的特点是(　　)。

A. 为订单而采购　　B. 大批量采购

C. 交货准时性提高　　D. 采用较少的供应商

2. 在供应链上,牛鞭效应越往上游,影响会(　　)。

A. 变大　　B. 变小　　C. 不变　　D. 不定

3. 电子化采购的优势是(　　)。

A. 降低成本　　B. 增加交易的透明度

C. 实现低库存　　D. 更大范围选择供应商

二、判断题

1. JIT 采购是一种面向需求的采购模式。

2. 实施信息共享可以减小牛鞭效应。

3. 实施全球采购可以减少采购风险。

三、名词解释

1. 准时化采购。

2. 牛鞭效应。

3. 战略采购。

4. 电子化采购。

5. EOS。

四、简答题

1. 如何实施 JIT 采购?

2. 如何减小“牛鞭效应”?

3. 试述电子化采购有几种方式?

4. 试述全球采购有哪些风险?

5. 实施战略采购有几种方式?

附录1　招标采购合同

药品集中招标采购合同(格式)

合同编号:××××××

签订地点:××　　　　　签订时间:2008 年 7 月 8 日

招标人:×××　　　　　投标人:×××

根据《中华人民共和国合同法》、《中华人民共和国产品质量法》等国家和……(市/省)地方政府部门有关法律法规,双方经过充分友好协商,本着诚实守信、平等互利的原则,就采购商向供应商购买……(以下简称“产品”)一事,达成如下合同条款。

一、产品名称、型号/规格、数量及金额

产品名称、型号/规格、数量、单位、单价、总价。

二、交货时间、地点

产品应于本合同签字之日起【　　】日内交付至采购商在××××××的工厂。供应商应在产品交付运输前二日内书面通知采购商到货日期。

三、质量标准、质保期

产品的质量标准为:××××××

产品的质保期为【　　】年,自产品经采购商根据本合同后附的《通用条款》第10.2 款验收合格之日起计算。

四、运输及保险

供应商应负责安排运输并承担运费、装卸费等相关费用。供应商亦应负责购买运输保险,承担保险费,保险金额不得低于本合同的总价款。供应商应在产品交付运输前二日内将保单传真给采购商。

五、包装物的供应与回收,包装标准

1. 除非对包装另有规定,投标人提供的全部药品应按标准保护措施进行包装,以防止药品在转运中损坏或变质,确保药品安全无损运抵指定地点。

2. 每一个包装箱内应附一份详细装箱单和质量检验报告书。包装,标记和包装箱内外的单据应符合合同的要求,包括招标人后来提出的特殊要求。

六、检验标准,方法、时间、地点和期限

1. 如果招标人确认需要进行药品质量检验，应及时以书面形式把质量检验的具体要求通知投标人。如果投标人同意进行药品质量检验，或者通过检验证明药品存在质量问题，则进行药品质量检验的费用由投标人承担，检验在投标人交货的最终目的地进行。

2. 招标人在接收药品时，应对药品进行验货确认，对不符合合同要求的，招标人有权拒绝接受。投标人应及时更换被拒绝的药品，不得影响招标人的临床用药。

3. 招标人如果发现药品存在质量问题(有当地药检部门的检验报告)，有权在其他入围药品中选择替代药品。上述决定必须在7日内报卫生行政部门备案。

七、结算方式、时间及地点

1. 自招标人收到合同项下最后一批配送药品后，按规定结算时间招标人应付清全部价款。招标人和投标人可根据不同的结算条件协商确定中标药品价格优惠比率。该优惠比率在合同执行过程中不得变更。

2. 招标人按月与投标人结算到期价款。

3. 招标人按照药品购销合同规定的方式，同投标人结算价款。

4. 投标人应向招标人提交对已交易药品的发票和有关单证以及合同规定的其他义务已经履行的证明。

5. 结算时间为招标人在收到投标人配送的药品售出3个月结算相应价款。

八、本合同解除条件

1. 违约终止合同

(1)发生下列情况招标人在采取补救措施不受影响的情况下，招标人可向投标人发出书面通知书，提出部分或全部终止合同：

①投标人来能在合同规定的限期或招标人同意延长的限期内提供部分或全部药品；

②投标人未能履行合同规定的其他义务；

③招标人认定投标人在本合同的实施过程中有严重违法行为。

(2)招标人根据上述规定，终止了全部或部分合同后，可以购买评标时其他中标品种或入围品种，并在7日内通知招标代理机构并报卫生行政部门。投标人应对购买替代药品所超出的那部分费用负责。招标人有权要求投标人继续执行合同中未终止的部分。

(3)如招标人未按中标合同的规定按时结算价款，投标人有权要求招标人支付法定滞纳金并承担相应的违约责任直至终止合同。

2. 因企业破产终止合同

如果投标人破产或无清偿能力，招标人可在任何时候以书面形式通知投标人，提出终止合同而不给投标人补偿。该终止合同将不损害或影响招标人已经采取或将要采取的任何行动或补救措施的权利。

九、违约责任

1.投标人履约延误

(1)在履行合同的过程中,如果投标人遇到妨碍按时配送药品和提供伴随服务的情况时,应及时以书面形式将拖延的事实、可能拖延的时间和原因通知招标人和招标代理机构。招标人或招标代理机构在收到投标人通知后,应尽快对情况进行核实,并由招标人确定是否酌情延长交货时间以及是否收取违约金或终止合同。延期应通过修改合同的方式由双方认可并重新签署。

(2)如投标人无正当理由拖延交货,将受到以下制裁,加收误期赔偿费和/或终止合同。

2.误期赔偿

(1)除本合同第十一条第一项规定的情况外。如果投标人没有按照合同规定的时间配送药品并提供伴随服务,招标人应从价款中扣除违约金而不影响本合同项下的其他补救办法。每延误一周的违约金为迟交药品价款的5%,直到交货或提供服务为止,一周按7日计算,不足7日的按一周计算。违约金的最高限额是合同总价的10%,一旦达到违约金的最高限额,招标人可以终止合同。

(2)投标人在支付违约金后,还应当履行应尽的交货义务。

3.招标人履约义务

(1)招标人必须无条件采购本合同项下的中标品种。投标人无违约行为,招标人不得以任何理由采购其他品牌的药品替代中标品种。

(2)招标人应完成中标药品合同采购量的采购。如在本合同规定的采购周期内合同采购量未能完成,则应顺延到下一个采购周期继续采购,直到合同采购量全部完成。

(3)招标人须按照合同规定指定结算银行及时结算价款。不得以任何理由干涉结算银行的正常结算行为。

(4)招标人必须要求投标人按实际成交价格如实开具发票,并如实记账。

(5)如招标人不履行上述合同义务,将受到以下制裁:支付法定滞纳金和/或终止合同。

4.不可抗力

(1)因不可抗力而导致合同实施延误或不能履行合同义务,不应该承担误期赔偿或终止合同的责任。

(2)本条所述的“不可抗力”是指那些受影响方无法控制、不可预见的事件,但不包括故意违约或疏忽,这些事件包括但不限于:战争、严重火灾、洪水、台风、地震及其他双方商定的事件。

(3)在不可抗力事件发生后,受影响方应尽快以书面形式将不可抗力的情况和原因通知签约方。受影响方应尽实际可能继续履行合同义务,以及寻求采取合理的方案履行不受不可抗力影响的其他事项。不可抗力事件影响消除后,双方可通过协商在合理的时间内达成进一步履行合同的协议。

十、合同争议解决方式

本合同在履行过程中发生的争议,由双方当事人协商解决;也可由当地工商行政管理部门调解;协商调解不成的按下列方式解决:

1.提交××××××仲裁委员会仲裁;

2.依法向××××××人民法院起诉。

十一、其他约定事项

1.采购周期:自签订合同之日起,12个月。

2.批次采购合同:网上签发的批次采购合同是最终药品购销合同的组成部分之一。

3.其他义务:

(1)招投标双方同意,凡在成交目录中的药品,按公布的中标价通过吉林省海虹药通医药电子商务平台(JLMFC)进行交易,不以其他方式进行交易。

(2)招投标双方都严格为吉林省海虹药通医药电子商务平台(JLMEC)的相关信息进行保密。

(3)招投标双方均认可网上交易这一采购形式,并认可吉林省海虹药通医药电子商务平台(JLMEC)的交易数据对双方具有法律效力。

(4)配送,配送由投标人或投标人委托的药品批发企业及分配送商负责。每次配送的时间和数量以招标人的采购计划或合同为准,急救药品的配送不应超过4小时,一般药品的配送不应超过24小时。配送时应提供同批号的药检报告书。招标人通过吉林省海虹药通电子商务平台(JLMZC)、根据用药计划向投标人的配送商发送批次采购计划,投标人据此配送。投标人每次配送的时间和数量必须严格按照招标人发送的批次采购计划执行。

(5)伴随服务:

①投标人可能被要求提供下列服务中的一项或全部服务:

■ 药品的现场搬运或入库;

■ 提供药品开箱或分装的用具;

■ 对开箱时发现的破损、有效期药品或其他不合格包装药品及时更换;

■ 在招标人指定地点为所供药品的临床应用进行现场讲解或培训;

■ 其他投标人应提供的相关服务项目。

②如果投标人对可能发生的伴随服务需要收取费用,应在报价时予以注明。

(6)合同修改:除了双方签署书面修改协议,并成为本合同不可分割的一部分的情况之外,本合同的条款不得有任何变化或修改。

十二、招标人、投标人在药品集中招标采购中,必须严格遵守国家的法律、法规和药品集中采购监督管理暂行办法的规定，自觉服从行政管理部门的监督管理。

十三、招标人(医疗机构)按采购合同的规定采购药品，按约定时间付款，不得另设附加条件。

十四、本合同可由招标人代理人持招标人的委托代理协议，以招标人的名义与投标人签订。

十五、本合同在使用中必须附有中标通知书，否则无效。

十六、本合同经双方签字盖章后生效。

招标人______招标人:(章):
住所:
法定代表人:
委托代理人:
电话:
传真:
开户银行:
账号:
邮编:
年　月　日
委托代理人:

招标代理机构______招标代理机构:(章):
住所:
法定代表人:
委托代理人:
电话:
传真:
开户银行:
账号:
邮编:
年　月　日
委托代理人:

投标人______招标人:(章);
住所:
法定代表人:
委托代理人:
电话:
传真:
开户银行:
账号:
邮编:
年　月　日

鉴证意见:
经办人:
鉴证机关(章):
年　月　日

附录2 招 标 文 件

来源于 http://db.cnhubei.com/fl/ad/

招标文件封面(略)

一、投标邀请书

____________________:

本中心决定采取公开招标方式采购PC16台、笔记本电脑23台、(详细情况见附表),请贵公司对此项目及相关服务进行密封投标。

若贵公司对此项目有投标意向,请于2006年3月10至15日到本中心购买招标文件,招标文件每本售价200元,售后不退。

投标书必须于2006年3月16日下午17:00前递交到本中心,逾期将不予接受。

地址:武汉市武昌区黄鹂路65号

联系人:刘先生

电话/传真:(027)86791656

湖北日报报业集团采购中心

2006年3月10日

二、招标货物名称、数量、技术参数

招标货物清单见附表2-1。

招 标 货 物 清 单　　附表2-1

品名或者项目	规 格 型 号	数 量	备 注
PC机	P4 3.0/512M DDR /单插128显卡/CD/160G/独立网卡/光电鼠标/17纯平	10台	
PC机	P4 3.0/512M DDR /单插显卡/CD/80G/独立网卡/光电鼠标/纯平	6台	
笔记本	迅驰1.86/512M DDR/80G/康宝/14.1屏/一块电池/无线网卡+100网卡/modem	3台	
笔记本	超线程1.5/512M DDR/60G/康宝/12.1屏/2块电池/无线网卡+100网卡/modem	20台	笔记本

三、产品质量要求

投标人须保证所投标的设备是全新的、未使用过的最新产品，并符合招标文件规定的质量、规格和性能要求；投标人应保证其中标的设备在正常使用和保养条件下，在其使用寿命内具有满意的性能。

四、投标人须知

1.投标人必须提交有关资格、资质，包括：

(1)法定代表人授权书；

(2)营业执照(复印件)；

(3)代理商(分销商)资格证明；

(4)技术支持能力证明材料等。

(5)投标单位简介、业绩、资信、技术力量等。

2.投标文件要求正本1份，副本1份，正副本不一致时，以正本为准。

3.投标人应将投标文件密封包装，封袋骑缝处要加盖单位公章。

4.投标人递交投标文件后，可在投标截止前修改或撤回其投标，需重新递交的投标文件，仍需在截止期前递交。

5.投标人应标明主要设备、材料的品牌、产地、规格等，主要材料的品牌产地。

6.投标人在递交投标文件时，须同时交纳2000元投标保证金，未中标单位在接到通知后7日内全额退还。中标单位在合同履行后退还。投标人在投标有效期内撤回其投标以及中标后中标人未能在规定期限内与招标人签订合同以及无力履行合同的，投标保证金将不予退还。

7.供货要求：

(1)交货地点为本集团技术部；

(2)所有产品须在规定日期前交货；

(3)中标的投标人须负责设备的安装、调试，并承诺提供的良好的售后服务保证。

8.投标报价：

(1)投标人可选择其中某一项进行投标。可以对其中一项选择不同品牌、配置、型号、服务等进行多项报价。

(2)投标人要以《投标人报价表》按照产品种类、配置分别填报产品单价、数量、总价及相关服务，投标货物详细配置及必要的资料和说明。

(3)报价为在招标人指定交货地点交付的含税(增值税)价格，同时包含货物的运输、调试费用；

(4)招标人不接受任何选择报价，对每一批确定品牌配置等的货物只允许有一个报价。

五、评标、定标办法

1. 本中心将由招标人代表、技术、经济、等有关部门的代表组成评标委员会对本次招标进行评标。

2. 评标委员会对所有投标书进行综合评议，评标时除考虑投标人的报价外，还将考虑以下因素：

(1)所投产品的技术水平、性能、质量等；

(2)有无良好的售后服务体系；

(3)有无不良记录和违法行为；

(4)投标人综合实力、经营信誉；

(5)交货时间，结算方式等。

3. 决定中标单位后，由本中心通知其来签订合同。

4. 对未中标的单位不作解释。

附件1

投标人报价表见附表2-2。

投 标 人 报 价 表　　附表2-2

品名	规格型号	品牌及产地	单位	数量	单价	售后报价	总价

附件2

法定代表人授权书

本授权书声明__________公司的__________(法定代表人姓名、职务)代表本公司授权__________(被授权人姓名、职务)为本公司的合法代理人，就__________项目的投标文件合同签订、履行，以本公司名义处理一切与之有关的事宜，并承担相应的法律责任。

特此声明。

法定代表人签字：

被授权人签字：

单位名称(盖章)：

授权日期：

附件 3

代理商资格证明文件

询价采购函

____________：

我中心决定采取询价方式采购下列器材，若贵公司有合作意向，请将货物单价、供货时间、售后服务承诺、结算付款方式等按报价表形式，密封后于 3 月 16 日下午 17:00 时前递交到本中心，本中心将组织有关人员评标后择优选择供应商。

谢谢合作！

湖北日报报业集团采购中心

联系人：刘先生

电话、传真：(027)86791656

地址：武汉市武昌区黄鹂路 65 号

2006 年 3 月 10 日

器材清单见附表 2-3。

器 材 清 单　　附表 2-3

传真机(激光)		1 台
A3 激光打印机		1 台
A4 激光打印机		1 台
录音笔		4 支
激光一体机		1 台

自测练习题参考答案（部分）

第1章　采购基础

一、选择题

1. C　2. C　3. D　4. C　5. A

二、判断题

1. √　2. √　3. √　4. √

第2章　采购管理

一、选择题

1. B　2. D　3. A　4. D　5. A

二、判断题

1. ×　2. ×　3. √　4. √　5. ×

第3章　采购计划制定与采购预算

一、选择题

1. A　2. C　3. D　4. D

二、判断题

1. ×　2. ×　3. ×　4. √　5. √

第4章　供应商选择与管理

一、选择题

1. C　2. D　3. A　4. D　5. C

二、判断题

1. ×　2. ×　3. √　4. ×　5. √

三、填空题

1.（重点供应商），（伙伴供应商），（商业型供应商），（优先型供应商）

2.（专家级供应商），（行业领袖供应商），（低产小规模供应商），（量小品种多供应商）

3.(双赢)

4.(全检),(抽样检查)

5.(就是要建立起一个稳定可靠的供应商队伍)

第5章 采购谈判

【案例分析】

(1)答:A公司的领导讲话缓和了中日双方谈判者紧张的关系,促成了交易的达成而A公司的主谈讲话则总结了谈判的形式,是双方明确分歧,更好地沟通意见。

(2)答:谈判陷入僵局时不要轻易放弃,可以采用很多策略缓和关系,理清分歧,重新再谈,往往柳暗花明又一村。

一、选择题

1. ABCD　2. ABC　3. ABCD

二、判断题

1. √　2. ×　3. √　4. √　5. ×

第6章 采购合同管理

一、选择题

1. ABC　2. BCD　3. BC　4. ABC

二、判断题

1. ×　2. ×　3. ×　4. ×　5. √

第7章 招标采购

一、选择题

1. D　2. A　3. C　4. D　5. D

二、判断题

1. √　2. √　3. √

第8章 采购质量管理

一、选择题

1. ABC　2. ABCD　3. ABC　4. ABCD

二、判断题

1. √　2. ×　3. √　4. ×　5. ×

第9章 采购绩效评估与改进

【案例分析】

答:(1)集中采购;(2)协同采购;(3)谈判;(4)价格与成本分析等。

第 10 章　采购管理的发展趋势

【案例分析】

1. 答：此次国际采购的风险是选择供应商不当造成的。

2. 答：在国际贸易中应积极采取措施降低风险，比如此案例中利用跟单信用证的付款方式以及合理制定争议解决方式降低了采购方的损失。

一、选择题

1. ACD　　2. A　　3. ABCD

二、判断题

1. √　　2. √　　3. ×

四、简答题

1. 答：从经验上来看，企业在实施 JIT 采购时，大体可以遵从下面具体步骤：

(1)制定计划，确保 JIT 采购有计划、有步骤地实施；

(2)创建 JIT 采购班组；

(3)精选少数供应商，建立伙伴关系；

(4)进行试点工作；

(5)搞好供应商的培训，确定共同目标；

(6)向供应商颁发产品免检合格证书；

(7)实现配合准时化生产的交货方式。

2. 答：(1)避免使用多种方法更新需求预测；(2)打破批量订购；(3)稳定价格；(4)消除短缺情况下的博弈行为；(5)实现信息共享。

3. 答：电子化采购依照管理者/参与者的角色可以划分为三种类型：

第一种是产业领导厂商通过因特网连结本身的供货商，进行在线采购原料，藉此节省成本、文书作业与处理时间。第二种是由第三者主持的独立在线交易市集，也称为电子市场(Electronic Market)。第三种是产业的领导厂商联合起来成立的在线交易市集，也称为产业平台(Industry Platform)。

4. 答：(1)成本控制的风险；(2)选择供应商的风险；(3)采购提前期确定不恰当风险；(4)价格波动风险；(5)外汇汇率波动风险；(6)合同风险。

5. 答：(1)集中采购；(2)寻找上游供应商；(3)优化采购流程；(4)产品、服务的统一 。

参考文献

[1] 霍红,华蕊.采购与供应链管理.北京:中国物资出版社,2007.3.
[2] 王炬香.采购管理实务.北京:电子工业出版社,2007.4.
[3] 李恒兴,鲍钰.采购管理.北京:北京理工大学出版社,2007.7.
[4] (美)蒂莫西·M·拉塞特.战略采购管理与供应商的合作与竞争.北京:经济日报出版社,2002.
[5] 吴清一.物流管理.北京:中国物资出版社,2006.
[6] 梁军,杨明.物流采购与供应链管理实训.北京:中国劳动社会保障出版社,2006.
[7] 李琦业.货物采购与检验.北京:中国物资出版社,2004.1.
[8] 王明智.物流管理案例与实训.北京:机械工业出版社,2003.
[9] 梁军.采购管理.北京:电子工业出版社,2006.
[10] 张新颖.采购实务.北京:机械工业出版社,2006.
[11] 郭晖,采购实务.北京:中国物资出版社,2006.5.
[12] 冯启泰.采购供应理论与管理.北京:中国劳动社会保障出版社,2006.
[13] 鞠颂东,徐杰.采购管理.北京:机械工业出版社,2005.
[14] Pro. Arjan J van Weele 著.梅绍祖,阮笑雷,巢来春译.采购与供应链管理——分析、规划及其实践.北京:清华大学出版社,2002.
[15] 藤宝红.采购主管日常管理工作技能与范本.北京:人民邮电出版社,2007.
[16] 潘波,田建军.现代物流采购.北京:机械工业出版社,2005.
[17] 周鸿.采购部规范化管理工具箱.北京:人民邮电出版社,2008.
[18] 孙明贵.采购物流实务.北京:机械工业出版社,2004.
[19] 胡军,王姗姗.供应链管理案例精选.浙江:浙江大学出版社,2007.
[20] 于森.供应商管理.北京:清华大学出版社,2006.
[21] 北京中交协物流人力资源培训中心组织编译.采购绩效测量与商业分析.北京:机械工业出版社,2008.
[22] 劳动和社会保障部教材办公室组织编写.采购知识与技巧.北京:中国劳动社会保障出版社,2006.
[23] (英)Mike Fogg.采购与供应关系管理北京:机械工业出版社,2008.
[24] 郝渊晓,张鸿,马健诚,采购物流学.广州:中山大学出版社,2007.
[25] 钱智.物流管理经典案例剖析——物流师培训辅导教材.北京:中国经济出版社,2007.

[26] 陈百建. 物流实验室实训教程. 北京:化学工业出版社,2006 年出版.

[27] 王槐林. 采购管理与库存控制. 北京:中国物资出版社,2007.

[28] 徐杰,田源. 采购与仓储管理. 北京:清华大学出版社,北京交通大学出版社,2004.

[29] 李述荣. 采购与供应管理实务. 武汉:武汉理工大学出版社,2008.

[30] 中国就业培训技术指导中心组织编写. 采购员. 北京:中国劳动社会保障出版社,2007.

[31] http://www.56.com.cn.

[32] http://www.kucunkz.com.

图书在版编目(CIP)数据

采购管理实务/蔡改成,李虹主编. —北京:人民交通出版社,2008.8

ISBN 978-7-114-07361-8

I. 采… II. ①蔡…②李… III. 采购—企业管理 IV. F274

中国版本图书馆 CIP 数据核字(2008)第 136148 号

Caigou Guanli Shiwu

书　　名:采购管理实务

著 作 者:蔡改成　李　虹

责任编辑:陈志敏　高　培

出版发行:人民交通出版社

地　　址:(100011) 北京市朝阳区安定门外外馆斜街 3 号

网　　址:http://www.ccpress.com.cn

销售电话:(010) 59757969, 59757973

总 经 销:人民交通出版社发行部

经　　销:各地新华书店

印　　刷:北京鑫正大印刷有限公司

开　　本:720×960　1/16

印　　张:17.75

字　　数:348 千

版　　次:2008 年 8 月　第 1 版

印　　次:2012 年 1 月　第 5 次印刷

书　　号:ISBN 978-7-114-07361-8

定　　价:31.00 元